高等教育研究論集　第1巻

大学の組織とガバナンス

羽田貴史

東信堂

高等教育研究論集の刊行について

　高等教育を取り巻く環境は、この20年間で当初想像もできなかったほど激変している。この間、政策も、そして大学人も揺れてきた。高等教育計画が廃止され、いわゆる高等教育の市場化という名の規制緩和が2000年代初めに進められたが、国立大学法人の財政圧迫、研究論文数の減少、地方からの大学の撤退と高等教育機会の縮小など負の側面が最近10年間に誰の眼にも明らかになってきた。ところが、市場化が成功したか失敗したかの議論もないまま、いつの間にか、政府による大学再編がセットされ、進められている。世界がどのように変動しようとも、観察者たる高等教育研究者だけは、揺れてはならない。観測点が現象に引きずられては、前進しているか後退しているか不明ではないか。

　そんな想いでいる時に、このたび、東信堂下田勝司氏のお勧めで、今まで論文・図書の形で執筆・出版したり、講演録としてのみ活字化されていたりしたものをまとめ、高等教育論集として出版する機会をいただいた。時論エッセイ的なものから実証的学術論文まで多様ではあるが、高等教育研究者として、大学史・大学組織・管理運営・教職員の能力開発・研究倫理をテーマに取り上げ、同時に大学運営の第一線でも少なからぬエネルギーを注入し、認識と実践のバランスを取ってきた人間としては、この際、自身の観測位置を示すとともに、研究者・実務家・政策関係者にも読んでいただき、議論のきっかけにしたく、あえて刊行する次第である。構成は、第1巻『大学の組織とガバナンス』、第2巻『高等教育政策と大学教育』、第3巻『大学教員の役割と能力開発』、第4巻『科学技術社会と大学の倫理』、第5巻『大学史と教育史研究』の全5巻である。読者の忌憚ない批判をお待ちしている。

羽田　貴史

はじめに

1　高等教育に関するガバナンスの問題

　戦後日本の大学をめぐる論争点の一つは、大学のガバナンスである[1]。
　特に、第2次ベビーブーマーの進学の終了と少子化の進行、冷戦体制の崩壊と経済競争の激化、経済成長の終焉などの環境変化が、高等教育の組織運営への変容をもたらす圧力となって、この四半世紀、様々な制度改革が行われるようになった。伝統的に大学自治の主体とされてきた教授会に、代議員会・専門委員会を設置(1995年)、国立大学法人・公立大学法人(2003年)、私立学校法改正と理事会権限の強化(2004年)、教授会の権限縮小(2014年)など機関レベルの改革が推進されてきた。
　現実の動態に対応し、この20年間にはガバナンスを対象とする研究が少なからず生まれ、リーディングスも編纂されているが、現実分析や分析のための理論も含めて十分な蓄積を見ているとは言えない。研究の世界は、共有された研究課題(アジェンダ)、評価(支配的なパラダイムに基づくよい研究のスタンダード)、理論と方法(いわゆるディシプリン)が循環的に機能し、新たな発見と蓄積に結びついていく。こうした循環を形成する上で重要な役割を果たすのは、レビュー(研究動向)であり、研究者が研究を行う上での海図の役割を果たす。日本の高等教育研究のレビューも少なからずある(金子1993、2006、丸山2007、2014)。しかし、近年翻訳された高等教育の組織研究レビュー(Peterson 2007=2015)と教育社会学のテキスト(Ballantine & Hammac 2009=2011)と日本のレビューを比較すると高等教育研究のレビューの構造自体に大きな相違がある。

第1に、ガバナンスを明らかにする理論枠組みの有無の相違である。Ballantine & Hammac (2009=2011) は、「組織としての高等教育」において、大学の組織構造を水平的学術機構と階層的管理構造の二重性を持つと定義し、その構造に対応した意思決定を論じている。組織論をベースにしたガバナンスの構造化という枠組みは、Peterson (2007=2015) も同様である。すなわち、高等教育機関の組織モデルを1970年以前に遡る官僚制モデルなどの閉鎖組織モデル、1970年代に登場したオープンシステム、1980年代の文化モデル、マトリックスモデル、サイバネティックモデルをあげ、これらのモデルは組織と環境との関係を重視するオープンシステムモデルに移行し、さらに資源減少から企業家モデルが登場していることにも言及している。大学のガバナンスやマネジメントは、大学組織が環境と相互作用を行いながら存続し、機能果たす役割であって、組織と独立して論じられていないのである。

　これに対し、日本の管理運営に関する研究は、組織論との関係に自覚的でなく、レビューは個々の研究成果を並置するだけで構造化の視点は弱い。

　第2に、上のことにもかかわるが、組織構造とガバナンスの相互依存性が論点に浮上してこなかった。軍隊や官庁のような垂直的構造組織では、責任と権限の体系をこの構造に対応して配分することで、組織の一元化が図られ、業務が効果的に遂行される。水平的構造組織では、分権化が前提であり、さらにネットワーク組織では、それぞれの組織が自立的に意思決定と資源獲得を行うことで、効率的な運営が達成される。しかし、日本のガバナンス論は、ボトム・アップ／トップ・ダウンの二項対立的な枠組みがほとんどであり、組織構造に対応したガバナンスないしマネジメントの視点がない。レビューもこれに対して指摘するものではない。

　第3に、ガバナンスとマネジメントとが区別されていない。機能上、ガバナンスとマネジメントとは完全に区分できるわけではなく、Michael Shattockの著書、*Managing Good Governance,* Open University Press (2006) のような表現もある。

　しかし、概念上、ガバナンスは権限と責任の体系であり、マネジメントは、ガバナンス構造のもとで、目的を達成する作用である。両者の区別は、組織

のパフォーマンスを改善する場合、権限と責任の組み替えが重要なのか、運営手法の改革が必要なのか、もしくはその双方なのか、あるいは外部要因の影響で組織運営が主な問題ではないのかを考察する上できわめて重要である。しかし、大学のガバナンスに関する政策にはこの区別は明確ではなく、高等教育研究においても混同する事例が見られる[2]。

第4に、業務の特質に対応したガバナンスの視点がなく、事実上、あらゆる組織を超えて普遍的なガバナンスの形態があるという前提になっている。経営組織論においてそのような主張は否定されている。

第5に、経営組織論の代わりに広く普及しているのは、他国の事例の紹介であり、とりわけアメリカ大学のガバナンス構造がよく紹介される。紹介はされるが、その弊害や問題は紹介されることはない。また、企業的な大学運営こそこれからの方向とされるが、アメリカの大学運営の特質であるシェアド・ガバナンスとの関係が考察されているわけでもない。機関レベルのガバナンスは、国レベルの政策形成や資源配分の形態に左右され、歴史と伝統も関与するが、そうした考察がなされているわけでもない。日本の研究基盤はきわめて脆弱である。

2　本書の狙いと構成

本書は、大学の組織とガバナンスをめぐる問題の整理のために、2000年以降に発表した論文を中心に、必要な加筆修正を加えて構成した。ただし、個々の論稿は、当初から一貫した構想によって書き進めたのではなく、時々の組織やガバナンスに関するテーマに触発されたものである。しかし、単なる論文の寄せ集めではなく、組織とガバナンスに関する理論を求めながら積み上げてきたもので、執筆者としては一貫するものである。以下、構成を説明する。

第1部は、組織に関する論文5本を収録した。第1章は、日本高等教育学会第19回大会課題研究報告（2016年8月）をもとに加筆したもので、それまで散発的に進めてきた組織とガバナンス、マネジメントを統合した視点を整理

しようとしたもので、2000年頃に書けていれば、以後の自分の組織研究は大きく変わったと思う。研究は常に「後知恵」である。国立大学法人化論争と国立大学の統合は、高等教育研究者として組織と大学運営に関する問題関心を持たざるをえない場面である。筆者は2000年ごろから大学統合に関する研究を始め、その後も国立大学協会政策研究所の委託研究などで統合・連携問題を検討してきた。その成果をもとに、第3章、第4章を執筆した。統合・連携に関しては、初出論文以後の変化が大きく、2010年代の動向を新たに第5章として書き起こした。

また、かつて在職していた広島大学高等教育研究開発センターが、21世紀COEプログラム「21世紀型高等教育システムの構築と質的保証」（2001～2005年）という、今となってはやや浮かれたタイトルの大型研究プロジェクトを獲得したこともあり、研究グループリーダーとしても、組織についての研究を行う機会が増えた。より理論的な枠組みを求め、バートン・クラーク、マリス・コーガンらの組織階層構造論（ベッチャー＝コーガンモデル）をもとに、全国的な調査を行い、その成果によって、組織構造と運営の全体構造をつかむことができた。第2章は、その組織論部分であり、第2部第6章とセットのものである。大学の階層構造による文化の相違がもたらす運営文化の相違という視点は、学界において共有されているといい難いが、広田（2013、4-12）や、2014年の学校教育法改正による議論の中で、日本弁護士会連合会（2014）が引用しており、組織と運営の関係を探る基礎理論として一定の成果を上げたと考える。

第2部は、大学運営に関する4本の論文で構成した。1996年末に行政改革会議が発足して以降、国立大学法人化の動きが激しくなり、大学運営についての研究を進める必要を痛感し、いわゆる企業的大学運営についての研究から開始し（第9章）、制度設計が進む中で法制度論の検討も行った（第7、8章）。組織構造論と管理運営論をつなぐものとして、21世紀COEプログラムの一環として実施した「大学の組織変容に関する調査研究」をもとにした分析を第6章とした。

第2部の中核テーゼは、国立大学法人化に象徴される高等教育における規

制緩和政策をどう評価するかであり、筆者は、一貫して独立行政法人制度の一亜流であり、大学の自律性を担うものではないと評価してきた。法人化前後には、大学の管理運営を担う理工系の研究者や、高等教育研究者とも論争的関係にあったが、結論は、今日、誰の目にも明らかであろう。当時肯定的な言説を口にした研究者は、改めて当時の言説について述べてもらいたいものだ。

　第3部は、大学運営は組織と権限だけでなく、組織を構成する主体のビジョン、意思決定能力が重要である。いわゆる学長リーダーシップ論や大学職員論であるが、第11章と第14章を除いて依頼論文である。これらのうちでは、大学教育学会のラウンドテーブルで依頼された報告をもとにした第12章がもっとも早い。

　日本の高等教育研究の特徴のひとつは、ファカルティ・ディベロップメントやスタッフ・ディベロップメントのような個別実践課題が、その基盤である大学教員の養成・採用・職能形成・キャリアステージの一部として構造化されず、研究より教育重視といった単一命題の枠組みで位置づけられ、「一日千秋」ならず「千秋一日」のごとく同じ主張が繰り返されることである。高等教育は、個人の成長発達からシステムまで含む複雑開放系をなしており、この構造を反映した知識体系を構造的に構築することが、具体的問題を解決し、実践力を高める上で不可欠である。知識の確実性なしに現実を切り開けるはずはなく、いずれの論文も、既存の言説の批判的分析の視点で執筆している。

　また、第14章は、大学団体を扱っている。大学の公共的性格は、競争だけでなく共同によって担われるものであり、公共性の担い手を議会や政府としか見ない日本の環境においては（議会は政争の場であり、行政府が公正中立な公共性を具現すると信じている研究者もいるのではないか）、中間団体の意義を考察する上でも重要であると思う。

　以上、本書は、この15年間の組織とガバナンスに関する研究の筆者なりの中間的まとめである。中間的成果ではあるが、読者の吟味と批判によって、新たな執筆の意欲を搔き立てられることを期待している。

注

1 「ガバナンス」というカタカナは、わかりにくい用語の一つである。国立国語研究所「外来語」委員会『「外来語」言い換え提案 —分かりにくい外来語を分かりやすくするための言葉遣いの工夫—』(2006年) は、ガバナンスの意味を「組織が自らをうまく統治すること」とし、「統治」と言い換える提案をしているが、言い換えに過ぎず、概念が明確になるわけではない。ガバナンスとは、「一般的にものごとを管理・運営していくための諸ルールの体系」(猪口孝ほか2000) を指し、「高等教育機関とシステムが組織され運営される方法として広い意味を持っており、権限配分と行使、システムと機関の双方に政府がどう関与するかを指す」(Harman1992)。日本の高等教育においては、「大学管理」という用語が最も近いが、「大学管理」は、大学内部の管理も含み、この場合は、大学運営と同義であり、大学経営を含む (羽田 2006 : 33)。筆者も含め、しばしば、「管理運営」という用語を使うが、これは、ガバナンスとマネジメント双方を含むもので、のちに述べるように、ガバナンスとマネジメントの概念的混同の一因かもしれない。かつては、「管理・運営」と区別する使用例もあった。

2 米澤(2011)は、「この巻の主題は、大学の組織としての行動と内部のガバナンスを主体とした研究・文献のレビューである。これらの研究を総称するタイトルとして、この巻では大学の『マネジメント』という言葉を用いることにした」(p.5)と述べ、マネジメントはガバナンスを包括する概念としている。一方、中教審大学分科会組織運営部会『大学のガバナンス改革の推進について(審議まとめ)』(平成26年2月12日)は、組織間葛藤、資源配分、調整機能など大学が直面する課題に対するマネジメントの問題ではなく、学長リーダーシップの抵抗体として指定された教授会の権限縮小による学長ガバナンスの強化が審議の出発点であり、結論でもあった。マネジメントが信念のシステムの中心となり、そのものの本質を過大に評価する状況をマネジアリズムと呼ぶが (Michael Heseltineの言葉を引用した Henkel 2007:28)、ガバナンスとマネジメントを区別せず、権限と責任の体系さえ変更すれば効率的になるとする見方はガバナリズムと呼ぶことができる。

参考文献

羽田貴史、2006、「大学管理運営論」『高等教育概論 大学の基礎を学ぶ』(有本章、羽田貴史、山野井敦徳編著、ミネルヴァ書房)。

広田照幸、2013、「序論」『シリーズ大学6 組織としての大学—役割や機能をどうみるか』岩波書店。

猪口孝ほか編、2000、『政治学事典』弘文堂。

金子元久、1993、「高等教育制度・政策の研究」『大学論集』第22集(広島大学大学教育研究センター)。

金子元久、2006、「政策と制度に関する研究の展開」『大学論集』第36集(広島大学大学高等教育研究開発センター)。

丸山文裕、2007、「高等教育の財政財務と経営管理の研究」『高等教育研究 第10集

高等教育研究の10年』(日本高等教育学会編、玉川大学出版部)。

丸山文裕、2014、「高等教育システム・経営研究のレビュー」『大学論集』第46集(広島大学大学高等教育研究開発センター)。

日本弁護士連合会、2014、「大学教授会の役割を教育研究の領域に限定する、学校教育法及び国立大学法人法の一部を改正する法律案に対する意見書」(6月19日)。

米澤彰純、2011、『リーディングス　日本の高等教育7　大学のマネジメント　市場と組織』玉川大学出版部。

Ballantine & Hammac, 2009, *The Sociology of Education: A Systematic Analysis 6th edition*, Pearson Education. (=2011, 牧野暢男・天童睦子監訳『教育社会学　現代教育のシステム分析』東洋館出版社)。

Harman, Grant, 1992, " Section Ⅲ Governance, Administration and Finance :Introduction", in Clark & Neare (eds), *The Encyclopedia of Higher Education*, Vol. Ⅱ, Pergamon Press.

Henkel, Mary, 2007,「大学のガバナンスとマネジメントの変容-政府と第三者機関の役割-」『COEシリーズ27　大学の組織変容に関する調査研究』(広島大学高等教育研究開発センター、田中正弘訳)。

Peterson, Marvin W., 2007, "The Study of Colleges and Universities as Organization."in Gumport, P. J, ed., *Sociology of Higher Education: Contributions and their Contexts*, Johns Hopkins University Press. (=2015, 伊藤彰浩・橋本鉱市・阿曽沼明裕『高等教育の社会学』玉川大学出版部)。

目次／大学の組織とガバナンス

はじめに ………………………………………………………………………… i
   1 高等教育に関するガバナンスの問題……………………………… i
   2 本書の狙いと構成………………………………………………… iii

第1部　大学の組織 …………………………………………………… 3

第1章　組織とガバナンスをめぐる諸論点 …………………… 5
   1 高等教育に関するガバナンスの問題と研究…………………… 5
       論争としてのガバナンス (5)
       後発的近代化の特徴 (5)
       ガバナンス研究の族生 (6)
   2 ガバナンス・マネジメント・リーダーシップ研究の自己省察と課題
　　　………………………………………………………………………… 6
     (1) 基礎概念の混用――それがもたらすもの ………………… 6
       マネジアリズムとガバナリズム (6)
       概念がなぜ大事か (7)
     (2) 組織論の未成熟さと関係把握の欠落………………………… 8
       組織はガバナンス・マネジメントの前提 (8)
       アメリカの高等教育研究と組織論 (8)
       日本の高等教育研究と組織論 (9)
     (3) 業務の特質と組織、ガバナンスの関係把握の弱さ ………… 10
       仕事の種類によってガバナンスもマネジメントも違う (10)
       組織論も業務の研究が十分ではない (10)
     (4) 外国高等教育の基礎研究の弱さと研究パラダイムの欠陥
       ――日本的受容の問題 ………………………………………… 11
       深めるべき外国研究 (11)
       レビューが示す高等教育研究の自己省察 (12)
   3 ガバナンス・マネジメント・リーダーシップ研究の課題…… 12
     (1) 大学組織――複雑系組織としての大学……………………… 12
     (2) マネジメントの多層性と教員の役割 ………………………… 13
     (3) 大学教育の役割・目的と能力像……………………………… 14
     (4) マネジメントの領域――「教育」からよりよき経験による学習へ 16
     (5) マネジメントのツール――学習成果の測定 ………………… 18
     (6) 欠けている理論――認知科学、学生発達理論 ……………… 20

第2章　大学組織改革の何が問題か　　30

1. 大学組織論の外部にあるもの　　30
2. 大学組織論の内部にあるもの　　32
3. 教育組織と研究組織の分離という組織論　　35
4. 「教育組織と研究組織の分離」なのか、「教員組織と教育・研究の分離」なのか　　37
5. 大学教員組織の難点——同形繁殖による再生産　　38
6. 大学組織のもう一つの姿　　40

第3章　大学の組織変化と組織改革——連携・連合・統合　　44

1. 環境変化と大学組織の変容　　44
   - (1) 機関内部と機関間の組織改革　　44
   - (2) 大学組織の水平的結合——連携・連合・統合　　45
   - (3) 2000年代における各国の大学間連携政策　　46
2. 日本の大学における連携の現状　　50
   - (1) 高等教育における大学間連携の動向　　50
   - (2) 2000年代の大学間連携機能強化政策と教育関係共同利用拠点　　51
   - (3) 競争的資金による連携の支援事業　　54
   - (4) 研究連携をめぐる制度と取り組み　　56
3. 結び　　58

第4章　縮減期の高等教育政策
　　——大学統合・再編に関する一考察　　63

1. 高等教育システムの再編と大学統合　　63
2. 高等教育機関の水準向上と統合　　64
3. 日本における大学統合　　65
4. 大学統合に関する研究動向　　70
   - (1) 国内の大学統合に関する動向と研究動向　　70
   - (2) 海外の研究動向　　71
5. 大学統合の経験からの示唆　　72
   - (1) 統合によって得られる経済的メリット　　72
   - (2) 相補的統合の相乗効果　　72
   - (3) 統合の時間コスト　　73
   - (4) 機関の文化的要素　　74
   - (5) 人的要素とリーダーシップ　　74

(6) 統合のリーダーシップ……………………………………… 74
　6　大学統合・連携の形態と統合パターン………………………… 75
　　　(1) 相補型の合併・統合………………………………………… 75
　　　(2) 同質型の合併・統合………………………………………… 78
　7　教員養成大学・学部の統合問題………………………………… 79
　　　(1) 不明確な統合後の組織目標………………………………… 80
　　　(2) 新課程と教員養成学部……………………………………… 81
　　　(3) 不明確なデメリットの測定と対応策……………………… 83
　　　(4) 不明確な実施プロセス……………………………………… 84
　8　結び………………………………………………………………… 86

第5章　2010年代の大学組織改革をめぐる政策展開……94

　1　民主党政権での大学組織改革論議……………………………… 94
　2　自民党政権での継続──大学組織改組の基本設定…………… 97
　3　ミッションの再定義の進行……………………………………… 99
　4　独立行政法人制度改革と国立大学法人法改正………………… 100
　5　人文、社会科学系分野の見直しと改正国立大学法人制度…… 102
　6　「国立大学経営力戦略」と組織改革……………………………… 105
　7　官邸主導の大学統合政策の登場………………………………… 106

第2部　大学の運営……………………………………………113

第6章　大学組織の構造と管理運営……………………… 115

　1　経営的価値と学術的価値の調整………………………………… 115
　2　大学の組織階層と大学運営に関する認識……………………… 116
　　　(1) 大学の自律性は拡大しているか…………………………… 116
　　　(2) 機関内部の権限配分──設置形態を越えた階層レベルの反応… 119
　3　設置形態別に異なる運営モデル………………………………… 121
　4　今後の大学運営におけるファカルティの位置………………… 124
　5　一致する運営の方向と人材の選出……………………………… 125
　6　根深い対立──人的資源と組織改組…………………………… 127
　7　大学類型間の相違………………………………………………… 128
　8　結び………………………………………………………………… 132

第7章　国立大学法人制度論 ………………………… 135

1. 法人化のプロセス——独立行政法人化への転回 ………… 136
   - (1) 国立大学と関係なかった独立行政法人制度 …………… 136
   - (2) 選挙公約、公務員定員削減と法人化 …………………… 136
   - (3) 環境の変化——臨教審での法人化論議との異同 ……… 137
2. 独立行政法人制度から国立大学法人制度へ——構造転換はなされたか ……………………………………………… 139
   - (1) 法人化のプロセス ………………………………………… 139
3. 「国立大学の法人化」か「国立大学法人による国立大学の設置」か ………………………………………………… 143
   - (1) 設置者管理主義と国立大学法人 ………………………… 143
   - (2) 国立大学法人法の整合性 ………………………………… 145
   - (3) 法人と学校の区分について ……………………………… 147
4. 目標・計画・評価 …………………………………………… 149
   - (1) 企画立案機能と中期目標・計画における主体性 ……… 149
   - (2) 評価——効率性と教育研究 ……………………………… 150
5. 人事及び財政 ………………………………………………… 153
   - (1) 教職員の身分及び人事自治権 …………………………… 153
   - (2) 財源確保と財務制度 ……………………………………… 154
6. 結び——法人化の歴史的意味 ……………………………… 156

第8章　再論・国立大学法人制度 …………………… 160

1. 問題の設定 …………………………………………………… 160
2. 行政改革とPDCAサイクルの確立 ………………………… 161
   - (1) PDCAサイクルの二重性 ………………………………… 161
   - (2) トップ・マネジメントレベルのPDCAサイクル
         ——予算と評価 …………………………………………… 163
3. 政府レベルのPDCAサイクルが高等教育に与えている影響 … 163
   - (1) 「予算執行調査」の影響 ………………………………… 163
   - (2) 「政策群」の影響 ………………………………………… 164
   - (3) 政策評価の活用 …………………………………………… 166
4. 国立大学法人運営費交付金の配分と評価との連動 ……… 167
   - (1) 経緯 ………………………………………………………… 167
   - (2) 論争の背景 ………………………………………………… 168
5. 国立大学法人制度の現状と課題 …………………………… 169
   - (1) 組織の独立性があいまいであること …………………… 170

(2) 中期目標・計画のスキームとPDCAサイクルとは対応しない……170
　　(3) 計画・評価が業績評価に傾斜しすぎ、改善のための評価が位
　　　　置づかないこと……………………………………………………171
　　(4) 業績評価の視点・方法が不明確で、事実上各大学に丸投げに
　　　　なっていること……………………………………………………172
　　(5) 計画・評価の視点が業績評価に傾斜しすぎ、国立大学の公共
　　　　的役割が表現されていない………………………………………174
　　(6) 業績指標が共有化されていないのに、財務指標が過剰なこと……174
　　(7) 評価に基づく運営費交付金の算定・配分に関するルールも不
　　　　明なまま、計画策定が行われていること………………………175
　　(8) 政策評価・独立行政法人評価委員会の評価が財政面に傾斜し
　　　　すぎている…………………………………………………………176

第9章　企業的大学経営と集権的分権化 …………………… 182
　1　課　題……………………………………………………………… 182
　2　大学の企業化とは何か………………………………………………183
　　(1) 高等教育における企業化…………………………………………183
　　(2) 80年代の企業化の背景……………………………………………184
　3　大学像の変化——伝統的大学像から企業的大学へ………………187
　　(1) 企業的大学の指標…………………………………………………187
　　(2) 企業的大学経営がもたらすもの——二つのシナリオ…………190
　4　企業的大学経営における集権的分権化……………………………193
　　(1) 資源変化への緩和装置——分権化………………………………193
　　(2) 資源配分の分権化と集権化………………………………………196
　　(3) 価値体系による行動選択——大学の使命とは何か……………196
　5　結び——日本への示唆………………………………………………197

第3部　大学運営の主体 ……………………………………205

第10章　教育マネジメントと学長リーダーシップ論
　　　　　………………………………………………………………207
　1　問題の設定…………………………………………………………207
　2　戦後大学ガバナンス改革の系譜……………………………………208
　　(1) 未発の大学管理制度改革…………………………………………208
　　(2) 大学管理運営の構造………………………………………………209
　　(3) 学部自治を支える制度的基盤……………………………………210

3　管理運営の法制化——学長リーダーシップというアジェンダ… 210
　　（1）中教審38答申に見る論理 …………………………………… 210
　　（2）組織変化がもたらすマネジメントの課題——46答申 …… 211
　　（3）経営と教学の一体的運営という新たなテーゼ……………… 212
　　（4）教育マネジメントと学長の役割……………………………… 213
　4　組織マネジメント論から見た学長リーダーシップ論………… 213
　5　経営と教学の区分——シェアド・ガバナンスは死んだか…… 217
　6　教育マネジメントの構築………………………………………… 219

第11章　国立大学長の選考制度
　　　　——誰を、どう選んできたか ……………………………… 226

　1　問題の設定………………………………………………………… 226
　2　戦前の学長選考制度……………………………………………… 226
　3　戦後の学長選考…………………………………………………… 228
　　（1）新制大学発足時の学長選考…………………………………… 228
　　（2）新制大学の完成年度と学長選考……………………………… 229
　4　中央教育審議会での学長選考をめぐる論議…………………… 231
　　（1）中教審での議論………………………………………………… 231
　　（2）各方面の反響と修正…………………………………………… 232
　5　1970年代以降の学長選考 ……………………………………… 233
　6　選出された学長の実態…………………………………………… 234
　　（1）学長の出身大学………………………………………………… 235
　　（2）学長就任直前のキャリア——内部昇格か外部招聘か ……… 235
　　（3）学長自給率とその大学………………………………………… 236
　　（4）学部別学長選出期待値と学長の選出学部の推移…………… 237
　　（5）選出された学長層の特徴……………………………………… 238
　7　結論と今後の課題………………………………………………… 239

第12章　国立大学事務職員論から「大学人」論へ……… 242

　1　国立大学時代の職員イメージ…………………………………… 242
　2　国立大学法人に移行して………………………………………… 244
　3　大学職員論の登場と疑問………………………………………… 246
　4　教職協働が実効性を持つには…………………………………… 253

第13章　高等教育研究と大学職員論の課題 …………… 255

- 1　課題の設定………………………………………………… 255
- 2　大学職員論の前史………………………………………… 256
  - (1) 大学制度の成立と大学職員………………………… 256
  - (2) 戦後大学改革と大学職員…………………………… 258
  - (3) 大学自治論と大学職員……………………………… 259
- 3　90年代の大学職員論 ……………………………………… 261
  - (1) 大学職員論の新たな勃興…………………………… 261
  - (2) 国立大学職員論とその特質………………………… 261
  - (3) 国立大学職員論の問題点…………………………… 262
- 4　大学職員の諸相…………………………………………… 264
- 5　大学職員論と高等教育研究……………………………… 266
  - (1) 大学職員論における高等教育研究………………… 266
  - (2) 高等教育研究における大学職員論………………… 269

第14章　ガバナンスにおける大学団体の役割 ………… 274

- 1　高等教育における中間団体の重要性…………………… 274
  - (1) 社会における中間団体……………………………… 274
  - (2) 高等教育における中間団体………………………… 275
- 2　諸外国における大学団体………………………………… 276
  - (1) 大学団体の機能と分類……………………………… 276
  - (2) 大学団体……………………………………………… 277
  - (3) 学長団体……………………………………………… 278
  - (4) 専門職団体…………………………………………… 280
  - (5) 国際組織としての大学団体………………………… 281
- 3　大学・学長団体の役割・機能…………………………… 281
  - (1) 役割…………………………………………………… 281
  - (2) 活動…………………………………………………… 282
  - (3) 主要な課題…………………………………………… 284
- 4　日本における大学団体の現状…………………………… 285
- 5　学部長の会議体…………………………………………… 287
- 6　専門職団体と大学団体のこれから……………………… 289

おわりに	293
長いあとがき	297
初出一覧	301
人名索引	303
事項索引	306

大学の組織とガバナンス

第1部

大学の組織

第1章　組織とガバナンスをめぐる諸論点
第2章　大学組織改革の何が問題か
第3章　大学の組織変化と組織改革──連携・連合・統合
第4章　縮減期の高等教育政策
　　　　　──大学統合・再編に関する一考察
第5章　2010年代の大学組織改革をめぐる政策展開

第1章　組織とガバナンスをめぐる諸論点

1　高等教育に関するガバナンスの問題と研究

論争としてのガバナンス

　大学のガバナンスは、近代日本における主要な論争点の1つであった。大学自治は部局自治の集合体か機関の自治か、担い手は教授会か学長・学部長のような独任制機関かという権限配分はもちろん、政府と大学との関係、財源と統制、教員の地位と権利など、多様な論点が生起してきた。欧米においては、国民国家以前に大学が成立し、国民国家の成立後、政府との関係を再定義した。政府が大学を設置しても、既存の大学文化と慣行が土台になった。ベルリン大学は、国民国家に対応した大学像として19世紀後半にヨーロッパに広がるが、そこでは政府が自治の保護者である（Anderson 2004=2012:63-64）。

後発的近代化の特徴

　政府が大学を設置することで歴史が始まる後発的近代化の道を辿った日本は、別な物語がある。19世紀末から20世紀にかけた帝国大学と政府との闘争は、教授会を基盤とする人事自主権を慣習法として成立させ、戦後改革によって実定法の根拠を得た。ただし、大学管理法は未制定に終わり、組織運営を規律する法制は確立しなかった。60年代前半には学問の自由の制度的保障としての大学自治論、60年代末から70年代にかけては学生・職員参加論が生成したものの、大学は、ベビーブーマーの進学需要に対応して規模を拡大し、組織運営は、解決すべき論点とはならなかった。
　しかし、90年代には、少子化の進行、経済競争の激化と経済成長の終焉

などの環境変化は、組織運営への変容をもたらし、この20年、様々な制度改革が行われた。大学自治の主体とされてきた教授会に、代議員会・専門委員会を設置(1995年)、国立大学法人・公立大学法人(2003年)、学校法人の理事会権限強化(2004年)、教授会の権限縮小(2014年)など機関レベルの改革が推進されてきた。

ガバナンス研究の族生

現実の動態に対応し、この20年間にガバナンスを対象とする研究が少なからず生まれた。日本・ドイツ・アメリカの大学の法人格を検討した高木(1998)、高等教育財政についての市川(2000)、諸外国の大学運営制度改革に関しての江原・杉本(2005)、江原(2010)、国立大学法人化を前後しての諸外国の管理制度の調査として、国立学校財務センター(2000a、2000b、2002、2003、2005)、国立大学財務・経営センター(2005、2007、2009a、2009b、2010a、2010b、2012)、リーダーシップに関し、夏目(2013)、アメリカの管理職養成に関し、高野(2012)、私立大学の運営に関し、篠田(2007)、両角(2010)、私立大学財政に関し、丸山(1999、2002、2009)、大学組織とガバナンスに関し、広島大学高等教育研究開発センター(2007)、日本教育行政学会研究推進委員会(2009)、川島(2016)、金子(2016)、レビューとして、金子(1993、2006)、丸山(2007、2014)、リーディングスも編纂された。しかし、情報が多ければ物事が見えるわけでもない。理論双方で組織運営の問題を解くための素材は、まだ不十分である。以下では、主に日本における教育・学習のガバナンス・マネジメント・リーダーシップをめぐる研究的な課題を整理し、今後の方向を提起する。

2 ガバナンス・マネジメント・リーダーシップ研究の自己省察と課題

(1) 基礎概念の混用——それがもたらすもの

マネジアリズムとガバナリズム

組織運営においては、ガバナンスとマネジメントとの区別が重要だが、高等教育研究においては、両者を区別せず、大学に対する管理と内部管理を一

体的に「管理運営」として扱うか(江原 2010:190)、意識的に混用し、上位概念のガバナンスを下位概念のマネジメントに包摂する例さえある(米澤2011:5)。アメリカの高等教育研究は、60年代初頭に幼年期を迎え(Peterson 1985)、ガバナンスの概念は、Corson (1960:12-13) によって広められ、共有されてきたといわれる。Peterson & Mots (1987:3-4) は、ガバナンスを「意思決定の構造とプロセス」、マネジメントを「決定を実行し、職務を果たす構造とプロセス‥‥機関の使命、戦略、目標、方針に関する決定全般に関わり、決定過程に影響を与える外部の行為者と構造、理事会、評議会そして組合のような内部の構造、及び決定と計画策定過程」、「(ガバナンスの)広範な決定を実行し、職務を果たす構造とプロセス」、リーダーシップを「個人が決定に影響を与える構造(地位、事務組織、定められた役割)とプロセス」と定義する。これらは、高等教育研究に限らず組織論全般に共通している。

概念がなぜ大事か

　区別の重要性は、単に観念的なものではない。組織のパフォーマンスを改善する場合、権限と責任の組み替えが重要なのか(ガバナンス改革)、運営手法の改革が重要なのか(マネジメント改革)、あるいはリーダー層の指導力が問題なのか(指導力育成)の選択が重要である。大学運営が非効率的であるとしても、マネジメントの稚拙さが原因かもしれず、構成員に理解されないリーダー層の独善性が問題かもしれない。近年の制度改革は、機関内部のガバナンスを変えることで大学の機能を高めるという前提に立つ。近年の制度改革にお墨付きを与えた中教審大学分科会組織運営部会『大学のガバナンス改革の推進について(審議まとめ)』(平成26年2月12日)は、大学が直面する運営上の課題をマネジメントの問題として解決するではなく、学長リーダーシップの抵抗体として指定された教授会の権限縮小による学長ガバナンスの強化を審議の出発点とし、結論にした[1]。

　しかし、それを根拠づける資料は審議の過程で示されず、一部の論議は、委員から公になるのは差し支えるという理由で秘され、公表されていない。メアリー・ヘンケルは、高等教育においてマネジメントを信念のシステムの中心とし、過大評価するマネジアリズムが生み出されていると皮肉るが

(Henkel 2007:20)、日本の場合は、権限さえ強化すればうまくいくというガバナリズムが充満している[2]。

(2) 組織論の未成熟さと関係把握の欠落

組織はガバナンス・マネジメントの前提

　ガバナンス、マネジメントは、組織と一体で論じられなければならない。組織とは、「意識的に調整された2人またはそれ以上の人々の活動や諸力のシステム」(バーナード)であり、組織が目的を達成するための機能が、ガバナンスでありマネジメントだからである。軍隊や官庁のような垂直的組織では、責任と権限の体系を構造に対応して配分することで、組織の一元化が図られ、業務が効果的に遂行される。水平的組織では分権化が前提であり、さらにネットワーク組織では、各組織が自立的に意思決定と資源獲得を行うことで、効率的な運営が達成される。

アメリカの高等教育研究と組織論

　しかし、日本の高等教育研究では、組織論(Organization Theory)や経営学など組織に関する研究の摂取が不十分であるか若しくは追求されてこなかった。日本のガバナンス論は、ボトム・アップかトップ・ダウンの二項対立的な枠組みがほとんどであり、組織構造に対応したガバナンスやマネジメントの視点が弱く、組織論そのものも熟成していない。

　アメリカ高等教育研究においては、組織論と結びついた理論的蓄積がある。教育社会学の定評あるテキストBallantine & Hammac(2009=2011)は、1983年の初版から、1章を高等教育に割き、「組織としての高等教育」の節で、大学の組織構造を水平的学術機構と階層的管理構造の二重性を持つと定義し、その構造に対応した意思決定を論じている。Levine(2001)は、組織のライフサイクル論から高等教育組織を扱い、成熟した組織としての高等教育が変化しにくい特質を持っていると論じる(大学改革の必要性を声高に叫ぶ日本の論者が、「成熟した」視点を持てば、不要なプロパガンダに走ることもないだろう)。Peterson(2007 = 2015)は、高等教育機関の組織モデルを1970年以前に遡る官僚制などの閉鎖組織モデル、1970年代に登場した開放系システム、1980年

代の文化モデル、マトリックスモデルなどをあげ、これらのモデルは組織と環境との関係を重視する開放系システムモデルに移行し、さらに資源減少から企業モデルが登場していることにも言及している。

Manning(2013)は、Birnbaum(1991)による高等教育の組織構造の4つの伝統的モデル(同僚的、政治的、文化的、無秩序的)に加え、4つのモデルをあげ、事例研究も行っている。

日本の高等教育研究と組織論

これに対し、日本の高等教育研究の組織に関する研究は、企業や官庁など大学以外の組織形態を含めて論じず、特定のトピックに沿った命題を繰り返す特徴がある。

たとえば、46答申以来、教員組織と教育組織が一体化した日本の高等教育組織は不効率であり、教育プログラムに移行すべきという命題がたびたび繰り返されるが、移行したことによるメリットや意義が比較検証されているわけではなく、実証的な根拠が示されているものではない[3]。

組織論など高等教育機関を含む一般理論を軽視するか無視する傾向は、リーダーシップ論においても同様である。組織マネジメントの基本理論は、バーナード＝サイモン革命によって提出された認知的限界の問題であり、マネジメントの問題は権限の問題ではなく、合理的な意思決定の条件である。特に重要なのは、組織構造の複雑さと階層性の問題であり、それがもたらす部分最適化の志向と組織内の意思決定の不一致、組織内コンフリクトの発生である。その処方箋として示されるマネジメント概念は、たとえば、Senge(2006=2011)が提出した学習する組織の概念であり、組織全体がビジョンを共有し、システム思考を核としてメンタルモデルを変容していくことである。

マネジメント概念の変容とリーダーシップ概念の変容は同時進行し、リーダーシップ概念は、「指揮・管理するスキル」から「約束して支援するリーダーシップ」(Kouzes &Posner 2003=2010:17)に変化してきた。しかし、リーダーシップ概念の見直しを提案する夏目(2013:17)のような見地もあるが、高等教育におけるリーダーシップ概念の多くは、バーナード＝サイモン革命以前の官僚モデルにとどまっている(羽田 2014)。

(3) 業務の特質と組織、ガバナンスの関係把握の弱さ
仕事の種類によってガバナンスもマネジメントも違う

　業務の特質とガバナンス(もしくはマネジメント)の関連性も検討されてこなかった課題である。Manning(2013)は、「高等教育における危機の性格について賛否があろうとも、カレッジと大学はユニークな組織である。特に理事会メンバーの多くは、企業その他から組織や政策のモデルを借用しようとしているけれども、高等教育セクターで働いているわれわれは、これらの組織は高等教育とは異なった必要性をもって運営されることを知っている」(xi-xii)と述べる。クラークのトライアングル・モデルは、システムレベルのガバナンス・パターンを示すものとしてよく知られるが、その理論的根拠は、業務の特質に応じた統合と信念であり、機関レベルの基礎・中間・機関の各階層で異なる価値体系が、行動様式を決定するということである。クラークの言説は、システムレベルでの市場統制への移行を根拠づけるものとしてはしばしば引用されるが、機関レベルのガバナンスの分析枠組みとしては利用されない。筆者が参加し、機関内階層ごとの価値体系を検討した広島大学高等教育研究開発センター(2007)の調査研究は例外的なものである。

組織論も業務の研究が十分ではない

　組織運営は、業務の特質によって多様である。Bess & Dee (2012:36)は、「合衆国における高等教育組織は、営利企業の多くとは根本的に異なっており、その違いの最も重要なことは、教育研究(academic)職員と管理運営(administration)職員との役割が区分され、権限と責任が分担(share)されていることである。カレッジと大学とは、難しくかつ時間がかかり、効果的な意思決定を行う官僚的かつ政治的存在である。近年の一般公衆の関心が、カレッジと大学の効果が目に見えず、経費が上昇していることに向いているが、この種の機関の意思決定が複雑であることを考慮していない」と高等教育への批判を反批判する。

　Batedo (2011:8-9)は、高等教育組織論のレビューで、80年代に発展してきた開放系アプローチは業務(task)の特質よりも環境への影響を重視し、学長などに研究が集中して組織の下位レベルの理解が不十分であると反省してい

る。ここから導き出される方向は、学生の学習、教員の仕事の理解を進めることである (Batedo 2011:11)。

(4) 外国高等教育の基礎研究の弱さと研究パラダイムの欠陥——日本的受容の問題

深めるべき外国研究

　そもそも、基礎となる研究は十分であろうか。ガバナンスを論じる場合、アメリカの大学の事例がよく紹介されるが、基本的な概念の理解や実態分析は十分ではない。たとえば、アメリカ高等教育の特徴であるシェアド・ガバナンスに関し、江原・杉本 (2005: 15-16、執筆は山田礼子) は、アメリカの大学では、競争的環境のもとでシェアド・ガバナンス (「権限共有型」) から集権化の方向へ向かっていると述べた。事実は、Kaplan (2004) の調査によって、アメリカでは70年と2000年を比べると、教員の大学運営参加が拡大していた (羽田2007a:57)。その後、江原 (2010: 219-226) は、Kaplan (2004) に依拠して「権限共有型」が浸透したと修正する。

　一方、アメリカ大学理事会 (AGB) は、理事会の最終的責任を強調する "AGB Statement on Institutional Governance" (1998) を公表し、シェアド・ガバナンスの修正を図っていた。しかし、その後、AGBは、"AGB Statement on Board Accountability" (2007年1月) を公表し、シェアド・ガバナンスの価値を再確認し、1998年声明を改訂した "Statement on Board Responsibility for Institutional Governance" (2010年1月) にも引き継いだ (羽田2007b:64、2014:55-56)。アメリカ高等教育の動態は複雑であり、誰かの何かの主張を鵜呑みにすべきではない。

　前提となる基礎的な組織そのものの理解が不十分であることに留意すべきである。国立大学の評議会と同義に理解されがちなSenateも、福留 (2013) によってようやく詳細な構造と機能が紹介された。機関レベルのガバナンスやマネジメントは、国レベルの政策形成や資源配分の形態に左右され、歴史と伝統も関与する。安易な「動向」理解は危険である。高等教育研究において、動向によりがちな動向を批判する市川 (2004) を参照すべきである。

レビューが示す高等教育研究の自己省察

　過剰なほどアメリカ高等教育に関する動向と情報がありながら、基礎的な事実の探求がまだ十分でない理由には、高等教育研究の文化に構造的な理由があると思われる。一般に研究のレビューは、研究のメタ認知的性格を持つが、高等教育研究におけるガバナンス関連のレビューには2つの特徴が見られる。一つは、組織とガバナンス、マネジメント、リーダーシップなど相互に関連する一連の事象が切り離され、トピック的に論じられる傾向があること、もう一つは、高等教育の構造に関する認識の深まりを総括して再構成するのではなく、高等教育改革に即した課題に、研究がどう貢献したかという視点が重視されていることである[4]。

　こうしたアプローチは理論の深化につながらない。日本における大学教員研究が、流動性仮説に基づく大学教員市場研究に特化したため、アメリカ大学教員研究に触発されて始まった当初の多様性を失い、大学教員のキャリアや能力研究など海外の大学教員研究の発展をキャッチできなくなった（羽田2013a:6-9）。高等教育の組織・ガバナンス研究においても同様の現象が進行していないか危惧される。

3　ガバナンス・マネジメント・リーダーシップ研究の課題

　以上の省察は、教育マネジメントを扱う場合、組織研究とガバナンス・マネジメント研究の間の欠落を埋める研究の推進が求められることを示唆するが、次の視点が重要である。

（1）大学組織──複雑系組織としての大学

　社会の多様なニーズに対応し、機能を拡大した結果、大学は、階層的に複雑なだけでなく、基礎研究・応用研究・開発研究、認識科学・設計科学、研究・教育・サービス活動・国際交流・産学連携など独立・葛藤しながら相互依存的な機能を持ち、クラーク・カーになぞらえるなら、ウルトラ・マルチバシティーとでもいうべき複雑・複合系組織となった。このような組織のガ

バナンスやマネジメントは、単一原理であるかどうかも疑わしく、様々なコンフリクトを処理するマネジメント論の構築が求められる。

(2) マネジメントの多層性と教員の役割

組織の多層性は、マネジメントの多層性を促す。企業・官庁のような官僚組織では、上位者の権限が下位者に授権・委任され、下位者は上位者に対してアカウンタビリティを負う。Ballantine & Hammac (2009=2011) の定義にあるように、大学も官僚組織である以上、マネジメントは、管理機構に沿って権限行使として現れる。

しかし、水平的学術機構としての側面では、教育や研究は、上位者からの委任によってはじめて大学教員の職務となるのではなく、大学教員が専門職として担う職務でもある。大学は二重の権限体系を持たざるをえなく、この側面が、シェアド・ガバナンスと表現されているのである。組織の多層性とマネジメントの多層性は、組織的な教育活動としての機関・部局・基礎組織及び教員個人の教育活動との調整と意思決定・実行、コンフリクト・マネジメントの役割が問われる。明確なことは、個々の教員も、教育マネジメントの主体であり、リーダーシップの担い手であるということである。

たとえば、イングランドの大学教員の職務内容には、マネジメントが明確に位置づけられており、上級講師 (Grade9 Senior Lecturer, Reader) の場合、「アカデミック・リーダーシップをプログラム領域内の活動で発揮する。…評価システムや自己開発にアドバイスを与えることによって、チーム及び個人に開発に貢献する。ライン・マネージャーとして活動する (研究チームで)。同僚や仲間の個人的なメンターとして活動する」ことが職務として定められている (Grade9 Senior Lecturer, Academic Role Profiles, Joint Negotiating Committee for Higher Education Staff, AUT, ATFHE, EIS, UCEA, 2004、加藤2011:171)。大学に限らず教育活動において、教員の参画なしに効果を上げることはありえない。学長・学部長などに向けられがちであったマネジメントの主体として教員の役割を明確にすることが重要である (羽田 2012、2013b)。

(3) 大学教育の役割・目的と能力像

大学教育の目的や能力像を改めて問い直さなければならない。日本においては、コンピテンシーと称して汎用的能力の育成やグローバル人材育成が流布しているが、前者の能力像は、知識と能力を切り離し、学問領域の固有性に依拠しないもので、「コンピテンシー型教養教育」（松下 2010:114）ともいわれ、問題を含む（羽田 2016b:51）。グローバル化のもとで、国民国家の溶解が進み、政治・経済・社会のあらゆる面で変革とそれを支える新しい人間像が求められているが、あまりにもドメスティックであり、かつ具体的な知識をあいまいにしている（羽田 2016b:52）。東北大学の卒業時学生調査でこのことを確認できる。調査項目は、北海道大学、お茶の水女子大学など7大学『学生調査2012年報告書』（2013）とほぼ同じものに設定しており、日本の大学生の獲得する知識構造としての共通性も推測できる。図1-1に見られるように、専門分野の知識は90％以上の学生が入学時に比べ増えたが、地域社会、国民が直面する課題、グローバルな問題については60％弱にとどまる。一方、「幅広い教養」は80％以上の学生が増加したとするが、人類社会の直面する

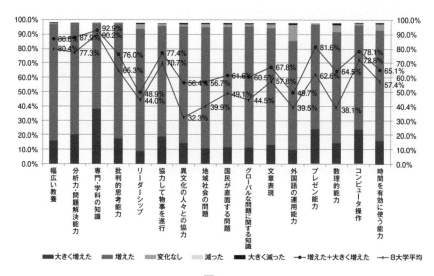

図1-1

＊東北大学学務審議会／東北大学高等教育開発推進センター『第1回　東北大学の教育と学修成果に関する調査報告書（速報版）』(2013)、北海道大学、お茶の水女子大学など7大学『学生調査2012年報告書』(2013)。

問題を知らないのに、幅広い教養があるとは到底言えない。知識内容を問わないような「コンピテンシー型教養教育」の視点だけでは、こうした問題状況を捕捉できないし、問題としてすら認知できない。

　世界的に求められているのは高等教育と労働市場とのレリバンスだけではない。現代社会が直面しているのは、地球規模の環境問題、有限資源・エネルギー問題、グローバル社会において急速に進行している格差の拡大であり[5]、国境を超えた人間の移動がもたらす集団間の文化的政治的葛藤・衝突である(OECD 2007=2008, 2010b=2011, 2011=2014, 2016)。これらの葛藤を調整・解決し、人権を守り個人の平等と自由を実現するものとして数世紀かけて構築した近代民主主義そのものが弱体化している(Walzer 1995=2001, Putnam 2002=2013)。グローバル社会は国民国家の弱体化をもたらし、それに対応したシティズンシップの再構築が求められており、ヨーロッパをはじめとして市民性教育が推進されている(近藤 2013)。民主主義の危機は世界共通であるのに、驚くべきことに、日本の高等教育政策も研究も、この問題を直視しない。

　注目すべきは、経済的効果のみ扱っていた教育の成果としての人的資本概念の再構築が国際的に進んでいることである。2000年3月、OECDとHuman Resources Development Canada（カナダ人的資源省）は、ケベックで「持続的経済成長及び福利に関する人的資本及び社会的資本の貢献」に関する国際シンポジウムを開催し、その成果に基づく報告書(OECD 2001)を出版した。報告書は、人的資本の成果を経済成長だけでなく人間の福利全般に影響することを検討し、「集団内部または集団間の協力を円滑にする共通の規範、価値観及び理解を伴うネットワーク」と定義される「社会的資本(社会関係資本)」(Social capital)が、非経済的利益を実現し、人間の福利を実現する上で人的資本よりも重要であるとし、社会関係資本の研究を進めることを提言した。OECDは、2005年から「学習の社会的成果(Social Outcomes of Learning: SOL)プロジェクト」をスタートさせ、学習の成果として、社会関係資本を構成する「市民・社会的関与」(Civic and Social Engagement)がいかに形成されるかを検討し(OECD 2007=2008)、教育段階による「市民・社会的関与」の変化を検証している(OECD 2010a=2011)。社会関係資本への着目は、Coleman

(1988=2005)によって、30年前から始まっていたのだが、日本の教育経済学にはこの動向がキャッチされないか無視され、赤林(2012)のレビュー自身が示すように、経済的効果のみに限局された理解になっている。

(4) マネジメントの領域——「教育」からよりよき経験による学習へ

　大学教育の領域は大きく変容しつつあり、教育マネジメントの形態も変わらなければならない。いわゆる「教育」から「学習」への転換である。正課教育における教授＝学習活動の枠組みだけで学生の成長発達を図るのではなく、学生により良い経験を与え、全人格的な形成が大学教育の目的になる。このことは、正課教育中心主義(正統化された学問体系を基礎に編成されたカリキュラムのもとで、学部・学科の教員が行う授業活動で学生を教育するメンタル・モデル)から、キャンパス全体で多様な学習経験を提供する教育活動への転換を意味する。

　教育マネジメントは、学問体系を反映して構成・分化した部局単位中心の形態から、図書館・情報センター・学習支援センターなどが織りなすラーニング・コモンズの創出と運営、学生相談・保健管理・キャリア支援・課外活動など学生支援業務の連携と統合により、学生多様な組織が連携して学生の教育と学習を促進する形態に再統合されなければならない。ユネスコ「高等教育世界宣言」(1998年10月)は、高等教育へ移行する学生の支援、多様化する学習者のニーズを考慮し、ガイダンスやカウンセリングの充実などを宣言した。2002年、世界宣言のフォローアップとしてIASAS (International Association of Student Affairs and Services)が協力し、29の専門団体が関与し、"The Role of Student affairs and services in higher education　A practical manual for developing, implementing and assessing student affairs programs and services" が公表された。その内容は、学習支援、入学選抜、成人等非伝統的学生への支援、書籍サービス、課外活動、キャリア支援、信仰への支援、育児ケア、入学前プログラム、地域サービス学習、カウンセリング、発展的学習への活動、食堂サービス、障害者サービス、財政援助/学生アルバイト、健康サービス、留学生サービスの領域の在り方を定めている。

その後IASASは、"Student affairs and Services in Higher education: Global Foundations, Issues and Best Practices" を公表し、49カ国のカントリーレポートをもとに、学生の身体・精神面の保護、学生支援関係者の倫理、災害のあった国での課題などを追加・強調し、学生関係の機能を再定義し、新たな領域を拡大している (羽田 2016a)。

日本でも、2000年の広中レポートが示すように、学生支援や課外活動を重視する提案もあったが、依然として正課教育の補完的位置づけにある。日本の大学は、講座・学科・学部という構造を組織の基本とし、欧米の学問の移植(研究)と再生(教育)を組織的に担保することでスタートした。そのメリットは、後発的近代化の特質も生かした学問体系の全面的移入に成功したことであり、デメリットは学部教育=専門教育が教育の主体であるという信念、学生の人格発達より学問体系の再生産、知識・技能の形成を目標に置く行動様式がハビトゥスになったことである。

中教審2012年答申は、授業外学修時間の拡大が教育の質的転換の起点になると提言したが、大学教育の役割は、教育課程に編成された知的学習にとどまらず、身体や世界観、情緒的発達を含む全面的な発達を学生にもたらすものである。学修時間の拡大云々の論議は[6]、これらの役割を視野に入れず、部分的な課題を過大に主張し、自律的な学習を育成する大学の機能を衰退させる恐れがある。知的能力を高めることのみが、大学教育であり、目的とする人間像であるかのような誤解があってはならない。

大学教育は、正課教育の授業だけでなく、学生に質の高い経験を与えるものであることが教育マネジメント上も重要な転換であり、インターンシップやサービス・ラーニングなど多様な試みと成果が日本の大学でも営まれている。教育マネジメントの規範化された知識でもこのことは明確である。McCaffery (2010:275) は、学生の経験をコアにした関係を図式化し、Hendrickson et.al (2013:341-373) は、大学の使命の実行の章をThe student experienceとしている。日本でも、最近の首都圏大学生を対象にした調査で、学生の成長にとって経験の果たす役割の価値が指摘されている (岩崎ほか 2016)。授業時間外の学修時間のみを問題にするのではなく、課外活動を含

めた活動と、学生の成長・発達を軸にしたメンタル・モデルへの組み換えが重要である。

(5) マネジメントのツール——学習成果の測定

教育マネジメントにとって不可欠なことは、教育・学習の成果を測定し、教育実践やカリキュラム・マネジメントに活用することである。その測定は、個々の教員のレベル(授業での学生との応答、ミニッツ・ペーパー、学生の授業評価、レポート・テスト、成績分布、学生を観察して得られるイメージなど)、学部・学科レベルの卒業学位を担保するプログラム(単位数、素点、成績スコア、GPAなど)、ラーニング・コモンズや学生支援を含む機関単位まで多様なレベルと方法がある。

機関やプログラムレベルでの測定は、多様な分野の学生と経験を含むため困難が多いが、教員個人レベルから得られる情報の集積でも説明力が不足する。IRに関心が集まるゆえんである。ここ10年、日本では、学習成果の測定が国際動向であるとされ、機関単位の測定に研究者の関心が集中している。その発端は、ブッシュ政権下のスペリングス報告(Commission on the Future of Higher Education 2006)であり、日本では、学習成果測定が教育マネジメントの国際動向である根拠として紹介されている[7]。

しかし、スペリングス報告については、高等教育の現実を理解せず、大学や教員による努力を無視し、高等教育の画一化・標準化をもたらし、学生のプライバシーを危うくするものとして批判を浴びたことに留意しなければならない。最終報告では、大学を批判・攻撃するいくつかの文章は削除したが、委員のACE会長David Wardは署名を拒否した(Heller 2009)。AAU(The Association of American Universities)会長Robert Berdahlは、Wardの説明を引用して対話の必要性を訴えた(AAU Statement on the Report approved by the Spellings Commission on the Future of Higher Education, 2006.8.10)。AAUPは、アウトカム・ベースのアプローチは、アメリカ高等教育の基盤を掘り崩すと批判し(Statement on Spellings Commission Report)、学士課程研究で名高いArthur Levineは、狭い視野とビジョンを批判する(The National for Public Policy and

Higher Education 2006）。もちろん、スプリングス報告を支持する意見もある。カリフォルニア州大学システムチャンセラー Charles Reed は、連邦政府の財政支援を歓迎し、アセスメントがリベラルアーツカレッジの改善につながる期待もある（Behling 2006）。

　ここで、委員の一人であった Robert Zemsky の内幕話を紹介しよう。彼によれば、委員会の草案は、委員長であった Charles Miller（テキサス大学システム理事会議長）と、U.S.News & World Report の前大学ランキング担当 Wildavsky を含むチームが起案して委員会内に回覧を始め、多くの委員は「これらは我々の文書ではない」と感じたと告白する（Zemsky 2007:5）。

　さらに彼は、「しかし、私が最も驚いたのは、委員会の議論でも文書でも、教育と学習についての洞察がほとんどなかったことである。私たちは学生が何を知って何を知らないかについてのテストについてはたっぷり議論した－表面上は際限なく。しかし、いかに学生が学び、異なる学習アプローチがよりよい成果をもたらしうるかどうかについては、かろうじて議論した程度だった。公平に見て、Jim Duderstadt〔ミシガン大学名誉学長、物理工学、情報科学〕が、我々は、人々がいかに学ぶかについて、脳神経学的に新しい見方に触れてきていることを、聞く人にはしっかり思い出させた。私は事例なのであまり信じなかったが、問題は、誰も本当に聞いていなかったことだ」（Zemsky 2007:7）。

　アメリカにおける成果指標への要求は、公共政策の効果を明らかにするために、クリントン政権下の政府業績成果法（Government Performance and Results Act, 1993）以来本格化したものだが、成果指標そのものが、非高等教育関係者以外の政治家・行政担当者が高等教育を把握するためのものであり、教育・学習の実態と葛藤を含むことを看過してはならない。UC Berkeley の Chatman（2007）は、スプリングス報告は、分野別の経験の違いを軽視していると批判し、Student Experience in the Research University（SERU）を売り込んでいる[8]。学習成果測定自体は、オバマ政権にも引き継がれているが、国際動向として単純化できない。学習成果測定をめぐる緊張関係に留意すべきとする深堀（2015:23-25）の指摘は重要である。

(6) 欠けている理論——認知科学、学生発達理論

　以上、高等教育における教育・学習マネジメントを検討する基礎的な課題を論じてきたが、現在、規範視されている高等教育研究の枠組みでは、マネジメントの基礎になる教育・学習活動のメカニズムや、学生の発達全体を扱うことができない。すでに述べてきた現在のパラダイムだけではなく、研究分野の拡大によって教育・学習マネジメントの理論と実践を構築する必要がある。

　欠けており、広げるべきパーツの第1は、学生が知識・文化を習得する局面を扱う認知科学であり、授業レベルのマネジメントの主体である教員にとっても必須の理論である[9]。

　第2のパーツは、正課教育の枠内にとどまらず、多様な経験を通じて学ぶ学生の成長・発達を把握する学生発達理論 (Student Development Theories) である。学生発達理論は、心理学を初めとする諸学問を基礎としながら、実践の中で鍛えられた学生発達を扱う理論の総称である (Patton et.al 2016:7-8)。1920年代のアメリカでは、職業ガイダンス運動が開始され、大学教育と仕事とのマッチングが強調された。しかし、職業準備に焦点を当てるのではなく、学生の多元的なニーズを取り扱う重要性が論議され、全学生を導き、彼らの潜在能力を引き出し、社会をより良きものにするように貢献することが、大学の使命であることを確認したこと (ACE声明 "Student Personnel Point of View", 1937) が大きな画期となり、特に、学生関係業務で、ピアジェ、エリクソンなど心理学を支えにした理論化と実践とが進んだ。1960年代に伝統的学生 (中産階級の白人男性) に対する非伝統的学生 (女性、マイノリティ、有色人種、少数民族など) が増加し、新たな実践と理論化が行われ、仲間集団の役割、社会的アイデンティティ理論、道徳性発達理論、カレッジ・インパクト研究、キャンパス環境論などが族生した (Patton et.al 2016:8-16)。これらの動向は、一部日本でも紹介され、研究も行われたが、定着しなかった[10]。

　現在の学生発達理論は、「認知的発達と感情的発達とは分かちがたく、アイデンティティの認知的及び心理的次元の双方を深め、これらのファクターが人生を通じて入り混じっていく」(Patton et.al 2011:15) と捉え、ライフスパ

ンでの発達段階に大学教育を位置づける。たとえば、Kegan (1994) が示した"self-authorship"（自分自身の信念、アイデンティティ及び社会的関係を明確にできる内面的能力〔capacity〕）が、キャリア教育などを通じて学生に育成すべき能力像と捉えられている。

学生発達理論は、主として、アメリカの学生関係職員が自分達の専門性を追求する中で現実と格闘しながら形成されてきたものだが、日本では導入・摂取・消化が不十分で、高等教育研究に全面的発達の視点が弱い原因にもなっている[11]。

また、学生支援関係業務は職員中心で行なわれ、教員組織である学部・学科と切り離されているため、正課教育中心主義のハビトゥスのもとで周辺的位置にあり、組織構造によるタテワリ文化がこれを再生産している。しかし、人間の感情と知性に関する研究が進んでいる中で（日本心理学会 2015）、全面発達を視野に入れない教育活動も大学教育もありえず、現実には多様な形で営まれているのである。これらを視野に入れ教育・学習マネジメントを論じるためには、現在の枠組みに固執することなく、広く理論と実践を探索し、自らの省察を通じた再構築を進めなければならない。

注
1　中教審大学分科会組織運営部会では、「ガバナンスというものがリーダーシップなのかマネジメントなのかという定義づけも非常に難しいわけで」（帯野久美子委員・株式会社インターアクト・ジャパン代表取締役、第1回部会）、「私は弁護士をしておりまして、皆さんのように大学とは余り縁がなくて、大学運営調査委員をしている程度なので、体験に基づいて具体的な論点を挙げるということはできないのですが…もう少し私も勉強していけたらと思っています」（赤松洋子専門委員・弁護士、第1回部会）、「私も国立大学法人の運営に、そう詳しいわけではないのですが」（北城恪太郎委員・日本IBM相談役、第3回部会）といった発言がしばしば見られ、素人と自覚する人々が審議していた。ヒアリングは、「…有力な大学の学長の本音を聞くためには、この部会の委員を中心にしたクローズなところで本音を聞いて、その中で教授会の在り方、あるいは学長の選考の在り方など、どのようにされたいのかという本音を聞いた方がいいと思うのです」（北城委員、第3回部会）という提案があり、河田悌一部会長は、「今、金子委員からも、あるいは北城委員からも、そういう本音を聞く会をクローズな形でやったらどうかという御意見も出ましたので」とまとめ、秘密裏に行われた。根拠たりうるエビデンスが示され、論

争を経ることで関係者の認識の質は高まる。高等教育機関の運営については、様々な形で透明性とエビデンスが求められているが、政策形成そのものには必要ないらしい。

2　日本の議論がガバナリズムに陥りやすい理由の一つは、管理運営に関する議論が戦後改革における大学管理制度の構築という課題から始まり、2000年代の調査研究が、国立大学法人化などガバナンス改革に触発され、財政などガバナンスの枠組みに重点が置かれてきたことから、研究者のメンタルモデルがガバナンス志向にセットされた結果と思われる。メンタルモデルとは、「私たちがどのように世界を理解し、どのように行動するかに影響を及ぼす、深く染み込んだ前提、一般概念であり、あるいは想像やイメージでもある」（Senge 2006=2011: 41）。ガバナンス志向のメンタルモデルとは、簡単に言えば権力志向である。これに対して、マネジメントは、効果的な教育の追求といった結果志向が基盤になるが、教育は教員個人の私的活動というメンタルモデルが強く、マネジメント論として発展してこなかった。本章3(2)で述べるように、教員もマネジメントの主体である。また、マネジメント論は、組織の中での個人の行動に関わり、価値観・態度・認知・学習など心理学からのアプローチが大きな柱である。Kegan & Lahey（2009 = 2013）や、組織行動マネジメントの標準的教科書であるRobbins（2005=2009）第2部が好例である。また、逆に認知心理学が、意思決定を扱うようになっている。箱田ほか（2010）第12章が好例であるが、このようなアプローチは、高等教育研究ではきわめて乏しい。

3　金子（2016）、川島（2016）などを挙げることができる。川島（2016）の大部な研究も、教育組織と教員組織の分離がもたらす効果を検証するという方向に沿ってのみ構成され、分離しなくとも機能しているケーススタディを欠く。臨床試験における、評価のバイアスを避けるためのランダム化比較試験の発想がない。

4　広島大学高等教育開発センターの定期的なレビューで、創設20周年『大学論集』第22集（1993）の「高等教育制度・政策の研究」（執筆者は、金子元久）の項目は、ガバナンスに関する研究レビューを含み、「マクロ（システム）」－「セクター」－「機関」という3つの層を設定し、研究レビューを行っている。しかし、「高等教育の制度・政策も、具体的には個別の大学の組織形態・行動の集合にすぎない」（p.197）とされ、システムレベルの高等教育制度・政策が個別機関にもたらす影響は取り扱われなかった。システムと切り離した上で論じられる「組織としての大学」は、(1)大学の意思決定・経営行動、(2)教育・研究組織、(3)大学評価と内部革新の項目で構成され、(1)は大学の自治と私立大学の経営・財務、(2)は、大学の内部組織と資源配分が論じられ、(3)は質保証のためのガバナンスの一形態である大学評価を扱っており、組織とガバナンス・マネジメントは切り離され、加えて、ガバナンスとマネジメントの個別的要素も別に扱われた。創設30周年『大学論集』第26集（2006）のレビュー（執筆は金子）は、大衆化・ユニバーサル化、大学改革、基礎・実証研究、新しいパラダイム－市場化の4項目を立て、前2項では、現実の高等教育の課題に対応した研究成果を紹介し、基礎・実証研究の項目では、(1)制度、(2)大学の組織と行動、(3)個人の3領域について研究動向がレビューされ、内容は、

機関が直面している課題についての研究紹介である。つまり、レビューの視点は、高等教育の構造に即した認識の深まりを総括して再構成するのではなく、高等教育改革に即した課題に、どのように研究が貢献したかという視点で一貫してきた。創立40周年記念『大学論集』第46集（2014）では、「高等教育システム・経営研究のレビュー」（執筆は、丸山）が、マクロ・ミクロ研究、高等教育の変化、国立大学法人化、私立大学のガバナンス、公立大学の拡大、外国の大学改革の各項目でレビューを行っているが、レビューの枠組みは、やはり、現実の問題として想定されるイシューに沿った成果として評価されて再生産され、理論的枠組みとして捉えられることが少ない。日本高等教育学会（2007）は、学生研究やカリキュラムを欠くなど、高等教育の構造と対応しておらず、日本高等教育学会（2013）では、方法論と関連分野の視点を中心に構成している。高等教育研究におけるレビューは、研究をどのようにメタ評価して自らの学問体系を構造化するかという意識の投影であるから、以上の傾向は、認識と実践との関係をどのように設定するかという点でも興味深い。

5　グローバル化の下での経済格差拡大の有無に関する論争は、George & Wolf（2002=2002）など2000年代初頭にはあったが、2008年以降のOECDの取り組みに見られるように、格差の存在は否定しえなくなった。

6　「学習」ではなく「学修」という用語は、授業の下での統制されたものを意味する。大学での学生の学習をこのような用語に切り替えることは、中等教育以下の学習スタイルを大学でも存続させるものであり、学生の主体参与（engagement）を強化し、探究能力を育てようとする志向と背理する（羽田2012）。

7　たとえば、スペリングス報告を紹介してきた川嶋（2008:178-179）、ベネッセ教育総合研究所（2008:115-119、執筆は山岸直司）、濱名（2010:4）、金子（2016:11-12）は、こうした対立と批判に全く触れないか、触れても内容を検討せず、スペリングス報告が保守的な大学を批判して改革に向かわせるものと結論している。森（2011:107-108）は、主としてアクレディテーションの評価に関する論争について触れているが、何が論争点かを述べていない。

8　近年、日本の大学への売り込みも熱心で、日本では、大阪大学が参加している。

9　アメリカの大学教員に求められる能力について、アメリカの文献によるメタ分析を行ったAustin（2006）は、「分野の知識とスキル」の中に、「教育と学習プロセスの理解、研究プロセスの理解、業務とサービスの理解、組織における市民性の正しい理解」を挙げており、大学教員への専門性開発プログラムを体系的に開発・提供している東北大学高度教養教育・学生支援機構においても、認知科学は重要な柱として位置づけられている。

10　60年代から70年代にかけてのアメリカにおける学生発達理論に反応したのは、笠原嘉、小此木啓吾ら精神医学者であり、そのため、アパシーやモラトリアムなど病理現象やアイデンティティ不全現象としての把握で、こうした現象を通じながら、青年学生が発達する軌道として受容されなかった。

11　橋本鉱市編『リーディングス日本の高等教育3　大学生　キャンパスの生態史』（2010年、玉川大学出版部）、杉谷祐美子『リーディングス日本の高等教育2　大学

の学び　教育内容と方法』（2011年、玉川大学出版部）には、合計43本の論文が収められているが、杉谷の場合は、正課教育での授業・学習に限られ、橋本の場合は、学生文化や学生生活が中心で、わずかにカレッジ・インパクトに触れる程度であり、ともに、学生の全面発達の視点がない。たとえば、宮本みち子『ポスト青年期と親子戦略－大人になる意味と形の変容』（勁草書房、2004年）は、収録されるべき価値があるが、参考文献にすら上がっていない。これらの背景には、教育学関係大学院が、教育学と心理学との並列的二元構造になっており、右手のことを左手が知らない状況にあることも一因であり、その結果、形成された研究者のメンタル・モデルと学会文化が再生産していると思われる。

参考文献

赤林英夫、2012、「特集：この学問の生成と発展　人的資本理論」『日本労働研究雑誌』No.621。

ベネッセ教育総合研究所、2008、『先導的大学革命推進事業大学卒業程度の学力を認定する仕組に関する調査研究（平成20年度調査報告書）』。

江原武一、2010、『転換期の大学改革－アメリカとの比較』東信堂。

江原武一・杉本均、2005、『大学の管理運営改革－日本の行方と諸外国の動向－』東信堂。

福留東土、2013、「アメリカの大学評議会と共同統治－カリフォルニア大学の事例－」『大学論集』第44集、広島大学高等教育研究開発センター。

深堀聡子、2015、『アウトカムに基づく大学教育の質保証　チューニングとアセスメントに見る世界の動向』東信堂。

箱田裕司・都築誉史・川畑秀明・萩原滋、2010、『認知心理学』有斐閣。

濱名篤、2010、『学士課程教育のアウトカム評価とジェネリックスキルの育成に関する国際比較研究』（平成19－21年度科学研究費補助金基盤研究（B）報告書）。

羽田貴史、2006、「大学管理運営論」『高等教育概論　大学の基礎を学ぶ』（有本章、羽田貴史、山野井敦徳編著、ミネルヴァ書房）。

──2007a、「アメリカの大学理事会素描」『私学高等教育研究叢書　私大経営システムの分析』日本私立大学協会附置私学高等教育研究所。

──2007b、「大学管理運営の動向」『COEシリーズ27　大学の組織変容に関する調査研究』広島大学高等教育研究開発センター。

──2009、「ガバナンス改革と大学改革」『学校と大学のガバナンス改革』（日本教育行政学会研究推進委員会編、教育開発研究所）。

──2012、「アルカディア学報No.502　大学教育はだれが担うのか　失望、危惧－中教審答申を読んで」『教育学術新聞』第2503号（11月14日）。

──2013a、『高等教育ライブラリ7　大学教員の能力－形成から開発へ－』東北大学出版会。

──2013b、「アルカディア学報No.534　大学教育における教員の役割と課題　人を育てる営み噛みしめて」『教育学術新聞』第2539号（10月9日）。

――2014、「教育マネジメントと学長リーダーシップ論」『高等教育研究　第17集　大学教育のマネジメントと革新』（日本高等教育学会、玉川大学出版部）。
――2016a、「教育活動の組織化と分業―教育・学習支援専門職の可能性」『ALPSブックレットシリーズ　No.1　教育・学修支援専門職の確立に向けて』千葉大学アカデミック・リンク・センター。
――2016b、「大学における教養教育の過去・現在・未来」『東北大学高度教養教育・学生支援機構紀要』第2号。
広島大学高等教育研究開発センター、2007、『COEシリーズ27　大学の組織変容に関する調査研究』。
市川昭午、2000、『高等教育の変貌と財政』玉川大学出版部。
――2004、「高等教育の理論を求めて」『高等教育研究紀要』第19号。
岩崎久美子・下村英雄・柳澤文敬・伊藤素江・村田維沙・堀一輝、2016、『経験資本と学習　首都圏大学生949人の大規模調査結果』明石書店。
金子元久、1993、「高等教育制度・政策の研究」『大学論集』第22集（広島大学大学教育研究センター）。
――2006、「政策と制度に関する研究の展開」『大学論集』第36集（広島大学高等教育研究開発センター）。
――2016、「大学組織と教育組織」『IDE現代の高等教育』No.578。
加藤かおり、2011、「イギリスにおける大学教授職の資格制度」『文部科学省先導的大学改革推進委託事業報告書　諸外国の大学教授職の資格制度に関する実態調査』（代表　羽田貴史）。
川島啓二、2016、『平成26－27年度プロジェクト研究　大学の組織運営改革と教職員の在り方に関する研究最終報告書』。
川嶋太津夫、2008、「ラーニング・アウトカムズを重視した大学教育改革の国際的動向と我が国への示唆」『名古屋高等教育研究』第8号、名古屋大学高等教育研究センター。
近藤孝弘、2013、『統合ヨーロッパの市民性教育』名古屋大学出版会。
国立学校財務センター、2000a、『欧米主要国の大学ファンディング・システム』。
――2000b、『国立大学財務システム改革の課題－会計システムを中心にして－』。
――2002、『国立学校財務センター研究報告　第7号　欧米主要国における大学の設置形態と管理・財政システム』。
――2003、『国立学校財務センター研究報告　第8号　国立大学の財政・財務に関する総合的研究』。
――2005、『英国大学における大学経営の指針－財務管理を中心にして』。
国立大学財務・経営センター、2005、『国立大学財務・経営センター研究報告　第9号　国立大学における資金の獲得・配分・利用状況に関する総合的研究』。
――2007、『国立大学法人の財務・経営の実態に関する総合的研究』。
――2009a、『国立大学財務・経営センター研究報告　第10号　国立大学法人化後の財務・経営に関する研究』。

──2009b、『国立大学財務・経営センター研究報告　第11号　国立大学法人における授業料と基盤的教育研究経費に関する研究』。
──2010a、『国立大学財務・経営センター研究報告　第12号　国立大学法人化後の財務・経営の実態に関する研究』。
──2010b、『国立大学財務・経営センター研究報告　第13号　大学の設置形態に関する研究』。
──2012、『国立大学財務・経営センター研究報告　第14号　高等教育機関における授業料の国際比較研究』。
丸山文裕、1999、『私立大学の財務と進学者』東信堂。
──2002、『私立大学の経営と教育』東信堂。
──2007、「高等教育の財政財務と経営管理の研究」『高等教育研究　第10集　高等教育研究の10年』(日本高等教育学会編、玉川大学出版部)。
──2009、『大学の財政と経営』東信堂。
──2014、「高等教育システム・経営研究のレビュー」『大学論集』第46集、広島大学　高等教育研究センター。
松下佳代編著、2010、『〈新しい能力〉は教育を変えるか　学力・リテラシー・コンピテンシー』ミネルヴァ書房。
森利枝、2010、「学習成果のアセスメントのインパクト―アメリカ基本情報編―」『学習成果アセスメントのインパクトに関する総合的研究・中間報告書』(国立教育政策研究所高等教育政策研究部、代表深堀聡子)。
──2011、「アメリカにおける学習成果重視政策議論のインパクト」『学習成果アセスメントのインパクトに関する総合的研究』(国立教育政策研究所高等教育政策研究部、代表深堀聡子)。
両角亜希子、2010、『私立大学の経営と拡大・再編－1980年代後半以降の動態』東信堂。
──2014、「大学教員の意思決定参加に対する現状と将来像」『大学論集』第45集。
夏目達也、2013、『大学経営高度化を実現するアカデミック・リーダーシップ形成・継承・発展に関する研究』(平成22-23年度科学研究費補助金基盤研究(B))。
日本高等教育学会、2007、『高等教育研究　第10集　高等教育研究の10年』玉川大学出版部。
──2013、『高等教育研究　第16集　高等教育研究の制度化と課題』玉川大学出版部。
日本教育行政学会研究推進委員会、2009、『学校と大学のガバナンス改革』教育開発研究所。
日本心理学会、2015、『本当のかしこさとは何か：感情知性(EI)を育む心理学』誠信書房。
篠田道夫、2007、『私学高等教育研究叢書　私大経営システムの分析』日本私立大学協会附置私学高等教育研究所。
高木英明、1998、『大学の法的地位と自治機構に関する研究』多賀出版。
高野篤子、2012、『アメリカ大学管理運営職の養成』東信堂。
米澤彰純、2011、『リーディングス日本の高等教育7　大学のマネジメント　市場と

組織』玉川大学出版部。

Anderson, R. D. 2004, *European Universities from the Enlightenment to 1914*, Oxford University Press.（=2012、安原義仁・橋本伸也訳『近代ヨーロッパ大学史』昭和堂）。

Austin, A.E., 2006,"Preparing the Professoriate of the Future: Graduate Student Socialization for Faculty Roles", in *Higher Education :Handbook of Theory and Research*, Vol.21, Springer.

Ballantine & Hammac, 2009, *The Sociology of Education: A Systematic Analysis* 6th edition, Pearson Education.（=2011、牧野暢男・天童睦子監訳『教育社会学 現代教育のシステム分析』東洋館出版社）。

Batedo, M.N., 2011, *The Organization of Higher Education Managing Colleges for a New Era*, Johns Hopkins University Press.

Behling, L. Laura, 2006, "Liberal Arts Colleges and the Spellings Commission: Carpe Diem", *Liberal Arts Online*.

Bess, J & Dee, J., 2012, *Understanding College and University Organization: Theories for Effective Policy and Practice*, Vol.Ⅰ, Dynamics of the System, Stylus Pub LLC.

Birnbaum, 1991, *How colleges work : the cybernetics of academic organization and leadership*, Jossey-Bass.（=1992、高橋靖直訳『大学経営とリーダーシップ』玉川大学出版部）。

Chatman, Steve, 2007, *Institutional versus Academic Discipline Measures of Student Experience : A matter of Relative Validity Research & Occasional Paper Series:CSHE.8.07.*

Coleman,S.J.,1988, "Social Capital in the Creation of Human Capital"*American Journal of Sociology*,94, in *Education Culture, Economy, and Society*, Halsey,H.A., et.al., 1997, Oxford University Press.（=2005、住田正樹ほか編訳『教育社会学 第三のソリューション』九州大学出版会）。

Commission on the Future of Higher Education, 2006, *A TEST OF LEADERSHIP Charting the Future of U.S. Higher Education.*

Corson John, 1960, *Governance of Colleges and Universities*, McGraw-Hill.

George, Susan & Wolf, Martin, 2002, *Pour & Contre La Mondialisation Libérale*, Bernard Grasset.（=2002、杉村昌昭訳『徹底討論 グローバリゼーション 賛成/反対』作品社）。

Heller, Donald, 2009,"The Context of Higher Education Reform in the United States", *Higher Education Management and Policy*, Vol.21-2.

Hendrickson, M. R et.al, 2013, *Academic Leadership and Governance of Higher Education A Guide for Trustees, Leaders, and Aspiring Leaders of Two-and Four-Year Institutions*, Stylus Publishing, LLC.

Henkel, Mary, 2007,「大学のガバナンスとマネジメントの変容－政府と第三者機関の役割－」『COEシリーズ27　大学の組織変容に関する調査研究』（広島大学高

等教育研究開発センター、田中正弘訳)。
Kaplan, G.E., 2004, "How Academic Ships Actually Navigate." In Ehrenberg R. G. (ed.) *Governing Academia; who is in charge at the modern university?*, Cornell University Press.
Kegan, R., 1994, *In over our heads: The mental demands of modern life*, Harvard University Press.
Kegan, R. & Lahey, L., 2009, *Immunity to Change: How to Overcome It and Unlock the Potential in Yourself and Your Organization*, Harvard Business School Publishing Corporation. (=2013, 池村千秋訳『なぜ人と組織は変われないのか』英治出版)。
Kouzes, M. James & Posner X. Barry, 2003, *Academic Administrator's Guide to Exemplary Leadership*, John Wiley & Sones,Inc.(=2010,高木直二訳『大学経営　起死回生のリーダーシップ』東洋経済新報社)。
Levine, Arthur, 2001, "Higher Education as a Mature Industry," in Altback, P.G., Gumport P.J. & Johnstone, D.B., *In Defense of American Higher Education*, Johns Hopkins University Press.
Manning, Kathleen, 2013, *Organizational Theory in Higher Education*, Roultledge.
McCaffery, Peter, 2010, *The Higher Education Manager's Handbook Effective leadership and management in universities and colleges 2nd*, Routledge.
The National for Public Policy and Higher Education, 2006, *National Cross Talk*,Vol.14-4
OECD, 2001, *The Well-being of Nations The Role of Human and Social Capital*. (=2002, 日本経済調査会『国の福利　人的資本及び社会的資本の役割』)。
――2007, *Understanding the Social Outcomes of Learning*. (=2008, 教育テスト研究センター監訳『学習の社会的成果　健康、市民・社会的関与と社会関係資本』明石書店)。
――2010a, *Improving Health and Social Cohesion through Education*. (=2011, 矢野裕俊監訳『教育と健康・社会的関与　学習の社会的成果を検証する』明石書店)。
――2010b, *Trends Shaping Education － 2010 Edition*. (=2011,立田慶裕監訳『教育のトレンド2　図表でみる世界の潮流と教育の課題』明石書店)。
――2011, *Divided We Stand: Why Inequality Keeps Rising*. (＝2014、小島克久・金子能宏 訳『格差拡大の真実 二極化の要因を解き明かす』明石書店)。
――2016, *Trends Shaping Education 2016*.
Patton, D. Lori, et.al.,2016, *Student Development in College Theory, Research, and Practice, 3rd*, Jossey-Bass.
Peterson, M. W.,1985,"Emerging developments in postsecondary organization theory and research: Fragment or integration?", *Educational Researcher,* 14(3).
Peterson, M. W. & Mots, L. W. (ed.), 1987, *Key Resources on Higher Education Governance, Management and Leadership*, Jossey-Bass.
Peterson, M. W., 2007, "The Study of Colleges and Universities as Organization."in Gumport, P. J, ed., Sociology of Higher Education: Contributions and their

Contexts, Johns Hopkins University Press. (=2015, 伊藤彰浩・橋本鉱市・阿曽沼明裕『高等教育の社会学』玉川大学出版部)。
Putnam, D. Robert (ed.), 2002, *Democracies in Flux: The Evolution of Social Capital in Contemporary Society*, Oxford University Press. (= 2013, 猪口孝監訳『流動化する民主主義－先進8ヵ国におけるソーシャルキャピタル』ミネルヴァ書房)。
Robbins, P. Stephen, Judge A. Timothy, 2005, *Essentials of Organizational Behavior* (8th Edition), Pearson. (= 2009、髙木晴夫訳『新版　組織行動のマネジメント』ダイヤモンド社)。
Senge, M. Peter, 2006, *The Fifth Discipline: The Art and Practice of the Learning Organizations*, Crown Business. (=2011、枝廣淳子他訳『学習する組織』英治出版)。
Walzer, Michael, 1995, *Toward a Global Civil Society*, Michael Walzer and Berghahn Books,Inc. (= 2001、石田淳ほか訳、『グローバルな市民社会に向かって』日本経済評論社)。
Zemsky, M. Robert, 2007, "The Rise and Fall of Spellings Commission", *University of Pennsylvania Scholarly Commons*.

【補注】
　本章は、第19回高等教育学会大会(2016年6月)課題研究での報告がベースである。書いているうちに、先行研究批判やレビューの在り方も書かなければと思い、どんどん広がってしまった。報告後、広島大学の村澤昌崇さんから、「広げすぎ」と怒られた。自分でも、最後の学生発達論については盛り込み過ぎと思ったが、単独で原稿にする予定も直ぐにはないので、そのまま再録した。刺激されて研究する人がいれば、恥のかき甲斐もあろうというものだ。

第2章　大学組織改革の何が問題か[1]

1　大学組織論の外部にあるもの

　現実の大学組織を扱う前に、多少、組織論の外回りを整理しておこう。組織は目的達成のために作られた人間の結合体であり、人類社会の出現とともに古く、したがって、古くから社会科学の対象であった。組織は、20世紀の支配的理論であった新古典派理論－人間を合理的な経済人とみなし、彼らの選好による行動で最適化がなされるという仮説に立脚－に対する代替理論として、組織と制度の役割が問い直されてきたことで、新たな意味を持つようになった（たとえば、Hodgson 1988=1997）。純粋な市場モデルにおいて組織論は不要であり、少なくとも理論的関心は部分的にならざるをえない。不効率組織は市場において淘汰されていくので、理論があれこれ説明する必要はないからである。組織の内部編成論としてではなく、せいぜい、市場のルールに適合的な組織論として主張される性格を持っている。極論すれば、組織論と市場論とは対抗関係にあるといってよい。この構図は大学組織の場合にもあてはまる。市場化論の理論的批判は制度学派の諸大家にお任せするとして、市場論的な組織論は実態に即さないことだけは指摘しておこう。

　中世に起源を持つ大学は、中世の社会組織のようにギルド的形態を持っていた。現代の大学は、企業的な組織化が進行している。大学の組織形態は、社会の支配的な組織形態の影響を受けて変化している。これらのことから、大学の組織論は、企業、軍隊、教会、病院など各種の組織を包括する一般論の個別論として論じられるのではないかという期待が生まれる。組織論の普遍的モデルを目指した諸理論もある。しかし、T・パーソンズのAGIL4機能

図式による社会体系論（Parsons 1956=1957-58）は、あまりに壮大で現実の大学組織の分析には数十年かかりそうだし、N・ルーマンの教育システム論（Luhmann 2002=2004）は、話としては面白いが、機関としての大学が見えてこない。組織論一般から演繹するのではなく、大学組織の固有性を考察したほうがよさそうである。研究と教育を価値創造の核に置き、非営利で公共財としての知識を生み出す大学の組織論は、その業務の固有性に対応した組織論でなければならない。

しかし、組織論一般から得られる重要な示唆もある。組織論のメタ分析として名高いW・R・スコット（Scott 1995=1998）は、組織の分析レベルとして、①世界システム、②社会、③組織フィールド、④組織個体群、⑤組織、⑥組織下位システムの6層を設定し、「主要供給者、資源と生産物の消費者、規制機関、及び類似のサービスや生産物を供給する他の諸組織」からなる組織フィールドが最も重要と指摘する。これは、社会を構成する教育、労働などサブ・システムのことに他ならない。同様に、Becher & Kogan（1992）は、①研究所/学科、②ファカルティ/カレッジ/スクール、③大学、④マルチキャンパス機関/連合組織、⑤州政府、⑥全国政府の6レベルを提起する。

こうした組織論からは、大学という個別機関の内部組織編成だけでなく、それを含んで構成されるシステムに影響され、システム相互の関係で組織の在り方を捉える重要性が示唆される。組織を機関単位で閉じた議論が可能であると見るなら、市場化論の隘路である方法的個人主義と同様の誤りを犯すことになる。

また、組織論は、ガバナンス（組織における意思決定・執行・監督などルールの体系）及びマネジメント（組織が機能を発揮するように活動させる行為）と深く結びついている。組織は、目標達成のために構成される人間の集団であり、分業と統合のメカニズムが不可欠である。統合の機能がガバナンスとマネジメントに他ならず、ガバナンスとマネジメントは組織の下位カテゴリーといってよい。組織研究のエポックメーキングであるウェーバーの官僚制研究が示すように、組織論は、組織を最適化して機能させる権力の配分と運営形態の理論でもある。大学組織研究が管理運営に焦点を当てたのは当然といえ

よう。Rodgers (1977) は、70年代までは、大学組織研究は効果的な運営に焦点があてられていたとし、Rhoades (1992) は、組織論の課題として、①高等教育システムと組織のガバナンス、②業務の分割（分業の形態）、③機関内の組織秩序の3つをあげている。

だが、効果的な運営は、組織形態に左右され、ガバナンスの形態も規定する。高等教育の質が国際的通用力とともに要請され、一方では18歳人口の減少や政府財政の緊縮など負の環境要因が進行する日本の高等教育界においては、ガバナンスの改革だけでなく、組織改革も求められている。高等教育システム全体を視野に入れ、研究と教育を軸とする価値創造を実現する大学組織の在り方が、研究的にも実践的にも必要になって久しい。

2　大学組織論の内部にあるもの

大学組織を分析する上で、グランド理論として使えるものは少ない。Rhoadesの整理に従うと、組織分析には、業務と組織の関係性、構造及びガバナンスの3つを包括する理論が必要である。この場合に重要なことは、大学組織を規定する要因としての教育及び研究であり、組織を規定する「業務 (task)」の性格である。なぜなら、組織は外部環境への適合それ自体が自己目的ではなく、業務を遂行するために存在しており、外部環境の変化要因とともに、新たなパラダイムの出現やテクノロジーの発達など大学の機能・役割にかかわる内部的要因、業務の変化も組織の在り方を決定するからである。

ガバナンスとしての組織論と業務としての組織論という、この2つの視角を統一した点で注目すべきは、Clark (1983=1994) 及びBecher & Kogan (1992) の組織モデルである。

Clarkのトライアングル・モデルは、システムレベルにおける統治構造の類型として理解されがちだが、機関の各レベルによって権威（権力）の構造が異なり、専門分野を基盤とし、個人的支配ないし同僚的支配が機能する基礎単位（講座）レベルと、事業組織体を基盤とし、理事会的権威ないし官僚制的権威が機能する機関単位レベルとでは、統合の要因が異なることが示唆され

ている。

　また、Clarkとともに共同研究で知識構造と組織の関係を理論化したBecher & Kogan (1992) は、高等教育の構造を検討する理論枠組として、様式 (mode) と組織的階層 (level) の観点を提示した[2]。様式とは、組織において価値を維持し実現する上での構成員の行動形態であり、構成員の価値規範として機能する規範様式 (normative mode) と、具体的に遂行する運営形態 (operational mode) とに区分される。様式は、高等教育の組織的階層に対応して多様であり、Becher & Kogan (1992) は、中央レベル－機関－基礎組織－個人の各層ごとに、運営様式と規範様式を整理した (表2-1)。規範様式が示すように、大学組織は各種要因による均一なインパクトを受けるのではなく、組織の重層性に対応して異なった影響を受ける。すなわち、大学は、それを構成する組織レベル、教員個人－基礎組織 (学科や専攻、講座) －中間組織 (学部や研究科) －機関ごとに行動様式や文化が異なり、各レベル固有の規範や価値を前提としながら、レベルごとの葛藤を含みつつ、大学全体が統合される

表2-1　組織変容と要素の関係

		個人	基本単位	機関	中央権力
要素		・教育・研究スタッフ ・行政管理者 ・補助労働者 ・学生	・デパートメント ・スクール ・学士課程カリキュラムの内容を提供する教師集団	・法律で規定された個別機関	・全体計画 ・資源配分 ・モニタリング
運営様式	内部	教育、研究、サービスの業績	学務 (student provision)、カリキュラム、研究	機関の維持、将来計画、方針の実施	資源利用の最大化、発展の支援
	外部	社会/経済/文化的要求への対応	社会/経済/文化的要求への対応	社会/経済/文化的要求への対応	社会的、経済的需要への適合
規範様式	外部	専門職規範、社会/経済/文化的価値の反映	専門職規範、社会/経済/文化的価値の反映	社会/経済/文化的価値との対応	経済的、政治的社会的期待への適合
	内部	役割実現と個人的目標の達成	同僚集団の規範と価値の維持	学術的規制の維持	質、妥当性、有効性の基準の維持と監視

注：Becher, Tony & Kogan, Maurice, 1992, *Process and Structure in Higher Education*. より作成

メカニズムを持つ。大学の業務が有効に機能するためには、このメカニズムが明らかにならなければならない。彼らの大学組織論が示唆する重要性の1つは、多層的で複雑系としての大学組織である。

　このモデルに基づいて筆者を含む研究グループは、21世紀COEプログラム(2002〜2006年度)の研究の1つとして「大学の組織変容に関する調査研究」を行ったことがある[3]。その結果はきわめて興味深いもので、たとえば、機関内部の権限配分の方向については、国公私立という設置形態によって多様性はあるが、学長－部局長－学科長という階層ごとの同質性の方が強く、とりわけ、教育と研究を実際に担う学科長レベルでは、ほとんど設置形態の差がなかった。

　当たり前のことではあるが、学長など機関レベルのマネジメントの行動様式・価値観と、学科レベルの教員集団とは構造的な相違がある。高等教育に寄せられる多大な期待と資源減少という現実との乖離は、もっぱら機関レベルでのマネジメント強化によって解決されようとする動きがある。Koganとともに共同研究を行ってきたHenkel(2007)は、ジャラッド報告を契機とするこの動きを、マネジメントを万能の解決手段とするイデオロギーとしてのマネジャリズム(マネジメントが信念のシステムの中心となり、そのものの本質を過大に評価する状況のこと)と呼ぶ。

　いかなる組織においてもそうであるように、大学教育が革新的であるためには、業務の担い手である教職員が、組織の置かれている環境と課題を明確に理解し、自分の部署の最適化だけではなく、組織全体を展望した活動を行うことが求められる。優れたマネジメントは、構成員のモチベーションを高め、能力を引き出し、組織の価値を共有させるマネジメントである。その点では、マネジメントの役割は大きい。

　しかし、一般的に人間は、自分の所属する世界がよければ、組織全体や社会全体の在り方には関心を持たないものである。マネジメントは万能薬ではなく、柔軟性に欠け現状維持に陥りがちな大学教員の行動様式を変容させていく仕掛けが、組織に内包されていく必要がある。

3　教育組織と研究組織の分離という組織論

　Clarkモデルの持つ価値の1つは、大学における業務の性質に対応した基礎組織の構造を明らかにしたことである。周知のごとく、日本の大学の原型は帝国大学であり、明治26年に導入された講座制が基礎組織を形作った。講座は細分化された学問分野ごとに配置され、その集合体として学科が、学科の集合体として学部が組織される組織論は、欧米の諸学問を導入し再生産させることにきわめて有効であった。その強さは、研究者の再生産として教育が行われ、研究と教育とが即自的に結合しているところにあった。講座制への批判は、戦後間もない時期からその封建的性格（徒弟的再生産）に対して寄せられ、ついで、狭い分野の再生産が教員の組織的な教育活動を阻害するとして、学部制度とともに批判された。代わって、筑波大学を嚆矢とする教育組織と研究組織との分離が試行され、大学院重点化とともに大講座制への移行が進められ、学部以外の基本組織の設置が促進されてきた。

　すべての大学を網羅した結果ではないが、金沢大学大学教育開発・支援センターが369大学を対象に行った調査では、国立大学の25％が教育組織と研究組織の分離をすでに実施していると回答している（金沢大学大学教育開発・支援センター 2007）。前掲「大学の組織変容に関する調査研究」では、「教育組織を研究組織に基づいて編成」（以下、教育＝研究組織型）する大学が60％と一番多いものの、「教育組織と研究組織を分離」（以下、分離型）していると回答した大学が11.3％を数え（学長回答）、国立大学では34.4％に達するから、ある程度の普及が進行してきたといえよう。もっとも、大学内に1つでも分離した部局があれば肯定回答になるから、学長に対する大学対象の調査では、実態は把握できない。部局長の10.9％が分離していると回答しているのが実相に近いであろう。

　この数値を普及してきたと見るか、停滞していると見るかは評価の分かれるところだが、興味深いのは、「今後教育研究を進める上で最も相応しいと考えられる形態」についての回答分布である（表2-2）。まず、組織としての小講座制は完全に意義を失った。現在の組織形態でも小講座制は10.8％であ

り、今後の組織としても、基礎組織である学科長レベルで10%にも満たない賛成しかない。現に小講座制を採用している組織全体でも、引き続き小講座制をふさわしいと見るのは、23.5%にとどまる(表2-3)。

階層ごとの葛藤図式は、組織については様相が異なる。学科長・部局長レベルでは、「教育＝研究組織型」が、ほぼ40%前後支持され、学科レベルか学部レベルかはともかく、大講座制が相応しい形態になっている。「分離型」は10%程度の支持しかない。公私立大学の場合は、学長も同様な回答である。つまり、公私立大学においては、階層的ギャップがほとんどなく、組織をめぐる葛藤は弱いと推測できる。

しかし、国立大学についてはかなり違う。学長の支持が最も高いのは、「分離型」で63.9%、部局長で「分離型」と「教育＝研究組織型」がほぼ拮抗、学科長では「教育＝研究組織型」が41%を占めるが、「分離型」にもそれなりの支持がある。とはいえ、教員組織をめぐっては、階層ごとの葛藤——分離型を夢見る学長と「教育＝研究組織型」を支持する学科長、はざまに立つ部局長という構図——が存在する。

もうひとつ興味深いデータは、現在採用している組織形態と今後採用した

表2-2　今後の組織形態

	国立大学			公立大学			私立大学		
	学長	部局長	学科長	学長	部局長	学科長	学長	部局長	学科長
①教育組織と研究組織を分離	63.9	30.5	27.7	5.6	10.4	13.6	13.0	11.1	10.5
②教育組織を研究組織に基づいて編成	27.9	38.4	41.2	52.8	37.5	44.1	42.9	42.3	43.9
③学部全体を通じた大講座制	13.1	18.8	11.2	19.4	25.0	11.9	21.5	22.7	14.1
④学科全体を通じた大講座制	11.5	23.7	27.5	33.3	31.3	36.4	23.2	25.0	26.0
⑤小講座制	3.3	3.6	5.6	0.0	2.1	3.4	5.1	4.0	9.9
⑥部門制	6.6	8.3	6.3	8.3	8.3	9.3	6.2	9.4	9.7
⑦その他	4.9	3.1	2.5	16.7	4.2	1.7	9.6	6.5	3.1

表2-3 現在の組織形態と今後組織形態

現在の組織形態	今後の組織形態（全体集計）						
	①	②	③	④	⑤	⑥	⑦
①教育組織と研究組織を分離	45.7	17.1	10.4	13.9	4.6	6.4	1.8
②教育組織を研究組織に基づいて編成	11.4	51.7	9.2	15.5	4.5	5.5	2.1
③学部全体を通じた大講座制	11.4	15.6	46.9	15.6	3.4	6.0	1.1
④学科全体を通じた大講座制	12.6	20.8	13.4	43.8	3.0	5.4	1.0
⑤小講座制	22.0	22.0	9.5	19.6	23.5	9.0	3.2
⑥部門制	10.2	20.1	8.8	15.7	6.9	36.1	2.2
⑦その他	10.6	9.6	2.9	5.8	4.8	2.9	63.5

い組織形態との関係である(表2-3)。どの組織においても現状維持は40〜50％であり、組織が現状維持されがちな傾向がよく現れている。「分離型」を取っている組織で、引き続き「分離型」を取ると回答するのは、45.7％しかいない（あるいは、「も、いる。」）。要約すれば、組織論の決定打はなく、国立大学長の高い期待にもかかわらず、現に採用している組織でもうまくいっているとは必ずしも言えない。国立大学長（そして部局長も）が突出して「分離型」に期待する理由と、「分離型」が容易には広がらない理由は何であろうか。

4 「教育組織と研究組織の分離」なのか、「教員組織と教育・研究の分離」なのか

「分離型」の起源は、周知のごとく、1973年に設置された筑波大学の壮大な実験に始まる。講座制を起点に再生産されてきた日本の教員組織は、ポストが学問分野ごとに設定され、その分野の研究者を配置することで研究組織としての性格を持った。さらに、学科・学部の組織が提供する教育課程は、学問分野を基礎に構成され、同じ学問分野の再生産としての教育活動という性格を持つようになった。学問分野は細分化し、教育課程は固定化される。筑波大学の試みは、この固定的関係を解体し、再編成することにあった。この試みが強い批判を浴びたのは、「教育組織と研究組織との分離」として組

織論が打ち出され、教育と研究を分離し、両者の統合性が存在意義の核をなす大学像の否定につながるとされたからであった。確かに、「分離型」の提言を行った政策文書である中教審46答申も、筑波大学の構想文書である『筑波大学の創設準備について－まとめ－』(1973年9月29日)も、同様の表現を取っている。

　しかし、この組織論の真の意味は、教員組織を教育課程(教育組織)から分離することであり、単純に教育と研究を区分することではなかった。筑波大学の場合は、教員組織の編成原理を研究分野によるか、教育課程によるかという選択において、研究分野の原理をとったために、「教育組織と研究組織の分離」と表現される。実際には、教育や研究活動と直結せずに教員組織を編成することに意味があった。国立大学長が「分離型」に高い支持を寄せる背景には、運営費交付金の継続的な削減が、部局単位で分割された教員削減をもたらし、活力低下につながることを回避するマネジメント上の方策である面もあるが、本質的には柔軟な組織運営の前提条件づくりと、学部・学科単位を越えた教員集団を形成して、範囲の経済と規模の経済を活かした、組織の活性化を目指しているところにある。学際・融合型研究や、大学を越えた共同研究が拡大する現状では、教員組織は自己完結的な研究組織ですらない。急速に変化する知識生産と需要に対応した活動が可能なように、主要業務である教育と研究を遂行できる教員組織の在り方が課題になってきたのである。

5　大学教員組織の難点――同形繁殖による再生産

　にもかかわらず、調査が示すように「分離型」に対する拒否感も強い。独断の誹りを受けるかもしれないが、その根底にあるのは、組織を成立させる教員の規範文化と、これを生み出す日本の大学及び教員組織の特異性である。簡単に言えば、大学教員の職業準備過程(学士課程教育及び大学院教育)と入職後の組織経験の狭さが、自分たちの育ってきた組織の行動様式を絶対視し、それ以外の組織をイメージして行動することを困難にしている(この10年間、

教員組織問題をはじめとし、岩手大学、福島大学、筑波大学、金沢大学、横浜市立大学、ICU、立命館アジア太平洋大学など約40の国内大学や、中国・韓国・台湾・イギリス・ドイツ・カナダ・アメリカ・オーストラリアなど20近い海外大学を訪問し、他方、3つの大学で、多様な教員と多様な場面で仕事をした際の観察を通じての感想である）。

　2000年、広島大学で初めて大学院生対象に大学教員養成のための授業（「困った大学教員にならないために」）を開催した時に驚いたのは、集まった学生が、他分野の学生と話をするのが初めてだと口々に語ったことである。北海道大学に文系一括入試（類別）で入学し、8年半寮暮らしをし、同じ学部以外の人間と付き合うことがむしろ多かった筆者には、ショックであったが、その後折に触れて若い年代の大学教員に聞くと、筆者の経験の方がきわめて珍しい部類に入る。近年、大学間の学生の移動は比較的拡大しているが（「学校基本調査」のデータでは、大学院博士課程の自校出身率は1995年の72％から2017年の54％へ減少）、他領域の学生との交流を意味するものではない。日本の大学は、インブリーディングが強く、同一大学学部・大学院出身者が母校に残ることが最高の栄誉となっている。そうであれば、大学教員にとって基礎組織レベルの改革は、ディシプリンの継受をベースに自己形成を遂げてきた諸関係の解体と再編に他ならない。大学は知の創造を行うから革新的な存在だと考えられがちだが、実は、本質的に保守的な性格を持つ。なぜなら、研究とは基本的に分野ごとに確立したパラダイムをもとに新しい知見を付け加えることで学者コミュニティに認知されるプロセスであり、教育とは知識体系の再生産過程だからである。パラダイムを変革するイノベーションは、パラダイムのもとで研究と教育に従事している研究者を危機に陥れ、その地位を危うくするから、エスタブリッシュされていると考える研究者たちは、意識的無意識的に依拠する枠組みを維持し、変化を拒否するのである。安定的に再生産を行う組織は、その制度的基盤である。

　すなわち、企業などの組織改革と異なる大学組織改革の困難点は、組織そのものが、組織を構成する人間の職業準備過程に各種の規範と行動様式を刻印しており、自由な諸個人の結合体として組織を創造することを困難にする

ことである。ドイツの大学も講座制を採用しているが一代限りであり、大学院生は出身大学に就職せず、他大学に転出することが基本になっている。これに対して、日本の講座制度は、あたかも家族制度のようだと、ドイツ訪問の際にカッセル大学のカーム教授に笑われた。

　もちろん、分野と年代、出身大学と個人によって、組織がもたらす規範力は異なる。筑波大学は、数次にわたる組織改革を継続しているが、「大学の組織変容に関する調査研究」の1つとして、2006年9月に行ったインタビューでは、生物系のベテラン教授から、東京教育大学時代から継続した古典的分野では、新しい組織はうまくいかなかったが、筑波大学設置によって始まった分野では、おおむねうまく機能してきたと説明を受け、納得した思いがある。新たな組織は世代が変わらなければ定着しない。生活習慣病が容易に改善できないように、人間のハビトゥスは、理念だけでは変革できない。

6　大学組織のもう一つの姿

　組織改革には、組織に「はまって」行動する教員のハビトゥスを変化させる高度な戦略性が必要である。そのために求められるマネジメントは、意思決定における学長リーダーシップ論の類とも、同僚制か官僚制かという類の選択肢とも異なる性質のものであり、組織を構成する教職員の組織能力の成長、行動様式の変容を視野に入れた組織の移行マネジメントである。残念ながら、日本の大学教員の能力開発活動（いわゆるFD）は、教育活動に特化し、肝心の能力論に組織的社会性（organizational citizenship）が欠落している。

　組織改革の必要性を認めながら、身体化された行動様式が裏切る状況では、単純な組織改革モデルではなく、各機関・組織の状況に対応した多様な組織移行モデルが提示される必要がある（機関の多様性を視野に入れず、実践の検証も対照実験もなく、単一の改革モデルを万能視するのが、昨今の高等教育改革論の悪弊である）。90年代からの大学組織改革には、「教育＝研究組織型」から「分離型」への転換という単直線的な組織改革だけではない試みがあることにも注意を払う必要がある。

その第1は、機関内での組織多様戦略とでもいうべきものである。「教育＝研究組織型」は、学術の再生産を教育活動に直結させ、研究者養成の機能が大きい研究大学、特に伝統的な学問分野では存続させる力が大きい。それがもたらす硬直性を回避するために、並行して部局横断型で学際融合型の研究組織を設置することである。北海道大学創成研究機構、東北大学国際高等研究教育機構などがこれにあたる。

第2は、機関内の部局横断・学際融合型の教育の推進であり、大学院博士学位プログラムとしてのリーディング大学院がこれにあたる。教員は複数の組織に属し、教育プログラムを担当することになり、要するに組織のマトリックス化を進行させることである。

第3は、機関内の組織的分業化と再編成である。「教育＝研究組織型」のもとで、教員がすべて教育研究活動を担うのではなく、情報教育センター、学習支援センターや図書館など多様な組織が学生の学習を担うことにより、組織形態は同じでもその実質が変化する。部局を越えた学習の組織化が進行することで、教員組織に囲い込まれた教育組織が実質的に変化していく。

第4は、大学間の組織柔軟戦略である。東京工業大学・一橋大学・東京医科歯科大学・東京外国語大学の4大学連合による複合領域コース（2001年発足）は、その端緒であり、教育課程の共同実施制度（2009年）は、今のところ獣医学教育以外にあまり拡大していないが（第3章、52-53）、可能性は大きい。

組織改革は、古い組織の経験を持たない世代が多数を占めるまで時間のかかる営みであり、それは大学組織の固有性に由来することを我々は理解すべきである。

注
1 本章は、「大学組織改革の何が問題か」『IDE』550（2013年5月号）に、「大学組織とガバナンスの変容-戦後日本型高等教育の着地点」『COE研究シリーズ27 大学の組織変容に関する調査研究』（2007年）の一部を加筆・修正したものである。
2 ClarkとBecher & Koganの研究については、John Brennan (2010) "Burton Clark's The Higher Education System: Academic Organization in Cross-National Perspective", *London Review of Education*, Vol. 8, No. 3, November 2010, 229–237. そ

の意味については、拙稿「大学組織の変容と質的保証に関する考察」『COE研究シリーズ8　高等教育システムにおけるガバナンスと組織の変容』広島大学高等教育研究開発センター（2004年）を参照されたい。なお、同論文は、『リーデイングス日本の教育と社会　高等教育』（玉川大学出版部、2009年）に所収されている。
3　調査項目は、(1) 多様なニーズに対応して高等教育機関を分化させる可能性、(2) 講座・学科目制（組織と活動、研究と教育の一体化）の変化の可能性、(3) すべて学部に帰属していた教育研究機能の再分肢化の可能性、(4) 機能別分化の基盤となる教員の分化の状況と可能性、(5) 権力の変化と同僚制の変容、(6) 資源と内部配分の変化、今後の方向、(7) 各種評価の改善への寄与および今後、(8) 機関・部局・基礎組織による外部の変化と今後の方向にそれぞれどのように対応・葛藤、(9) 設置形態・専門分野・地域配置による特性である。送付先及び回収率は下表の通り。

		合計	国立	公立	私立	総合a	総合b	複合a	複合b	複合c	単科a	単科b
学長	送付数	714	87	72	555	7	14	34	309	22	25	289
	回収数	273	60	37	176	4	9	23	116	13	9	99
	回収率	38.2%	67.8%	51.4%	32.3%	57.1%	64.3%	67.6%	37.5%	59.1%	36.0%	34.3%
部局長	送付数	1,871	353	166	1,352	72	133	178	1,007	145	34	302
	回収数	624	223	57	343	44	69	91	309	42	9	60
	回収率	33.4%	63.2%	34.3%	25.4%	61.1%	51.9%	51.1%	30.7%	29.0%	26.5%	19.9%
学科長	送付数	4,969	1,167	378	3,424	192	373	624	2,452	445	46	837
	回収数	1,433	447	118	867	68	144	228	668	111	8	206
	回収率	28.8%	38.3%	31.2%	25.3%	35.4%	38.6%	36.5%	27.2%	24.9%	17.4%	24.6%
合計	送付数	7,554	1,607	616	5,331	271	520	836	3,768	612	105	1,428
	回収数	2,330	731	212	1,386	116	222	342	1,093	166	26	365
	回収率	30.8%	45.5%	34.4%	26.0%	42.8%	42.7%	40.9%	29.0%	27.1%	24.8%	25.6%

また、大学類型の定義は、大学の歴史と学部数等を勘案して国立大学の類型を設定し、それに公立大学・私立大学を当てはめた。
①総合大学a＝旧制帝国大学、②総合大学b＝旧制大学を母体に含む総合大学。医学部を含む。広島大学、筑波大学、千葉大学、岡山大学、長崎大学、熊本大学、新潟大学、金沢大学、神戸大学。私立大学では、慶応大学、日本大学、東洋大学。③複合大学a＝学部数2以上で医学部のある大学。実質カテゴリー2に近く、旧制大学を含むか否かの違いだけでステータスの高い大学も含む。④複合大学b＝学部数2以上で医学部のない大学。医学部がないだけで、規模が大きい私立大学もEE大学である滋賀大学のような国立大学も含む。⑤複合大学c＝旧制大学を母体に含む大学で、一橋大学、東京工業大学を含む。私立大学では中央大学、國學院大學、駒澤大学など旧制大学で医学部を含まない大学を含む。⑥単科大学a＝医学部を含む単科大学。新設された看護学部などを持つ2学部程度の医療系学部で構成される大学は、カテゴリー2ではなく、ここに含めた。⑦単科大学b＝医学部以外の単科

大学。
　この調査の成果は、広島大学高等教育研究開発センター『COE研究シリーズ27 大学の組織変容に関する調査研究』（2007年）参照。この調査結果をもとにした論文として、Jun Oba & Fumi Kitagawa, 2010,"Managing differentiation of higher education system in Japan: connecting excellence and diversity," *Higher Education*, Vol. 59, No.4.

参考文献

広島大学高等教育研究開発センター、2004、『COE研究シリーズ8　高等教育システムにおけるガバナンスと組織の変容』。
――2007、『COE研究シリーズ27 大学の組織変容に関する調査研究』。
金沢大学大学教育開発・支援センター、2007、『TESKライブラリー2　教員の所属組織－今後の「大学像」の在り方に関する調査研究報告書より－』。

Becher, Tony & Kogan, Maurice,1992, *Process and Structure in Higher Education*, 2nd, Routledge.
Clark, Barton,1983, *The Higher Education System: Academic Organization in Cross-National Perspective*, University of California Press. (=1994、有本章訳『高等システム：大学組織の比較社会学』東信堂)。
Henkel, Mary, 2007,「大学のガバナンスとマネジメントの変容－政府と第三者機関の役割－」『COEシリーズ27　大学の組織変容に関する調査研究』(広島大学高等教育研究開発センター、田中正弘訳)。
Hodgson, Martin Geoffrey,1988, *Economics and institutions : a manifesto for a modern institutional economics,* University of Pennsylvania Press. (=1997、八木紀一郎・橋本昭一・家本博一・中矢俊博訳『現代制度派経済学宣言』名古屋大学出版会)。
Luhmann, Niklas, 2002, Das Erziehungssystem der Gesellschaft, Suhrkamp Verlag KG. (=2004、村上淳一訳『社会の教育システム』東京大学出版会)。
Parsons, Talcott,1956, *Economy and Society : a study in the integration of economic and social theory*, The Free Press. (=1957-58、富永健一訳『経済と社会：経済学理論と社会学理論の統合についての研究』1、2、岩波書店)。
Rodgers, W. Kenneth, 1977,"General Administration, Organization For", in Asa S. Knowels(ed.), *The International Encyclopedia of Higher Education*, vol.5, Jossey-Bass Publishers.
Rhoades, Gary, 1992,"Organization Theory", in Husen,Torsen, T. N. Postlethwaite, Burton R. Clark & Guy Neave(eds.) *Education : The Complete Encyclopedia Version1.1*, Pergamon Press.
Scott, W. Richard, 1995, *Institutions and Organizations*, Sage. (=1998、河野 昭三・板橋慶明訳『制度と組織』税務経理協会)。

第3章 大学の組織変化と組織改革──連携・連合・統合[1]

1 環境変化と大学組織の変容

　大学は、中世ヨーロッパに起源を持ち、知を創造・維持し、職業人の育成など学生の教育を通じて再生産する組織であった。15世紀にはヨーロッパ圏に広がり、16世紀から17世紀にかけては、アメリカ大陸にキリスト教文化とともに扶植され、19世紀には、欧米列強がアジア・アフリカの植民地化を進めるとともに扶植され、あるいは、日本のように後発近代化のための社会制度として、欧米各国の多様なモデルを導入し、制度化された。

　このように、大学は10世紀にわたって存続する普遍的な存在であり、大学組織を構成する諸要素、教師・学生・管理者・教育内容は、その初期から共通のものである。しかし、大学は、近代における科学研究の導入、産業との結びつきの強化などの外部環境の変化に対応し、様々に組織を変容させてきた。大学は、知の創造と伝達、応用、再生産を行う組織としてクローズド・システムである側面と、オープン・システムとして社会の環境変化に対応した組織変化を行い、たえず最適化を目指してきたといえる[2]。

(1) 機関内部と機関間の組織改革

　最適化のための組織改革は、機関内の改革と機関間の改革とに区分できる。帝国大学創設期、1893年に行われた講座制導入は(寺崎1973、1974)、学問単位の明確化と再生産のための組織を構築する内部組織改革の典型例である。講座制がもたらす硬直性を改革するために、1973年設置の筑波大学に導入された学群・学系制度も、内部組織改革の事例である。内部組織改革は、大

学の中に自律性の高い新たな組織を創造する形態もある。アメリカの大学院は、19世紀後半のアメリカ・カレッジが、リベラル・アーツ中心の構造にドイツ大学の研究機能を付与するために創設したものであり（Hofstadter & Metzger 1955=1980:516以下）、第1次世界大戦後、東京帝国大学における航空研究所の設置に始まる研究所も（広重 1973:84）、科学の時代に対応した大学組織構築の事例である。

　機関間の改革は、連携・連合・統合などの形をとり、大学や高等教育機関など同種の機関間だけでなく、企業や地域社会、地方・中央政府との連携は、科学・技術の発展と産業革命とが結びつき、大学の機能が拡大した[3]。大学の組織的連携は、産業界との異業種連携としても広がっている。ただし、本章では、大学間の連携に主な焦点を置き、機能的には大学における活動の核である研究と教育を対象にする。統合については、本書第4章「縮減期の高等教育政策——大学の統合・再編に関する——考察」を参照されたい。

(2) 大学組織の水平的結合——連携・連合・統合

　大学は、連携・連合・統合のように多様な形式をとりながら存続してきた。機関を超えたこれらの組織変化は、19世紀ドイツにおいては、ベルリン大学のような新大学の設置と、マインツ大学の廃止と他機関への教員の吸収、ヴィテンベルク大学のハレ大学への統合のような機関単位の再生策事例もあった（Prahl 1978=1988:188-189: 喜多村和之 1989）。

　また、国レベルでの高等教育システムの改革の手段としても、イギリスの二元的高等教育制度の一元化が、カレッジの統合による大学の創出としても行われたこと、1980年代のオーストラリアにおけるカレッジの統合など、国家政策として推進された事例にはこと欠かない。戦後日本で、多様な旧制高等教育機関を統合・昇格した新制大学は世界的に最も大規模かつ国家レベルで推進された統合である。

　アメリカでは、1920年代の経済恐慌による財政緊縮のもとで、大学間の競争だけでなく、相互に協力して教育の充実を図るために、各種のコンソーシアムが自律的に形成されてきた（金子 1994:53-63）。私立大学の経営危機回

表3-1　組織連続体の概念

自発的協定	制度化されたコンソーシアム	連盟	単一組織への統合
voluntary cooperative agreement	formalized consortium	federation	amalgamation to form new unitary organization

institutional autonomy ←―――――――――――――――→ unitary control

協働	連携・連合	単一構造
cooperation	coordination	unitary structure

避や効率の向上を図る手段としても統合や合併などが行われてきた。アメリカにおける統合問題の包括的な研究は、環境の変化に対応した「減少期のマネジメント」として、①規模の拡大、②キャンパスシステム(カリフォルニア大学)、③コンソーシアム、④統合という方策をあげ、統合は、そのひとつとして位置づけている(Martin & Samels 1994)。

　大学統合は、政治的・文化的差別克服の方策でもあり、アパルトヘイトを廃止した南アフリカにおける人種統合と黒人大学・白人大学の格差是正の方策としても課題となってきた(Jansen 2002)。

　これらの組織形態に関しては、Harmanが整理した、組織の結びつきの連続体概念が有益である(Harman & Meek 1988)。Harmanは、「自発的協定」→「制度化されたコンソーシアム」→「連携・連合」→「単一組織」の形態を対置し(**表3-1**)、これらの組織形態変化を連続的なものとみなした。Eastman & Lang (2001)もこれを支持している。

　表3-1が示すように、機関間の関係は固定的・断絶的なものではなく、協働が発展して連携・連合に至り、連合が単一構造に継起的に発展する性格を持っているといえる。

(3) 2000年代における各国の大学間連携政策

　ところで、この20年近く、世界各国では、資源の減少と高等教育への需要と役割の拡大という葛藤を調整し、さらには高等教育の卓越性を進める方

策として、大学間の多様な連携に注目が集まり、また実施されている。

　急速なマス化が進展した中国では、多様な高等教育機関のレベルの水準向上と規模の拡大を目指し、大学統合が持続的に推進され、1992～1997年の間に162校が統合されて74校になった。さらに、1998年に世界トップレベルの大学を創出するための985工程を公表し、指定された9大学は周辺の大学を統合して強化を図った（黄2003、王2007）。

　台湾では、嘉義師範学院と嘉義技術学院が、2000年春に統合されて総合大学になり、2001年7月公表された『大学教育政策白書』でも、統合が資源削減と質向上の方策として提言された。しかし、実際に進展しているのは、研究型大学への政府補助金強化に対応した大学連盟であり、中央大学、交通大学、清華大学、陽明大学による「台湾連合大学系統」などにおいて、大学間の連携が強化されている（小川・南部2008）。

　ヨーロッパにおいては、統合を含む連携は、各国の政策として進められるだけでなく、OECDも各国の高等教育改革の重要な手段として提示している。以下、小林(2013)に基づき概略を説明しよう。デンマークでは、OECDが他分野を持つ総合大学化を示唆し（Reviews of National Policies for Education: University in Denmark 2005）、政府は2006年に国際化戦略の目標として政府関係機関の大学への統合を掲げた。ドイツでは研究卓越拠点の形成を目指し、研究センターと工科系大学との統合が行われた。フランスでは、複数機関が自律性を維持したまま連携体となり、バーチャルな総合大学となる研究・高等教育拠点を導入し、強力な財政支援が行われている。

　イギリスでは、2003年の白書『高等教育の未来』で大学間連携に対する財政支援を勧告し、マンチェスター科学技術大学(University of Manchester Institute of Science and Technology)とマンチェスター・ビクトリア大学(Victoria University of Manchester)が、2004年に統合し、研究資金獲得力でイギリス第5位の大学となった。マンチェスター科学技術大学は1992年までマンチェスター・ビクトリア大学の一部局であり、その後も持続的な連携を行っていたもので、連携・統合（あるいは分離を含め）が組織体として連続的なことを示す事例ともいえる。イギリスでは、大学間連携も推進され、リサーチカウン

シルから研究プロジェクトに財政支援が行われ、博士育成を行うDoctoral Training Centerに、大学間連携型が増加している(小林2013:26)。

　ヨーロッパの高等教育研究機関のコンソーシアムHEDDA (Higher Education Development Association、オランダ・トウェンテ大学など7機関)の10周年記念研究集会(2011年11月)のテーマが、"Mergers and Higher Education Cooperation"であったように[4]、大学間連携は大学組織改革の有力な方策として注目を浴びている。イギリスでは、高等教育財政審議会(Higher Education Funding Council of England：HEFCE)が委託研究を進め、2012年には*Collaborations, alliances and mergers in higher education: Lessons learned and guidance for institutions*を公表している。このレポートでは、連携・同盟・統合は、包括してCAM (Collaborations, Alliances and Mergers)と略称され、「外部の変わりゆく環境に対して、いかに内部的に運営するかが問われ続けており、CAMの潜在的可能性が、大学の対応の1つとして生起している」(p.4)と指摘している。教訓として、CAMの効果に関する正式の情報がないと留保しつつ、172項目にわたり、明確な戦略を構成員で共有すること、意思疎通の重要性、ビジョンの共有の必要性、政府機関の助言と資金による実践的な支援の役割、戦略的な連合や連携が混乱やコストなしに統合の利益を上げうること、地勢と機関間の距離が統合の効果を規制するので連携がより現実味のある選択肢であること、統合のコストは低く見積もられること、提案には学生の利益を優先すべきこと、など重要な知見が提示されている。これは、Martin & Samels (1994)、Eastman & Lang (2001)など、90年代までの研究とほぼ同様の結論である。

　2015年には、ユネスコの支援を受けて、Curaj, Georghiou, Harper & Eva Egron-Polak (2015)、欧州大学協会(European University Association)によって、*Detine thematic report: university mergers in Europe*が出版された(Pruvot, Estermann & Mason 2015)。組織戦略としての統合の意味は第4章で詳述するが、CAMの形態はより多様になっており、小林論文が整理したものを**表3-2**として掲げておく。

表3-2　大学の組織的連携の分類

分　類	説　明
(A) 統合	参加機関の合併・譲渡及び従属が生じる形態
合併 merger	複数の機関が、法的に単一の機関となること。
合併 merger	1機関が他の機関を吸収・合併すること。合併に際し1機関が廃止されることも含む
合同 consolidation	複数の機関が統合し、新たに別な機関を創出すること。
準自治的統合 semi-autonomous acquisition	機関の全部もしくは一部を譲渡又は交換し、譲渡された機関もしくは部局が、受け入れ側機関において、財政・教育面で一定自律した部局やキャンパスとして運営される。
準合併 semi-merger	大学制度において伝統的に存在する、教学面における大学の統合形態
連合 federation	参加機関が自治的キャンパスや自治的組織として、一定の自律性を維持したまま統合し、連合体としての大学システムを形成。
提携 affiliation	参加機関のうち学位授与権を持つ中心機関と、学位授与権行使の対象となる参加機関の提携関係。参加機関は財政上、運営上は独立しているが、学位授与、教育の質保証の権限は中心機関が専有。中心機関以外の参加機関は教学面で中心機関に従属する。
(B) 連携	参加機関の独立性を保持した自発的協働の形態。
ジョイント・ベンチャー	共同で投資して、特定の目的を達成するために事業を実施。通常はそのための事業体を設立。
ジョイント・ベンチャー	ジョイント・ベンチャー一般、寄宿舎の共同設置・運営等。
共同学科・共同研究機関 Joint department/ joint research institute	ジョイント・ベンチャーのうち、教育プログラムや研究施設の共同所有・運営、キャンパスの共有など。
協働 collaborations	共通目的のために公式に協定を締結し、特定の活動を実施。参加機関は独立性を保持したまま、一定の財政的責任、その他の義務を負う。内容や運営方式等は協定により定まり、柔軟性・多様性がある。
コンソーシアム Consortium	特定の目的達成のために、事業を推進する組織を設ける。固有の資産、運営組織、内規を有し、通常は単一のサービスもしくはプログラムを提供。機関はメンバーとして参加。①連携型(参加機関は対等の関係で連携事業に参加)、②センター型(事業のための中核施設・機関を有する)の2タイプ
運営契約 management by contract	参加機関の権限の一部もしくは全部を、契約に基づいて特定の機関に委譲。その機関が特定事業の運営の中心的役割を担う。
(C) その他	
国際的ジョイント・ベンチャー International strategic joint ventures	教育研究上の国際的ジョイント・ベンチャー。海外キャンパス設置、海外大学提携教育プログラム提供、有力大学海外キャンパスの集団的誘致や提携プログラムの集積により教育研究ハブの形成等。
分権化	合併や統合とは反対の方向の変化であり、機関内の部局の自律化の方向への転換。連合や提携もしくは独立へ向かう過渡的状態の場合もある。

(出典) 筆者作成

2 日本の大学における連携の現状

(1) 高等教育における大学間連携の動向

　日本における大学間連携は、欧米に比べて実践も研究も蓄積が薄い[5]。その第1の理由として、高等教育の階層的構造と分布があげられる。国民国家形成以前から大学が国境を越えて存在し、EU統合と高等教育圏の構築が進められているヨーロッパに比べ、日本は、国家政策として20世紀前半から官立高等教育機関が地域的に配置され、私立大学が大都市圏中心に発達し、その中間に、小規模な公立大学が看護系人材など特定の分野に焦点を当てて発達してきた。日本の高等教育制度においては、設置形態によって法的基盤や財源形態が異なる。たとえば、現在の法制では、国立大学と公立大学間で統合してもそれを支える制度類型はなく、いずれかへの併合しかない。日本の高等教育構造は、大学間連携を促進・強化する条件を十分に備えていない。

　第2の理由は、90年代からの規制緩和は、大学間の競争を促進するもので、組織的な連携や連合を促進するものではなかったことである。とはいえ、単位互換を中心とする教育連携はこの20年間に拡大した。1972年の大学設置基準改正によって他大学での修得単位を当該大学の既修得単位に認定することができるようになり、1991年に単位数の上限が引き上げられ、大学間の単位互換協定や各種コンソーシアム設置を促す条件になった。1990年代中頃には、複数大学による地域的単位互換が生まれており、さらに、単位互換以外の多様な事業を行うコンソーシアムが発足した。

　地域単位互換制度としては、「熊本地区単位互換制度」(1995年4月、熊本大学法学部など4大学・学部)、「東京理工系3大学協定」(1996年1月)、「多摩地区国立単位互換制度」(1996年2月、東京外国語大学など5大学)、「北九州地区単位互換制度」(1997年2月、九州電気短大など5短大)、「和歌山3大学協定」(1997年11月、和歌山大学など3大学)、「千葉県私立大学・短期大学間単位互換制度」(1998年度、県内4年制大学22、短大15)、「広島県高等教育機関等連絡協議会」(1999年4月、広島修道大学他19国公私立大学)、「学都仙台単位互換ネットワーク」(2001年4月、東北大学など13国公私立大学・短期大学) などが発足している。

地域連携は単位互換を超えて展開しており、「多摩アカデミックコンソーシアム」(1995年、国立音楽大学など4大学の参加による図書館相互協力、広報、単位互換)を皮切りに、「静岡県西部高等教育ネットワーク会議」(1996年、静岡大学など10国公私立大学参加、共同授業、単位互換、教育研究交流、図書館相互協力)、「大学コンソーシアム京都」(1998年3月、同志社大学など国公私立49大学及び京都市、単位互換、産官学共同研究、シティカレッジ、遠隔授業)、「神戸研究学園都市大学連絡協議会」(1999年、神戸芸術工科大学他公私立大学・工業専門学校8、単位互換、施設共有)、「横浜市内大学間学術・教育交流協議会」(2001年1月、神奈川大学など15国公私立大学、単位互換、産学連携、インターンシップの共同実施)、「綾の国コンソーシアム」(2001年10月、東京家政大学など18私立大学、単位互換、学生交流、公開講座共同開講、職員研修の共同開催)が発足している。2001年3月には、大学院での文理融合の複合領域コースと複数学士号を目指す東京4大学連合(東京医科歯科大学、東京工業大学、一橋大学、東京外国語大学)が発足した。これらは、18歳人口の減少に対応し、大学間の協力と資源の共有も意図するものであった

(2) 2000年代の大学間連携機能強化政策と教育関係共同利用拠点

2000年代の後半には、高等教育政策で個別大学の競争だけでなく、協力・協働による大学の機能強化が推進されたことは注目に値する。

第4期中央教育審議会が発足した2007年2月6日に、文部科学大臣は「教育基本法の改正を受けて緊急に必要とされる教育制度の改正について」集中審議を要請し、中央教育審議会大学分科会は、制度・教育部会はじめ4つの部会を設置して審議を開始した。同部会の下に学士課程教育の在り方に関する小委員会が設けられ、その作業に基づき策定された『学士課程教育の再構築に向けて(審議のまとめ)』(2008年4月10日)は、大学間連携の重要性を柱のひとつとしていた。中教審答申『学士課程教育の構築に向けて』(2008年12月)は、上記文書をほぼそのまま答申としたものであるが、政府審議会の答申にしては珍しく、それまで追求されてきた規制緩和政策が質保証を弱める問題を指摘し[6]、「学士の質の保証を図るために必要なのは、第一に、大学間の

健全な競争環境の中で、各大学が自主的な改革を進めることである。第二に、大学による自律的な知的共同体を形成・強化し、大学間の連携・協同や大学団体等の育成を進めることである」(p.6)と述べ、大学団体の役割と連携・協同の重要性を提起した。

その伏線は、法人化後のグランド・デザインである中教審答申『我が国の高等教育の将来像』(2005年1月28日)に示唆されていた。答申は、大学進学の拡大(ユニバーサル・アクセス)を政策目標の柱に置きつつ、大学組織については、大学の機能別分化を打ち出した。すなわち、「各大学は、固定的な『種別化』ではなく、保有する幾つかの機能の間の比重の置き方の違い(＝大学の選択に基づく個性・特色の表れ)に基づいて、緩やかに機能別に分化していくものと考えられる」と同時に、「各機関が個性・特色の明確化を図り、全体として一層の多様性を確保すると同時に、学習者の立場に立って相互の接続や連携を改善することにより、言わば単線型でなく複線型の、誰もがアクセスしやすく柔軟な構造の高等教育システムを構築していくことが重要である。…さらに、高等教育機関相互の連携協力による各機能の補完や充実強化も、必ずしも設置形態の枠組みにはとらわれずに促進されるものと考えられる」(p.14)と述べ、これに沿って連携が位置づけられた。

大学間の共同を重視する施策は、国立大学協会にも影響を与え、第2期中期目標・計画の策定にあたり、大学全体が共有し、各大学の計画に盛り込むべき内容として作成した『国立大学の目指すべき方向－自主行動の指針－』(2008年3月)には、指針2「特色を生かした存在感のある個性的な大学の創生」に、「設置形態にとらわれない大学間の協力と連携・連合を推進する」(pp.2-3)ことが掲げられた[7]。

この年11月25日、大学設置基準の改正(20文科高第621号)により、共同教育課程制度が発足し、大学間の協力によって、それぞれの機関の教育資源の制約を超えた教育を行う制度が発足し、2017年度までに12を数えている[8]。

・2010年度
　東京女子医科大学・早稲田大学大学院医学研究科共同先端生命医科学専攻

東京都市大学・早稲田大学大学院先進理工学研究科共同原子力専攻
東京農工大学・早稲田大学大学院生物応用システム学府共同先進健康科学専攻
・2012年度
北海道大学・帯広畜産大学共同獣医学課程
山口大学・鹿児島大学共同獣医学部
岩手大学・東京農工大学共同獣医学部
秋田大学・秋田県立大学大学院理工学研究科同ライフサイクルデザイン工学専攻
愛知教育大学・静岡大学大学院教育学研究科共同教科開発専攻
・2013年度
岐阜大学・鳥取大学共同獣医学科
名古屋工業大学・名古屋市立大学大学院工学研究科共同ナノメディシン科学専攻
・2014年度
千葉大学・東京医科歯科大学・高知県立大学・兵庫県立大学・日本赤十字看護大学　共同災害看護学専攻
・2017年度
北海道大学大学院工学院・九州大学大学院工学府共同資源工学専攻

　2009年6月中教審大学分科会『中長期的な大学教育の在り方に関する第一次報告－大学教育の構造転換に向けて－』は、教育関係共同利用制度の創設を提言し、9月1日に学校教育法施行規則改正(第143条の2)と教育関係共同利用拠点の認定等に関する規程(告示)により制度化が行われた。
　教育関係共同利用拠点は、留学生日本語教育センター(3大学)、大学の教職員の組織的な研修等の実施機関(15大学)、練習船(8大学)、演習林(9大学)、農場(8大学)、臨海・臨湖実験所(13大学)、水産実験所(4大学)が認定されている。

(3) 競争的資金による連携の支援事業

連携は、競争的資金による各種の支援事業によって推進された。2008年から2カ年、戦略的大学連携支援事業の公募が行われ、総計101件が採択され、連携機関の総数は、593に上った。

○戦略的大学連携支援事業
　2008年：
　　地元型15件；国公私立大学57、公私立短期大学17、国立高等専門学校7参加、
　　広域型22件；国公私立大学148、公私立短期大学37、国私立高等専門学校9参加
　　教育研究高度化型17件；国公私立84大学、私立短期大学11、1国立高専参加
　2009年：
　　総合的連携型25件；国公私立大学120、公私立短期大学27、国立高等専門学校4参加、
　　質保証特化型22件；国公私立大学49、公私立短期大学1、国立高等専門学校4参加
○産学官連携戦略展開事業（戦略展開プログラム）
　2008年
　　国際的な産学官連携活動の推進：17機関（16件）
　　特色ある優れた産学官連携活動の推進：30機関（22件）
　　知的財産活動基盤の強化：19機関（17件）
　　（2010年から大学等産学官連携自立化促進プログラム【機能強化支援型】）
○大学間連携共同教育推進事業
　2012年：地域連携型25件；国公私立131大学、公私立短期大学26、国公立高専20参加
　　分野別連携型24件；国公私立84大学、公私立短期大学11、国立高専

19参加
○情報技術人材育成のための実践教育ネットワーク形成事業
　2012年：大阪大学他15国公私立大学参加
○産業界のニーズに対応した教育改善・充実体制整備事業
　2012年：8件に国公私立大学128、公私短期大学18参加
○地（知）の拠点整備事業（大学COC事業）
　2014年：52件中4件が共同、8国公私立大学が参加
○地（知）の拠点大学による地方創生推進事業（COC+）
　2015年：42件採択し、256国公私立大学が参加

　このような政策的バックアップもあり、2004年に結成されたコンソーシアムのコンソーシアムである全国大学コンソーシアム協議会は、地域単位のコンソーシアム48組織（40都道府県）が加盟し、その加盟大学総数は、553に達し、短期大学・高等専門学校などの高等教育機関や同レベルの省庁所管学校、経済団体、自治体、企業、NPO法人などを含む947機関・団体のネットワークが形成されている（2017年10月現在）。[9]
　政策だけでなく、大学及び地域社会の連携による相互協力発展という自律的要因との双方が、地域連携の発展の基盤にあることは注目すべきであろう。その代表的事例は、財団法人大学コンソーシアム京都である。大学コンソーシアム京都は、1980年代後半、第2次ベビー・ブーマーの大学進学による拡張期に、京都市内の大学が郊外移転を始めたことへの危機感と、91年の大学設置基準大綱化を契機に、京都市内の大学連携による活性化が模索されたことが出発点になっている（森島 2003）。1993年に京都市が「京都市・大学のまち京都21プラン」を策定し、自治体がその地域政策に、自ら設置する公立大学以外の大学を組み込むリーディング・ケースとなった。同プランに基づき、単位互換事業を中核とする京都・大学センターが1994年に発足、1998年に財団法人大学コンソーシアム京都に改組するとともに、学際・地域連携による共同研究、高大連携事業、互換科目をコーディネートした教養教育プログラムなど包括的な事業を展開し、現在に至っている。

このほか、東アジア教員養成国際コンソーシアム（2009年12月、東京学芸大学など日本の15大学、北京師範大学など中国の14大学、ソウル教育大学校など14大学）など多様な取り組みが広がっている（国立大学協会 2011）。

(4) 研究連携をめぐる制度と取り組み

研究活動は、その性格上、機関を超えて行われるものであり、科学研究費補助金など各種の外部資金による共同研究、受託研究として大学以外の組織との共同研究、学会・研究会での研究など、大学教員は自律的に連携を進めてきた。同時に、大学組織としても、個別大学を超えた研究連携を促進する制度が発展してきた。その端緒は、国立大学に設けられた附置研究所といえる。1916年に東京帝国大学に附置された伝染病研究所は、単独の官制で設置され、1918年に工科大学附属として設置された航空研究所も、山川健次郎総長のリードのもとに、独立した官制で大学附置研究所となった（東京大学百年史編集委員会 1985:320）。帝国大学の学部は、帝国大学に関する通則的な帝国大学令（1919年2月6日、勅令第12号）のもとで、勅令第13号「帝国大学及其ノ学部」（1919年2月6日）が各帝国大学と大学に設置する学部を一括して定めていたから、単独の官制による研究所は独立性が高い。また、航空研究所には、陸海軍職員が定員外で配置され、陸海軍省との連絡業務を行った。文部省には航空評議会が置かれ、大学の付属施設というより、大学に附置された全国的施設としての性格を持っていたといえる（国立教育政策研究所・東京大学 大学総合教育研究センター 2012:9）。

戦後は、国立学校設置法改正（1953年7月）による共同利用研究所の設置（東京大学宇宙線観測所、同応用微生物研究所、京都大学基礎物理学研究所、岡山大学農業生物研究所など）、同法改正（1971年3月）による大学共同利用機関の設置（高エネルギー物理学研究所）など制度化が進行した。

共同利用研究所は、国立学校設置法第4条第2項で設置が定められ、のちに政令を設置根拠とするようになったが、ほかにも全国共同利用施設が設置されるようになった。1965年に京都大学東南アジア研究センター、1969年に大型計算機センターが北海道大学など7国立大学に、1971年に大阪大学核

物理研究センター、1976年京都大学放射線生物研究センター、1978年東京学芸大学海外子女教育センターなどが設置された。このように、個々の国立大学に附置された研究所・施設であっても共同利用化が期待され、学術審議会答申などで共同利用体制の促進が図られ、2002年には、19の共同利用研究所、27の全国共同利用施設を有するようになっていた(科学技術・学術審議会学術分科会 2003)。これらの機関は、国立大学法人化とともに国立学校設置法が廃止されたため、根拠法令がなくなったが、各大学の組織として存続した。

研究推進に共同化が重要であることと、国立学校設置法廃止による法的根拠が脆弱になったことから、科学技術・学術審議会学術分科研究環境基盤部会『学術研究の推進体制に関する審議のまとめ－国公私立大学等を通じた共同利用・共同研究の推進－(報告)』(2008年5月27日)は、共同利用・共同研究拠点の制度的位置づけの明確化と整備を提言し、2008年6月、学校教育法施行規則改正(第143条の2)による共同利用・共同研究拠点制度が発足し、各国立大学で設置されていた共同利用施設は、改めて法令上の根拠を受けるようになった。

2017年10月現在、共同研究利用拠点として、国立大学(27大学72拠点；理学・工学系：34、医学・生物学系：28、人文・社会学系：10)、公立大学(4大学6拠点；理学・工学系：2、医学・生物学系：3、人文・社会学系：1)、私立大学(20大学22拠点；理学・工学系：5、医学・生物学系：6、人文・社会学系：11)、ネットワーク(13大学5ネットワーク型拠点；理学・工学系：4、医学・生物学系：1)が認定されている。

また、大学共同利用機関は、人間文化研究機構、情報・システム研究機構、自然科学研究機構、高エネルギー加速器研究機構の大学共同利用機関法人に再編された。こうした機関を基盤に、大学はもちろんのこと多様な機関との連携が推進されているが、このほか、各大学・機関が有する研究設備の相互利用を推進する大学連携研究設備ネットワーク(https://chem-eqnet.ims.ac.jp/)がある。

3　結び

　以上述べてきたように、大学間連携は、資源減少のもとで高等教育の多様な役割を実現する上で重要な組織戦略である。政府予算、企業の収益や家計収入など高等教育に投入される資源が拡大する状況なら、機関の競争は活性化し、相互に発展する可能性がある。しかし、高等教育財政をはじめ縮小している現在では、競争による活性化よりは、高等教育機関の淘汰を招き、高等教育機関が立脚している地域社会の進学機会の縮小など負の連鎖反応が懸念される。大学間連携の促進によって、高等教育全体が、社会の期待に応えることが必要である。

　国立大学協会政策研究所(2014)による大学間連携調査によっても、教育連携は、設置形態を超えた大学間だけでなく、高等専門学校などの非大学高等教育機関、初等中等教育機関、地方自治体も巻き込んで進展しており、受験者の確保、国際交流の推進などの成果をあげている。特に教育関係共同利用拠点は、教育内容の質向上に大きな成果があると認知されている(国立大学協会政策研究所 2014:39-42, 68)。

　研究連携も、特に「産・官・学の交流推進」には学長の90％が、「学際・融合研究の促進」には75％が「成果があった」「大きな成果があった」としている。大学連携に期待する管理職は文科系大学、医科大学、教育大学などに多い(p.29)という指摘も、規模と範囲の双方で制約のある小規模大学の活性化方策に有効であることが推測できる。

　他方、課題もこの調査からは窺える。

　第1には、連携の目的や重点に対する大学内部での相違であり、たとえば、研究連携について、学長は「産・官・学の交流推進」を重視するが、学部長など実際に研究活動を推進する組織の長は、「最先端の研究推進」など研究そのものを重視する(p.68)。これは、認識の不一致というより、第2章2で見たように、大学の組織階層における価値規範の相違であると考えられる。相違が固有のものであることを理解した上での調整が、大学のトップマネジメント層に求められる。

第2に、これと関連するが、連携を進める上で重要な要因が、実際に研究・教育を行う部局長層では、「ノウハウ」「目的・利益の明確さ」「運営資金」「研究・教育設備」など連携実施の具体的事項が挙げられているのに対し、学長層が抽象的に「リーダーシップ」を重視していることであり (p.29)、学長レベルで、連携推進のリアリティ認識が課題ではないかとも思われる。

　ところが、2018年現在、大学組織に関する新たな政策が検討されている。2017年3月6日に開催された第111回中央教育審議会で、「我が国の高等教育に関する将来構想について」諮問が行われ、各高等教育機関の機能の強化に向けた方策、学修の質の向上に向けた制度等の在り方、地域における質の高い高等教育機会の確保の在り方、高等教育の改革を支える支援方策の在り方に加え、国公私の設置者別の役割分担の在り方や国公私の設置者の枠を超えた連携・統合等の可能性が審議事項として挙げられ、2018年11月には『2040年に向けた高等教育のグランドデザイン』が答申された。2014年6月の独立行政法人通則法改正に伴う国立大学法人法の改正により、中期目標評価後に文部科学大臣が組織改組の指示を行う制度改正が行われ（第31条の4）、学部・学科の改組はもちろん、大学間連携や統合も大学間の自律的な行動ではなく推進する道ができているのである（第5章参照）。連携や統合の実例の検証を含め、大学間の競争を強めるのか、連携と相互協力を強めるのかが、ますます問われることになるだろう。

注
1　本章は、羽田（2002b、2014）をもとに加筆修正したものである。
2　オープン・システムとクローズド・システムの概念については、たとえば、Richard L. Daft, 2001, *Essentials of Organizations Theory & Design*, 3rd, South Western College Publishing. (=2002、高木晴夫訳『戦略と意思決定を支える組織の経営学』ダイヤモンド社) 参照。
3　学校法人による異種法人との連携についての最近の研究として、荒井克弘編『市場化時代における大学法人の研究　経営ユニットとしての法人組織の連携・統合・解体』（2013年10月）。
4　キィ・ノートは、Leo Goedegebuure, 2012, *HEIK Working Paper Series Mergers and More: The changing tertiary education land-scape in the 21st century*, University of Oslo,

Faculty of Educational Sciences.
5 筆者が発表したものとして羽田 (2002a、2002b、2003a、2003b、2014、2016) 参照。
6 なぜ規制緩和についての反省が書き込まれたかの経緯は明確ではないが、設置認可の緩和によって、設置認可の準則主義に転換したものの、勤務時間が定かではない教員を専任でないとするなど、質保証に大きな欠陥があることが露呈し、2007年1月には初の是正勧告がLECリーガルマインドに出されたことも一因であろう(羽田 2009:117-118)。

　また、2006年12月22日に教育基本法が改正されて教育振興基本計画改正・施行され、第16条第2項で国は「全国的な教育の機会均等と教育水準の維持向上を図るため、教育に関する施策を総合的に策定し、実施しなければならない」ことが定められた。従前の大学審議会による高等教育計画の策定は廃棄されたが、新たな計画行政がスタートし、2007年2月には中央教育審議会に教育振興基本計画特別部会が設置され、2008年4月18日には、答申『教育振興基本計画について―「教育立国」の実現に向けて―』が出された。規制緩和からの転換を明記することは、教育振興基本計画へ高等教育行政を組みこむ上で必要であったと思われる。

7 筆者は、2006年4月から2008年3月まで国立大学協会調査研究部委員として『国立大学の目指すべき方向―自主行動の指針―』の作成に携わった。それまでは、大学間の連携は統合につながるステップとして忌避感があったが、この時期から、組織の多様な形態としての連携が議論しやすくなったのを記憶している。

8 共同教育課程制度の企画立案過程は、あまり明確ではない。文部科学省HP「共同実施制度に関するQ&A」は、「この制度は、平成17年1月の中央教育審議会『我が国の高等教育の将来像(答申)』等を踏まえ、国公私を通じ、複数の大学が相互に教育研究資源を有効に活用しつつ、共同で教育プログラムを編成する仕組みを創設するものです」と説明しているが、答申後3年を経ての具体化というのも考えにくい。

9 http://www.consortium.or.jp/category_list.php?frmCd=27-0-0-0-0。

参考文献

羽田貴史、2002a、『高等教育研究叢書71 大学組織の再構築 第29回(2001年度)研究員集会の記録』広島大学高等教育研究開発センター。
――2002b、「縮減期の高等教育政策」『北海道大学大学院教育学研究科紀要』85号。
――2003a、『COE研究シリーズ1　大学の統合・連携―大学組織改革のためのあらたな試み―』広島大学高等教育研究開発センター。
――2003b、「高等教育の再編成と教員養成大学・学部の統合」『教育学研究』第70巻第2号。
――2009、「大学のガバナンス改革」『学校と大学のガバナンス改革』日本教育行政学会研究推進委員会，教育開発研究所。
――2014、『国立大学の多様な大学間連携に関する調査研究』国立大学協会政策研究所、委託研究代表者、編著。
――2016、「目指すべき機能の分化・強化と大学の適正な規模・範囲・形態を考え

る－落日の日本社会と大学の果たすべき姿－」『高等教育研究叢書133　大学の統合・連携とガバナンス〜地域分散、適正規模、機能分化の在り方を巡って第43回（2015年度）研究員集会の記録』広島大学高等教育研究開発センター。
広重徹、1973、『科学の社会史　近代日本の科学体制』中央公論社。
科学技術・学術審議会 学術分科会、2003、『新たな国立大学法人制度における附置研究所及び研究施設の在り方について（報告）』。
金子忠史、1994、『新版　変革期のアメリカ教育〔大学編〕』東信堂。
喜多村和之編、1989、『大学淘汰の研究　大学「不死」幻想の終焉』玉川大学出版部。
黄福涛、2003、「1990年代の中国における高等教育機関の合併」『大学論集』第33集、広島大学高等教育研究開発センター。
小林信一、2013、「大学統合および大学間連携の多様な展開」『レファレンス』（2013年10月号）。
国立大学協会、2011、「参考資料　機能強化のための方策の事例」（http://www.janu.jp/voice/pdf/kyoka_03.pdf.2018.4.9アクセス）。
国立大学協会政策研究所、2014、『国立大学の多様な大学間連携に関する調査研究』。
国立教育政策研究所・東京大学 大学総合教育研究センター、2012、『CRDHEワーキングペーパー No.4　大学共同利用機関制度の成立』。
森島朋三、2003、「大学コンソーシアム京都について」『COE研究シリーズ1　大学の統合・連携－大学組織改革のためのあらたな試み－』。
小川佳万・南部広孝編、2008、『高等教育研究叢書95　台湾の高等教育―現状と改革動向―』広島大学高等教育研究開発センター。
王琳、2007、「中国における大学統合の動向」『COE研究シリーズ27　大学の組織変容に関する調査研究』広島大学高等教育研究開発センター。
寺崎昌男、1973、「講座制の歴史的研究序説：日本の場合(1)」『大学論集』第1集、広島大学大学教育研究センター。
――1974、「講座制の歴史的研究序説：日本の場合(2)」『大学論集』第2集、広島大学大学教育研究センター。
東京大学百年史編集委員会、1985、『東京百年史　通史2』。

Curaj, Adrian, Georghiou, Luke, Harper, C. Jennifer and Egron-Polak,Eva(eds.), 2015, *Mergers and Alliances in Higher Education :International Practice and Emerging Opportunities*, Springer.
Eastman, Julia & Lang, Daniel, 2001, *Mergers in Higher Education Lessons from Theory and Experience*, University of Toronto Press.
Harman, Grant & Meek,V.Lynn (eds.), 1988, *Institutional amalgamations in higher education. Process and outcomes in five countries*, Department of Administrative and Higher Education Studies, University of New England.
Hofstadter, Richard & Walter P. Metzger, 1955, *The Development of Academic Freedom in the United States*, Columbia University Press. (=1980、新川一郎・岩野一郎訳『学

問の自由の歴史』I、II、東大出版会)。
Jansen, D, Jonathan (ed.), 2002, *Mergers Lessons Learned in Transitional Contexts*, University of South Africa Pretoria.
Martin, J. & Samels, J. E., 1994, *Merging Colleges for Mutual Growth*, Johns Hopkins University Press.
Prahl, Hans W., 1978, *Sozialgeschichte des Hochschulwesens*, Kösel-Verlag., München (=1988、山本尤訳『大学制度の社会史』法政大学出版局)。
Pruvot, B. Enora, Estermann, Thomas and Mason, Peter, 2015, *Define Thematic Report: University Mergers in Europe*, European University Association.

第4章　縮減期の高等教育政策
——大学統合・再編に関する一考察[1]

1　高等教育システムの再編と大学統合

　国立大学の再編統合、法人化など民間経営方法の導入、大学評価、重点的配分によるセンター・オブ・エクセレンス（COE）など、2001年6月に経済財政諮問会議に文部科学省が提示した高等教育政策は「国立大学の構造改革」と呼ばれている。

　しかし、これらの政策はそれぞれのオリジンが異なり、決して構造的なものではない。とりわけ、国立大学の再編統合は、法人化を視野に入れた山梨大学・山梨医科大学の統合論議はあったものの、単科大学、教員養成大学・学部を一括してトータルに再編統合する方針は、国際的にも進展していた大学統合に関する調査検討の形跡なく、突然提示され、かなり大胆なものである。

　確かに、高等教育機関の統合は、戦後の日本、1960年以降のオーストラリアやUKにおいて多様な高等教育機関の整理による質の向上手段として採用され、大きな成果を上げてきた。また、90年代にはオランダ、ノルウェー、カナダ、ハンガリーなど国際的に高等教育機関の統合が推進され、大学組織は、単科機関から総合的な大学、単一キャンパスからマルチキャンパスへ、独立した機関から、協同的に連携する高等教育機関へ向かっているといわれる（Harman & Harman 2003）。アジアに限っても、中国での拠点大学形成（黄 2003）、韓国でのセンター・オブ・エクセレンス創出などが進展している。

　しかし、大学統合は大きなコストとリスクをはらむ。統合は既存機関のアイデンティティをいったん否定・解体し、統合後の機関に再構築する過程で

ある。したがって、統合を論議すること自体が、教職員間の利害対立を顕在化し、場合によっては機関のアイデンティティを危機に至らしめる。統合が合意に達した場合、新たな機関のアイデンティティ形成に長期の時間とコストを要するのは当然だが、合意が成立しなかった場合のアイデンティティ回復は容易ではない。決して安直に議論できるようなものではなく、他の政策手段と並列に論じられるようなものではない。

特に、国立の教員養成系大学・学部の在り方に関する懇談会『今後の国立の教員養成系大学・学部の在り方について』(2001年11月、いわゆる『在り方懇報告書』)による教員養成大学・学部の再編統合は、公教育全体に波及する大きな問題である。以下、大学統合の歴史と国際的動向に触れながら、教員養成機関の統合をめぐる論点を検討する[2]。

2　高等教育機関の水準向上と統合

教員養成機関の統合を検討する前提として、大学の統合全般の動向とそこから演繹される示唆を確認しておこう。大学統合には、高等教育システムの置かれている歴史的状況が反映している。近代科学の制度化に立ち遅れたヴィテンベルク大学がハレ大学へ統合されたように(別府 1989)、統合は、環境変化に対応する組織変化の一形態である。こうした統合の大規模な事例は、最大の高等教育機関の規模を誇るアメリカに顕著であり、喜多村和之(1989a)によってわが国に紹介された Martin & Samels(1994)の研究は、減少期のマネジメントとして、①規模の拡大、②キャンパスシステム(カリフォルニア大学など)、③コンソーシァムとともに、統合を位置づけている。Merging というタームが示すように、それは企業の合併・のっとりをモデルとし、経営体としての大学の競争力強化、生き残り方策の意味を持つ機関の自発的な戦略である。

一方、統合は、一国の高等教育システムレベルでも、低度な高等教育機関を統合して大学レベルに昇格し、平準化を図る政策手段でもあった。1960年代後半から70年代にかけ、UKは、約70の技術カレッジを30のポリテク

に統合し (1966~1971)、さらに大学の創出を行った (Robinson 1977)。オーストラリアは、1960年代から90年代にかけて、小規模教員養成カレッジの統合 (1960〜1981)、教員養成カレッジの総合大学への統合 (1981〜1987)、CAE (Colleges advanced education) の大学への統合と昇格 (1987〜1991) を行い、コスト削減と大学人口の拡大を推進した (Harman 2000)。

　この種の統合は、他国の例を待つまでもなく、近代日本における大学創出の手法として見出される。帝国大学は、東京開成学校、東京医学校、工部大学校、駒場農学校など多様な省庁所管高等教育機関が度重なる統合を重ねて成立したものである。また、1949年発足の新制大学は、帝国大学・旧制単科大学・専門学校・師範学校など270に及ぶ雑多な高等教育機関を1府県1大学主義原則によって統合・再編成したもので、高等教育の地域的均衡を実現する画期的なものであった (羽田 1999)。この種の政策は、統合キャンパス整備の財政投入など政府のイニシャチブが重要な役割を果たしてきた。

　さらに、90年代に特筆すべき大学統合の動向は、大学の統合によって国際的な競争力を備えた強力な基幹大学を創出しようとする試みであり、オランダ、中国、韓国などで着手されている (Harman & Harman 2003)。「国立大学の構造改革」における統合にもこうした要素が盛り込まれ、特に教員養成大学・学部の統合が、強力な教員養成学部の創出を謳っているのも、この系譜にあると見ることができる。

3　日本における大学統合

　日本における統合の第1の波は、1949年発足の新制大学である。新制大学の創出は、帝国大学・旧制単科大学・専門学校・師範学校など270に及ぶ雑多な高等教育機関を1府県1大学主義原則によって統合・再編成し、大学としての平準化を可能にした。福岡外事専門学校と福岡経済専門学校の合併による福岡商科大学 (1949年、現福岡大学) の設立のように、私立高等教育機関相互においても行われた。

　統合は、機関の質を高めるだけでなく、高等教育の地域的均衡を実現する

表4-1　新制大学への統合機関

	1校	2校	3校	4校	5校	6校	7校	8校	新設	計
国立	9	10	18	10	11	5	4	4	1	72
公立	26	3	2	0	1	1	1	0	0	34
私立	86	10	16	2	3	1	0	0	2	120
計	121	23	36	12	15	7	5	4	3	226

(海後宗臣・寺崎昌男『戦後日本の教育改革9　大学教育』東京大学出版会、1969, p.112)

画期的なものであった(表4-1)。大学統合は、資源減少期の生き残り方策だけではなく、高等教育のシステム再編の重要な手段であり、機関の質向上やバランスある地域配置の実現に寄与してきたのである。

しかし、統合は名目だけで、実質は、旧制高等教育機関がそのままほぼ学部になったため、水準や規模、予算単価、学校文化の異なる機関の統合は、運営をはじめとする課題を抱えた。さらに、分散配置は一般教育の実施や管理運営における意思形成を阻害した。

第2の波は、最初の統合の補完的性格を持つもので、1950年代から70年代にかけて、財政基盤の弱い公立大学が国立大学の学部として併合された(表4-2)。単に財政的理由というだけでなく、併合する国立大学の側からは、総合大学化を目指す組織戦略である。統合は、名称変更や組織改組による一回性のものではなく、キャンパスの一体化など物理的基盤や教育・研究条件の平準化などを通じ、機関の理念を共有して実質化される長期的な戦略が必要である。

たとえば、広島大学はもっとも多種多様な旧制高等教育機関が統合された新制大学のひとつであった。大学、高校、専門学校、師範学校、青年師範学校など8つの旧制高等教育機関が統合した結果、6市町11カ所にキャンパスは分散していた。新制大学整備計画によって、1960年代に東千田町に教育学部・理学部・文学部・教養部・政経学部が移転・統合されたものの、依然、キャンパスは、市内4ヶ所、福山市・竹原市・三原市など計7カ所に分散していた。大学紛争後の大学改革の主要目標として統合移転が掲げられ、1995年に東広島市への移転統合でようやく完結したのである。新制大学発足から46年、

表4-2 新制大学発足後の統合事例(『平成13年度　全国大学一覧』)

- 岐阜県立工科大学→岐阜大工学部(1949年)
- 静岡県立静岡農科大学→静岡大農学部(1950年)
- 茨城県立茨城県立農科大学→茨城大農学部(1950年)
- 私立東京獣医畜産大学→日本大農獣医学部(1952年)
- 私立中央労働学園大学→法政大社会学部(1952年)
- 広島県立医科大学→広島大医学部(1953年)
- 愛媛県立松山農科大学→愛媛大農学部(1954年)
- 大阪市立医科大学→大阪市立大医学部(1955年)
- 香川県立農科大学→香川大農学部(1955年)
- 鹿児島県立大学→鹿児島大医学部・工学部(1955年)
- 岐阜県立医科大学→岐阜大医学部(1964年)
- 神戸医科大学→神戸大医学部(1964年)
- 山口県立医科大学→山口大医学部(1964年)
- 島根県立農科大学→島根大農学部(1965年)
- 県立兵庫農科大学→神戸大農学部(1966年)
- 三重県立大学→三重大水産学部・農学部(1972年)
- 私立日本大学松戸歯科大学→日本大松戸歯学部(1976年)

移転決定から完了まで22年を要する長期事業となった。他の大学の統合・移転も同様に長期にわたるのが常である。

　第3の波が、2000年代であり、国立大学の統合及び、少子化による入学者の減少に対応するなどの理由で行われるようになった公私立大学の統合である。これこそ、資源減少時代のマネジメントと呼ぶにふさわしい。以下に、両角(2016)及び各大学のHP情報により、この20年間の統合事例を示す[3]。国立大学・公立大学の統合は、学部増や規模を増大させ、総合大学化を目指すものとして一元的に把握できるが、学校法人の場合は、法人内の大学統合、法人間の統合・併合、その後の大学統合とバリュエーションが多様であり、理由も規模の拡大からクリスチャン・コードを満たす理事長の不足など多様である。

《1995年》
学校法人南山学園・学校法人名古屋聖霊学園の法人合併(名古屋聖霊学園理事長の後継者不足で修道会の関係の深い南山大学に合併)
《2002年》
山梨大学・同山梨医科大学→山梨大学

筑波大学・図書館情報大学→筑波大学

学校法人大阪国際大学・同法人大阪国際女子大学→大阪国際大学（同一法人内の大学統合による男女共学化）

《2003年》

東京商船大学・東京水産大学→東京海洋大学

福井大学・福井医科大学→福井大学

神戸大学・神戸商船大学→神戸大学

島根大学・島根医科大学→島根大学

香川大学・香川医科大学→香川大学

九州大学・九州芸術工科大学→九州大学

佐賀大学・佐賀医科大学→佐賀大学

大分大学・大分医科大学→大分大学

宮崎大学・宮崎医科大学→宮崎大学

（以上、「国立大学の構造改革」2001年6月によるなど、経営強化のため）

学校法人頌美学園私立アレン国際短期大学→学校法人東北文化学園（経営上の理由から吸収合併）

《2004年》

県立神戸商科大学・姫路工業大学・兵庫県立看護大学→兵庫県立大学

《2005年》

富山大学・富山医科薬科大学・高岡短期大学→富山大学

東京都立大学・東京都立科学技術大学・東京都立短期大学・東京都立保健科学大学→首都大学東京

山梨県立看護大学・山梨県立女子短期大学→山梨県立大学

大阪府立大学・大阪女子大学・大阪府立看護大学→大阪府立大学

県立広島女子大学・広島県立大学・広島県立保健福祉大学→県立広島大学

《2007年》

大阪外国語大学→大阪大学外国語学部

《2008年》

長崎県立大学・県立長崎シーボルト大学→長崎県立大学

学校法人共立薬科大学→慶應義塾大学薬学部(法人の吸収合併により医学部に薬学関係を強化するため)
《2009年》
学校法人都築インターナショナル学園日本薬科大学、学校法人姫路学院近畿医療福祉大学→学校法人都築学園に法人の吸収合併(法人グループ内で法人の統合を行い、同質分野の大学の強化)
東海大学・北海道東海大学・九州東海大学・東海大学短期大学部高輪校舎→東海大学(同一法人内での学校統合)
愛知県立大学・愛知県立看護大学→愛知県立大学
学校法人聖和大学が学校法人関西学院大学への吸収合併(ともにメソジスト派教会をルーツに持ち、教育学部の設置のために統合)
学校法人五島育英会武蔵工業大学、同法人東横学園女子短期大学→東京都市大学
《2011年》
学校法人聖母大学が学校法人上智大学に吸収合併(カトリック系の学校法人による合併と医療系学科の設置)
学校法人常葉学園大学・同法人浜松大学・同法人富士常葉大学→常葉大学(同一法人内の学校統合)
高知県公立大学法人と公立大学法人高知工科大学の法人統合
《2015年》
学校法人鈴峯学園の学校法人広島修道大学への吸収合併
《2016年》
学校法人大阪医科大学と学校法人大阪薬科大学→学校法人大阪医科薬科大学(法人合併による医薬分野の強化)

　これらの統合経験を通じて、研究も豊かになると思われるが、一般的に大学統合は大きなコストとリスクをはらみ、対立の存在自体が統合にブレーキをかけると思われるためか、統合の前はもちろん、統合後も十分な情報がもたらされず、調査研究も乏しい。

新制大学の統合は、制度創出のための一回性の措置であり、大学への平準化という強力な動機付けが働いたが、文部科学省によって推進された国立大学の統合は、行政改革の一部としてのスリム化と国際的な競争力強化の方策でもあり、インセンティヴの働く方向は、単一ではない。統合は、供給過剰に入りつつある日本の高等教育において、質の向上と経営危機の打開ないし効率化という2つの異なる政策目的を実現する手段として登場している。統合・再編は、現在検討されている枠組みだけにはとどまらず、高等教育政策の手法として今後広がる可能性があるだけに、諸外国の先行事例を広く視野に入れた政策化が必要であろう。

4　大学統合に関する研究動向

(1) 国内の大学統合に関する動向と研究動向

統合に関する研究は、喜多村(1989a、1989b)が、少子化などの要因によって生じる経営危機からの統合についてアメリカの事例を紹介したのが先駆的である。しかし、日本の場合、1992年が第2次ベビーブーマーのピークを迎える時期であり、縮減期への移行が明確でも、国公私立大学や大学政策は、拡張期の行動をとり、高等教育研究も特に統合・再編をイシューとするには至らなかった。喜多村(2001)は、学校法人の統廃合問題に踏み込んだ研究を行っているが、国立大学の再編をカバーするものではない。

「国立大学の構造改革」と国立単科医科大学の国立大学の統合を機に、若干の研究が生まれた。広島大学高等教育研究開発センター「大学の配置」研究グループ(2001)、広島大学高等教育研究開発センター(2002、2003)、羽田(2002、2003)、黄(2003)、RIHE(2004)、王(2007)は、この時期の研究成果であり、90年代までの欧米の研究成果の摂取・紹介に基づく日本の統合の分析である。

その後、2000年代に大学統合が進展しながら、それを対象にした研究は、前出広島大学高等教育開発研究センター以外に、ほとんど見られなかった[4]。文部科学省が統合を政策として示したことで、統合研究自体がそれを促進す

るものと受け取られるのを忌避する傾向を生み、連携・連合も統合につながるものとして研究テーマにほとんど取り上げられなかった。国立大学法人制度は、大学間の競争を促進するものとして説明されたから、組織の連携は視野に入らなかったことも一因であろう[5]。

(2) 海外の研究動向

統合に関する研究は、諸外国において圧倒的な蓄積がある。単著では、Goedegebuure (1992), Martin & Samels (1994), Fielden & Markham (1997), Eastman & Lang (2001), Jansen (2002), Pruvot, Estermann and Mason (2015), Curaj, Georghiou, Harper and Egron-Polak (2015) などがある。

これらの研究は、統合による高等教育システムの改革を行ってきたイギリス、オーストラリアや環境の変化に対応した「減少期のマネジメント」として、規模の拡大、キャンパスシステム（カリフォルニア大学など）、コンソーシアムとともに、統合が行われてきたアメリカ (Martin & Samels1994) などに集中している。

とりわけ、オーストラリアについて80年代から研究を進めてきたGrant Harmanらの業績は大きい (Harman & Meek 1988, Harman 2000, Harman & Meek, 2002, Harman & Harman 2003)、アパルトヘイトの廃止により、白人大学と黒人大学の統合を進めた南アフリカの研究 (Jansen 2002) も示唆的である。

日本の場合、国立大学の統合は、財政削減への対応策として位置づけられてきた。大学は単体だけではなく、各種の連合として組織され、競争するだけでなく協同によって多様な機能を果たしサバイバルしようとしているのであり、日本でも発展しつつある各種の連携・連合形態を視野に入れる必要があろう。

一方、統合は、個別機関の存続問題にとどまらず、地域社会との多様な連携と地域的配置にも影響を及ぼし、高等教育システム全体の役割に変化を生じさせる。したがって、統合は、これらの多様な組織形態と比較衡量しながら、それを促進する条件や制度改革について検討すべき課題である。

5 大学統合の経験からの示唆

このような大学統合の国際的経験から、どのような教訓を導き出しうるだろうか。Martin & Samels (1994), OTFE (1997), Eastman & Lang (2001), Harman & Harman (2002) などの研究から得られる示唆はおおむね次の点にある。

(1) 統合によって得られる経済的メリット

教育機関の統合によって得られる経済的メリットには、「規模の経済」と「範囲の経済」があるといわれ、特に「規模の経済」に注目がある[6]。統合の経済効果は、データの問題や変動要因が多く、明確な結論は困難とされ(Brink & Leslie 1986)、賃金など諸要素が関連するため、公的セクターでは測定困難であり、人口分布・都市化・コミュニケーションシステムなど外部要因に規定されるという見解(Watson 1988)や、小規模機関が積極的な参加を促し、大規模機関は「余剰感」をもたらし、学生数の増加が参加機会を減少させ、満足感を低下させるなど、規模の経済を疑問視する意見もあるが、Cohn, Rhine & Santos (1989) が、巨大公立大学を除いては、アメリカの大学に規模の経済が存在すると述べるなど、多くの研究はこれを支持している。ただし、収穫逓減法則によって平均費用曲線はU字形を描き、最適サイズが問題となる。「規模の経済」は質の測定に困難があるが、学生数1万人程度が最適サイズとされる(Cohn, Rhine & Santos 1989、Heaton & Throsby 1997)。したがって、既存の大きな大学の統合よりは、小さい規模の大学を統合する拡張が効果的ということになる[7]。

(2) 相補的統合の相乗効果

統合は教育プログラムの広がりや研究プロジェクトの幅を拡大し、経済的利益よりも重要な効果を生み出す(Lloyd, Morgan & Williams 1993)。特に、人文・社会科学系と医科系のように相補的な機関同士の統合は、相乗的な効果が大きい(OTFE 1997)。オーストラリアで最も成功した事例の1つしてラ・トローベ大学とリンカーン保健科学大学の統合があげられる(Gamage 1992, OTFE

1997)。ラ・トローベ大学は、1964年にビクトリア州3番目の大学として創設されたが、文系中心であり、専門職教育に弱点を抱えていた。一方、リンカーン保健科学大学は、施設不足という課題を持ち、双方の統合によって弱点を補うことができた。

　他方、同質の機関が統合する場合には、重複したプログラム・組織の削減も可能になるため、「統合」が新たな事業に振り向ける余力を生み出す手段に位置づけるか、削減する余剰を生み出す手段に位置づけるかによって意味合いが異なってくる。同種の機関が統合する場合には、統合の理念や統合後の組織の目標・構造が明確になっていないと余剰削減の要因が強く働く危険性がある。現実には、相補的な統合でも、事務組織をはじめ重複する組織の整理など削減の要因を含んで進行しやすい。Gamage (1992) は、ラ・トローベ大学の事例を検討し、統合によって効率化が期待されたが、「財政的理由で実施された統合は失望を招く」という。

(3) 統合の時間コスト

　大学の統合には、実質的な一体性を実現するための組織改組や教員の移動、キャンパスの一体化を図るための時間コストと資源の投入が必要であり、短期には財政的メリットはない。このことは、日本の新制大学が、立地の異なる高等教育機関の統合によって発足したため、一部の機関を除いては長期にわたるキャンパス移転・統合を要したことが証明している。戦後導入された一般教育は、社会・人文・自然各分野の幅広い科目構成を特徴とし、その実施には、各分野の学部が配置される同一キャンパスが最適であった (加藤・羽田 2000)。文部省は、1951年に「国立大学総合整備計画」を策定し、41大学のキャンパス統合整備に着手したが (菅野・佐藤 1983)、それが本格的に実現するのは、1964年に国立学校特別会計制度が成立し、長期借入金や財産処分収入、国庫債務負担行為制度による財源投入が可能になってからであり、2002年時点で、ようやく33大学が統合するに至っている (国立学校特別会計研究会 1994)。統合に要するコストを勘案すると、財政的理由で実施された統合は失望を招くと指摘されるのは当然だろう (Gamage 1992)。

(4) 機関の文化的要素

　統合する機関の距離とともに、それぞれの機関の文化的要素は、複数のセクターの併合や実態として違う性格や伝統を持っている機関同士の場合、特に重要である。統合を促進するには、文化的要素を視野に入れた柔軟な指導性が必要である (Harman & Harman 2003)。

(5) 人的要素とリーダーシップ

　自発性と明確な目標、及び合意と長期にわたる計画立案・実施をリードする人的要素は決定的に重要である。統合が自発的でなく強制される場合には、スタッフ間のモラールの低下、ストレスの増加という結果を生むからである (Martin & Samels 1994, OTFE 1997)。同様に、統合計画と実施全般にファカルティの参加と学生の権利の確保も重要である。AAUP (American Association of University Professors) は、「大学合併と買収に関するガバナンスの基準」(1981年11月) において、「ファカルティは、機関の改組、他の機関により運営されている部分としての併合、重複したプログラムの短縮や削減につながる合併を含む、機関の基本的な性格と目的を変更するような決定において基本的な役割を果たすべきである」との声明を評議会で決定している。

(6) 統合のリーダーシップ

　ファカルティの自律性のみが、複雑な統合の政治的プロセスをリードしうるわけではない。この点は私立高等教育機関相互の統合と、公立高等教育機関の統合とでは異なる。私立大学の場合は、自己利益による自発的行動によって最適解が得られるが、公立高等教育機関の場合、実現すべき利益は、機関の存続や発展だけでなく、地域における高等教育へのアクセス保障など地域・国家全体の利益でもあるからだ。したがって、公立高等教育機関のリーダーシップは、機関の利益だけでなく、システム全体の文脈から判断する能力を求められる (Zekan 1994)。

さらに、政府が高等教育システムの再構築の手段として統合を位置づける場合、政府の役割が増大する (Harman & Meek 2002)。Harman & Harman (2003) は、統合の国際的経験から、統合の目標と期待の明確化、関連機関への助言、支援、ガイダンスの供給、財政的誘因の供給、職員の配置と給与レベルに関する論点の説明などに、政府と政府関係機関が高度に建設的な役割を演じること、さらに必要な法律の改正等条件整備にも重要な役割を果たすことを指摘している。

6 大学統合・連携の形態と統合パターン

以上の素描から見ても、大学統合は、機関の性格などによりメリット・デメリットは異なる[8]。大学統合のパターンを類型化し、「距離」と統合する機関の性格を「同質型」「相補型」に区分して、過去及び現在の日本の大学統合を分類してみる (表4-3)[9]。

(1) 相補型の合併・統合

同一地域での相補型合併・統合の場合、1950年から70年代はじめにかけて県立大学の国立大学移管が実施され、総合大学化に寄与したことから分かるように、メリットもあり、大学としての同一性を確立することも可能であり、問題は少ないと思われる。

また、同質型統合でも、東京商船大学・東京水産大学の場合は、単科大学から複合大学となり、都内にあってアクセスも便利で、教員削減などが過剰に行われない限り、メリットは大きい。医科大学の県内国立大学への統合など11のケースが進展しており、合意書の成立も早い[10]。

これらの統合で論議となっているのは、名称、大学の理念・目標、教育研究組織、管理運営体制、学内規程の整備・統一、予算配分、学内共同利用施設、福利厚生施設の管理運営、教養教育の実施・運営体制、事務組織、学生生活、入試方法の統一、施設・環境計画、キャンパス間ネットワーク、移動手段など多岐にわたる。

表4-3 大学統合のパターン

	相補型(異種の機関)		同質型(同種の機関)	
	同一地域	遠隔	同一地域	遠隔
併合 (1つの機関がもうひとつの機関に吸収)				・広島大学理論物理研究所→京大基礎物理学研究所(1992)
合併 (1つの機関がもうひとつの機関の部局に)	・県立大学の国立移管及び学部化(1950-72) ・筑波大学＋図書館情報大学→筑波大学 ・九州大学＋芸術工科大学 ・香川大学＋香川医科大学など7ケース ・神戸大学＋神戸商船大学			・教員養成大学の統合
統合 (2以上の機関が別な1つの機関を創出)	・新制大学(1949) ・沖縄大学＋国際大学→沖縄国際大(1972) ・富山大学＋高岡短期大学＋富山薬科大学→富山大学(2005) 山梨大＋山梨医科大学		・東京商船大学＋東京水産大学→東京海洋大学	・九大獣医学部構想 ・教員養成大学の統合
連合 (2以上の機関が独自性を保持して1つの機関を創出)				・連合大学院(農学・獣医学・学校教育) 連合ロースクール構想

　歴史的にこの種の統合は、県立医科大学の国立大学への統合としてすでに例があり、一般的にはメリットが大きいと思われる。ただし、多くの例はいずれも医科大学の学部化であり、統合後の組織形態が明確であった。筑波大学・図書館情報大学、九州大学・九州芸術工科大学の場合には、総合大学の中に単科大学が独自性を保って併合されるこのパターンであり、山梨大学・山梨医科大学の場合は、1998年11月から教育・研究の協力について懇談を始めており、法人化など大きな環境変化が生じつつあったとはいえ、自発的・主体的な統合構想である。山梨・山梨医科大学、筑波大学・図書館情報大

学は、自主的な統合のリーディングケースである。

単純な学部化ではなく、統合を契機に既存組織の改編を伴う場合には、統合後の共通理念や組織について利害も含む検討課題が生じる。新聞報道によれば、宮崎大学・宮崎医科大学の統合案として、既存学部を食資源学部、医療工学・人間工学部に再編するプランが医科大主導で出され、波紋を呼んでいるが、一事例である(『日本経済新聞』2001年9月23日)。

課題のひとつは、文化・伝統の異なる高等教育機関が一体化し、アイデンティティを有する機関となるための共通理念と組織である。統合後の共通理念を何に求めるかは、大学の歴史や組織構成などによって多様であり、アセスメントとして大学それ自身の自己点検・評価能力が問われることになろう。この点で、注目できるのは、九州大学と九州芸工大の合意書が、共通教育を統合実質化の柱に位置づけ、「両大学の統合に伴う学生の一体感の醸成するため、原則として全学教育(教養教育)を一体として行う」(覚書 第4)としていることである。

この点で重要な要素は距離であり、両大学が(10キロ自動車で約20分、鉄道でも接続)の距離にある山梨・山梨医科大、福井大学・福井医科大(約10キロ自動車で約20分)、新キャンパスの移転が決定し、将来的には地理的な統合も可能な九州大学・九州芸術工科大学、ほぼ同一キャンパス内にあるといえる筑波大学・図書館情報大学、宮崎・宮崎医科大(約2・5キロ)は、共通教育を通じた実質的統合が可能であるが、香川・香川医科大学(約12キロ自動車で約24分、鉄道接続なし)、大分・大分医科大(約12キロ自動車で約30分)、高知・高知医科大(約20キロ)、富山・高岡短大・富山医薬大学(約20キロ)のケースは微妙で、島根・島根医科大(島根大・松江市、医科大・出雲市、約40キロ)の場合は、距離的に見て共通教育の実施は難しく、単なる組織的統合は管理運営上の困難が予測される[11]。

同様に、滋賀大学(経済学部・彦根市、教育学部・大津市)と滋賀医科大学(大津市)の場合は、JRを利用して1時間の距離にあり、キャンパスの集中化を課題とする。他方、滋賀大学は、いわゆるEE大学(教育学部と経済学部からなる複合大学)を脱却して総合化を目指し、社会工学部の設置を大学改革構想と

しており（滋賀大学1999）、医科大学の統合が大学全体の構想とどう関わっていくかが論点となろう[12]。

(2) 同質型の合併・統合

相補型の合併・統合であっても、「重複する組織の管理運営・整理」がほぼ共通した検討課題になっているが、同質型の合併・統合の場合には、いっそう顕著に重複組織の整理への圧力が現れてくる。

大学間の統合ではないが、同種組織の統合による組織の強化という目標が明確な事例として獣医学部への統合構想があった。直接のきっかけは、大学基準協会が獣医学教育6年制の経験と国際化への対応のために、「獣医学教育に関する基準」を改定し（1997年2月28日）、欧米の基準と整合するため、学生定員60名、教員組織として最低でも72名が必要とした。世界獣医学協会（The World Veterinary Association, 1959年設立）が定める獣医学教育最低必要科目は24であり、最低24講座を要するが、新制国立大学獣医学科は、平均して教員数25、教授は10名という状況であった。そこで、国公立大学獣医学協議会が10講座以下の鳥取大・山口大・宮崎大・鹿児島大の獣医学科再編を建議し（1997年4月）、これら4大学の獣医学科を九州大学に統合して九州大学獣医学部を設置する構想が検討されてきた。その間、日本学術会議獣医学研究連絡委員会が「わが国の獣医学教育の抜本的改革に関する提言」（2000年3月27日）において、獣医学教育を高度化するために獣医学部で行うこととし（現在、国立大学での学部は北大のみ）、国立獣医系大学の統合再編などによって獣医学部化を設置することを提言した。また、国立大学農学系学部長会議が設けた獣医学教育改善に関する臨時委員会は、自助努力で大学基準協会の基準を満たせない場合、全国5～6地区に集中化して獣医学部を設置することを答申し（2001年10月16日）、統合再編は全国的な規模で検討された。国際基準への対応した統合再編が特徴だが、獣医学科が他大学に移動することで、既存大学の組織構成や地域の畜産業にも波及し、反対の声もある（『十勝毎日新聞』1998年12月18～20日）。ここで顕在化しているのは、グローバリズムとローカリズムとの対抗でもある[13]。

たびたび問題になるのは、教員養成大学・学部の統合であるが、それは高等教育システム全体だけでなく公教育システム全体への波及が懸念される。この点を次に見てみよう。

7 教員養成大学・学部の統合問題

　2001年4月1日に高等教育局長裁定で設置された国立の教員養成系大学・学部の在り方に関する懇談会は、11月22日に『今後の国立の教員養成系大学学部の在り方について（報告）』（通称『在り方懇報告書』）を公表した[14]。報告書は、組織改組として、再編統合に一章を当てている。すなわち、現在の教員養成学部は規模が小さく、新たな課題に取り組む教育研究体制が困難であり、1学部あたりの学生数・教員組織がふさわしい規模となるように再編・統合すると述べ、削減の手段ではなく、強力な教員養成機関の創出を目標として再編統合を提示した。学生人口の減少、教員採用率の低下など、高等教育全体が縮小している現状では、統合を通じた再編強化は、一概に否定できず、ありうる政策手段である[15]。

　しかし、統合はメリットだけではなく、本来は比較衡量的に選択されるべき方法である。そもそも教員養成機関は、学校教員を目的的・計画的に養成し、研修や再教育、地域の教育研究を担っており、その統合の可否は、機関の利益だけでは決定できず、広い意味での国策に位置づけられていた[16]。機関の自発性に委ねるだけでなく、目標の提示、財政投入をはじめとする援助策など、政府の積極的な役割が期待されるタイプの統合なのである。

　『在り方懇報告書』の再編統合に関する施策は、①近隣の複数の都道府県を単位とする、②複数の大学・学部を統合することを基本、③小学校教員養成機能を各大学に残し、中学校教科を文系・理系などとして複数の大学で分担することもある、④ブロックごとの基幹大学と小学校課程のみのその他の大学に区分することもある、⑤教員養成学部のなくなる大学には、「教職センター（仮）」などの組織を設置する、といった骨格にとどまり、具体的な実施立案は、すべて教員養成機関の協議に委ねている。この手法では、統合を

通じて強力な教員養成機関が創出される保障はなく、公教育全体のダメージが危惧される。

また、教員研修、カリキュラム開発など教育行政と結びついている教員養成機関の機能を保持する制度のデザインを欠いている。

(1) 不明確な統合後の組織目標

最大の問題は、統合後の組織形態・規模が全く明示されていないことである。かねてから、筆者が指摘してきたように(羽田1991、1992、浦野・羽田1998)、教員養成学部の最大問題のひとつは、分科教育基準と教員配置基準が制定されず、教育職員免許法による教職課程認定の基準を満たすための「教員養成に関する大学・学部における教員審査内規」(1968年9月10日、教育学保育専門委員会)が、教員配置基準として使用されてきたことである。教育職員免許法の基準は、一般学部の課程認定を前提とするもので、大学教育全体で実施される養成カリキュラムをカバーするものではない。

また、90年代に教員養成学部の学生定員削減と組織改組が行われた際には、「教員養成大学に設置される大学院に関する審査方針」が使われた。これは大学院設置の最低基準に過ぎず、学生定員数に伴う加算部分がなく、学部教員組織の弱体化を招くため、補完的にしか使ってはならない基準である。『在り方懇報告書』がいう「弱体化した教員養成機関の現状」は、不完全な基準に基づく再編が度重なることによってもたらされたものである。

では、不完全な基準行政を改めることなく、その枠組みで統合を実施するとどうなるか。大学院審査方針では、教員の最低数は95であり、最低規模の学部が2つ統合しても、基準から導かれる教員数は実は95でしかないのである。この数を超えて総務省・財務省など政府関係省庁を説得し、統合によって教員養成機関が強化される保障は何もない。教員数算定のプロセスが、明確な基準を欠いたまま政府部内での交渉に委ねられるのでは、高等教育の再編成の妥当性は明確にならない。

参考までに、過去、教育学部の望ましい教員配置数を検討した試みとして、日本教育大学協会「教育関係学部設置基準要項(試案)」(1975年6月)があり、

学生入学定員300名の場合、専門教育教員で201名(教授・助教授・講師・助手・補助職員)とされていた。また、2001年度に、国立大学協会教員養成特別委員会が実施した「教員養成学部の再編・統合に関する調査」では、国立教員養成大学・学部長の回答から、幼稚園・小学校・中学校・障害児教育の各課程を置く場合、学生定員350名弱で、専門教育教員数141〜144名、共通教育教官が17名程度で総計158〜161名という数が得られた。この数字が妥当とは必ずしも考えないが、一つの参考にはなろう。こうした統合後の教員組織を明確にせず、各大学での議論を行っても問題は解決しない[17]。

(2) 新課程と教員養成学部

『在り方懇報告書』が示す統合後の教員養成学部像は、1987年以来設置されてきた教員養成学部におけるいわゆる「新課程」(教員養成を目的としない課程)の整理を図ったものでもある(もっとも、再編統合しなければ「新課程」が存続するかのような方針も不思議であるが)。『在り方懇報告書』は、新課程は、多様な進学希望に応え、多様な授業科目が教員として求められる幅広い知識や教養にも寄与する評価がある反面、教員養成の専門学部としての性格があいまいとなり、教育研究指導の責任体制が不十分、教員の教員養成への求心力を失わせているといった問題があると指摘し、「新課程については、教員養成学部の再編・統合を契機に、原則として教員養成学部から分離していくことが適当」と結論づけている。

2001年時点で、教員養成機関の3分の1を占めるに至った新課程は、教員の負担や不十分な設備・施設、教員養成カリキュラムとの未分化など数多くの問題を抱えており、現状のまま推移されるべきものではない。しかし、教員養成機関における新課程の評価に十分なデータや調査があるとは言えない。懇談会での次の発言、「教員養成に特化し高度化する時に小規模であることが不利になるのであれば、そこは集約すべきである。その場合、新課程は教員養成学部の使命を曖昧にするものであり、何らかの方法で切り離すことを考えるべきではないか。」(国立の教員養成系大学・学部の在り方に関する懇談会(第11回)議事要旨、2001年6月21日)に見られるように、教員養成学部に教員養成

課程以外の組織があるべきでないとするア・プリオリな形式論理が先行している感がある。在り方懇談会は16回に及ぶが、新課程に関しての資料は、学生定員や課程・コースの分類表のみで、実際の効果やカリキュラムなどについて具体的な検討を全く行っていないのである。

翻ってみれば、職業人や専門職養成のための学部であることは、それ以外の教育組織を含むことを否定するものではない。医学部は、医師養成のための組織だが、医学科だけでなく、看護学科、保健学科、総合薬学科、栄養学科などを置き、看護師、保健師、助産師、診療放射線技師、臨床審査技師、作業療法士、理学療法士の養成を行っている学部は少なくない。鳥取大学医学部生命科学科は、直接医療専門職には関係しないバイオメディカルテクノロジーを基礎として、将来、医療、保健の分野で活躍し、社会に寄与できる人材を育成するものである。結局、学校教員だけで教育が可能と考え、関連する教育専門家の養成や参加を不要とする見方が、教員養成学部像に反映しているといえる。専門職の機能は、多職種の連携で成り立つものであり、教員養成を学校教員に限定する発想そのものが、現実から乖離している。新課程の実情は、バラ色でもないがそれ程否定的なものでもない。国立大学協会教員養成特別委員会(2000)の調査[18]では、教員養成大学・学部や地方教育行政サイドは否定論に立っていない。教員養成大学・学部は、新課程に「問題点が多い」(46.9％)と考えているが、「廃止すべき」とする意見はなく、「内容再編」(26.5％)、「現状維持」(28.5％)した上で、「教員養成補完」(25.5％)、「新専門家養成」(38.8％)の機能を持たせ、教員養成の向上につながると判断している。

また、国立大学協会教員養成特別委員会「教育系大学・学部における「新課程」の現状と今後のあり方に関する調査」(2001年6～9月にかけ実施、機関調査47校回答、教員調査1,019名回答、学生調査3・4年生1,161名回答、岡本 2002)の結果では、新課程は、学習意欲ある学生たちの吸収に成功しており、卒業後の進路としても学校教師や教育関係職を希望する学生が多く、教員養成課程とは異なったルートで教育人材の供給に貢献していると見ることができる。国立大学協会教員養成特別委員会(2000)でも、教育長の3分の2が存続を支

持しており、「教育学部を教員養成のみではなく、幅広くとらえ、教育行政に携わる者や生涯学習、ボランティア、家庭教育等の専門家の育成を図ることは大きな意味がある」(地方中核都市教育委員会)という意見も聞かれるのである。度重なる改組で卒業生の出ていない課程も多い。新課程の評価はこれからであり、教員養成学部への非教員養成課程の位置づけは、それを経て論議すべき課題である[19]。

(3) 不明確なデメリットの測定と対応策

　統合にはデメリットがつきものであり、どのような方策でデメリットを回避するかが、重要な課題である。前出国立大学協会教員養成特別委員会(2000)では、統合の影響に関する教育長と教育大学長・学部長の回答は近似しており、「個性ある教員の養成と供給」「現職教員の研修全般」「大学院レベルの現職研修」「専修免許認定講座の開設」などに大きな影響が出ると考えている。また、教育長は、教育大学長・学部長よりも「教育に関する最先端の理論や情報の提供」にも影響があると考えている。

　これらの問題への対応策として『在り方懇報告書』が提言しているのは、「教職センター(仮称)」であり、「過大な規模にならないよう留意しながら、整備すること」との注釈付である。しかし、地方教育行政が期待する教職センターの機能は、小中学校教員養成をはじめ、事実上教員養成機関でなければ実施できないものである。

　また、再編統合の一つのパターンとして、小学校教員養成機能を各大学に残し、中学校教科を複数の大学で分担するケースも例示されているが、仮に「審査内規」をもとに小学校教員養成課程の教員配置数を求めると、学生定員100名でも22名にしかならず、社会・理科に3人の教員(内1名が教科教育)、他教科は教員2名で教科教育担当も置けない教員組織にしかならず、大学レベルの教育が可能とは思えない。つまり、府県を超えた統合は、強力な教員養成機関を作るために劣弱な教員養成機関を作るというアイロニーを含んでいるのである。

　地域の教育行政全般への影響も大きい。教員養成機関が果たしている役割・

機能は、十分把握されているとはいえないが、学校改革の推進に大学の知的資源を活用するために、学校・教育委員会・教員養成機関の連携が進められており、教育相談などのネットワーク化、現職教員との教育臨床分野などでの連携・協力、現職研修講座、大学教員の派遣、カリキュラムの共同研究・調査などが実施されている。今後、地方分権の促進の一環として地方教育行政の役割が拡大し、教員養成機関の果たす役割も大きくなるであろう。『在り方懇報告書』は、教員養成機関廃止後の現職教員の受け入れを含めた課題への対応策として、「夜間、週末、長期休業期間等を活用した授業の実施」「衛星通信、インターネット等を活用した遠隔教育の実施」「サテライト教室を利用した教育の実施」「長期在学コースの設定」を掲げる。確かに、90年代後半から急速にアメリカなどでe-ラーニングが発展しており、対面授業に比べて劣るものではないとされているものの、教育効果の測定をめぐる論議があり[20]、現職教員の場合にニーズの高い教育臨床的内容が遠隔教育で可能なのか、施設整備、コンテンツ開発のコストや支援要員の配置をどうするかなど具体的方策を欠いている。

　もうひとつ教員養成学部の廃止がもたらす問題は、属する大学の教育研究への影響である。教員養成学部は、学部数の少ない大学においては、人文系・社会系学部としての性格も持っており、教養教育の実施に大きな責任を持っている。『在り方懇報告書』では、教員養成学部を廃止する大学が、学部の人的資源を活用して組織改組することを提言している。大学にとっては、大学再編成の原資を手に入れることになるが、大学長の側では、このことが大学改革を促進する要因になると見るよりも、「分野のバランスが崩れる」「地域や社会に対する大学の貢献が弱くなる」という懸念が強く、教員養成学部を持たない大学の側にむしろ期待が強い（竹内2002）。教員養成を持たない大学の多くは単科大学であるから、実際に教育学部を持つ大学の多くは、教育学部廃止が大学の個性強化につながるとは考えてはいない。

(4) 不明確な実施プロセス

　統合を成功させるためには、「綿密な統合計画、二つの機関文化の個性的

な要素を把握して作成された構想力に富む詳細な計画は、継続的な転換にとってきわめて重要」(Martin & Samels 1994:21)であり、地理的環境、入学生など機関の自己評価に始まり、統合以前に相互利益についての見通しを持った上で、学生を含む利害関係者への説明と合意、統合計画の立案に着手していくことが必要である。『在り方懇報告書』が提案しているのは、一つの機関が他方に吸収される併合であるから、統合が開始されても最大で8年間は2つの機関が存続し、その間、教員・学生組織は二重に存続する。そのコストも考えねばならない。また、強力な教員養成機関の創出には、単に学生・教員数の増加ではなく、優れた教員養成カリキュラムの継続と教員養成に熟練した大学教員が、統合後の新大学・学部へ移動し、引き続きリーダーシップを発揮することが不可欠である。

　一方、教員養成学部の廃止とその人的資源を利用しての大学再編も示唆されている。勢い、廃止される教員養成機関の人材確保競争が生じる。強力な教員養成学部の創出か、教員養成学部の人的資源をもとにした大学再編か、一種のゼロ・サムゲームが始まる。どのようにして対立・矛盾する利害を、誰が調整するのか、全く不明である。最も早く統合の合意が成立した山形大学・福島大学・宮城教育大学のケースでも、山形県で強力な反対運動が起きていたが(『山形新聞』2002年7月25日)、当然と言うべきだろう。

　仮に統合したとしても、教員人事ルールの共有化、カリキュラムの構成原理の調整、具体的な科目内容、教授方法などを一体化する作業は、山積みである。そしてそこに、他府県の教員養成・研修にも責任を持つという課題が加わるのである。私立高等教育機関相互の統合なら、優良な機関が主導権を持ち、統合計画を推進することになるが、大学・学部間の折衝に委ねている枠組みでは、大学・学部間の政治力学に規定され、優れた教員養成機関が存続するとは限らず、相対的に劣った機関の主導権のもとに、統合後の組織設計が進められる可能性もないとはいえない。教員人事における公募制、採用基準、インブリーディングの抑制、業績評価の方法、資源配分ルール、学生指導のノウハウなど教育研究の質を保証するメカニズムが統合後の機関に継続するのだろうか。それができなければ、統合は、蓄積されてきた教員養成

カリキュラムと文化的伝統の解体にほかならない。

8　結び

　以上の分析はペシミスチックなものである。われわれは、戦前・戦後を通じて日本には、高等教育機関が統合されて他の機関の1部局になった事例はあるが、自立して機能してきた大学・学部が統合して新たな機関を創出した事例はほとんどないことを重く受け止めるべきだろう。新制大学の発足（1949年）と広島大学教育学部・学校教育学部の統合（2000年4月）は例外に属するが、前者は大学昇格という明確で共通する理念・目標があり、後者は、事務組織など同一大学内での組織的共同の伝統があった。府県を越えた統合は、広島大学理論物理研究所が京都大学基礎物理学研究所へ合併した事例（1992年）があるが、規模や地域への影響力という点では、類推材料にならない。

　統合による強力な教員養成大学・学部の創出という政策は選択肢としてはありうる施策であるし、否定すべきでない。今後必要性は増すだろう。

　だが、それを有効に実現するためには、払わねばならぬ努力と条件整備がある。マサチューセッツ大学とボストン州立カレッジの激しい葛藤を経ての統合事例を紹介したZekan（1994）は、「統合の代案は現状維持だろうか？答えは、戦略とリーダーシップだ。マサチューセッツ大学、ボストン州立カレッジ、ブルーヒル技術専門学校、マサソートコミュニティカレッジの立案者たちは、統合が機関にもたらす影響だけでなく、実現性と合意とを考慮しなければならなかった。発展のための統合は、機関レベルのリーダーシップが新しい水準にいたることを求めるのだ」（Martin & Samels 1994:130）と言う。リーダーシップの質的発展は、機関レベルだけでなく、政府レベルでも同様だ。欠落した基準行政の明確化など政府のリーダーシップが発揮されなければ、統合を通じた公教育システムの改変は危険なものになる。1冊の報告書と時間にも情報にも制約された大学・学部相互の議論に委ねて教員養成・研修システムが構築できると考えるなら、われわれは歴史や事実から何も学んでいないというしかない。

注
1　本章は、羽田貴史「縮減期の高等教育政策―大学統合・再編に関する一考察―」『北海道大学大学院教育学研究科紀要』第85号（2002年3月）、同「高等教育の再編成と教員養成大学・学部の統合」『教育学研究』第70巻第2号（2003年6月）にその後の動向も加筆したものである。
2　2016年8月、文部科学省高等教育局長決定により、「国立教員養成大学・学部、大学院、附属学校の改革に関する有識者会議」が発足し、17年8月に『教員需要の減少期における教員養成・研修機能の強化に向けて－国立教員養成大学・学部、大学院、附属学校の改革に関する有識者会議報告書－』を公表している。同報告書は、規模が小さくなった教員養成機関を統合することで、質を高めると主張しているが、規模が小さくなった理由とそれが妥当であったかどうかは述べないし、そもそも視野に入らないようだ。問題を作りだした原因を見つめることなく、単に起きている問題を糊塗する方策を改革案と呼ぶ伝統は今に始まったものではない。今世紀初めの改革案の批判的吟味は、現在にも役立つと思う。
3　荒井（2013）、両角（2016）は、大学間の統合（水平統合）だけでなく、高校との統合（垂直統合）、さらに異業種との法人統合も扱っている。
4　国立大学の統合は、先行した山梨大学・山梨医科大学は大学長の自律的な判断が契機であり（広島大学高等教育研究開発センター 2003;25）、東京商船大学・東京水産大学の統合は、東京商船大学側に文部省の示唆はあったものの、大学の自律的な取り組みで進行した（同前 2003:7）。しかし、文部科学省が統合を政策として示したことで、国立大学にはトップダウンで統合が指示される懸念を生み、研究自体が統合を促進することにつながりかねないとして回避するメンタリティが生じた。また、連携・連合も統合につながるものとして見られた。こうした状況が多少修正されたのは、中教審大学分科会制度・教育部会『学士課程教育の構築に向けて（審議のまとめ）』（2008年3月）の頃からであり、同『審議のまとめ』は、中教審の報告書類としては珍しく、過去の政策への批判的検討を行い、規制緩和や「市場化」だけでは教育の質の問題や無秩序が生じるので、「競争」と「協同」の調和が重要であるとし、大学間の連携と開かれた協同ネットワーク構築を掲げた。相互発展戦略としての組織変化が高等教育政策で語られることに呼応して、国立大学協会は、第2期中期目標計画の策定の参考とするために、『国立大学の目指すべき方向－自主行動の指針－』（2008年3月）を公表し、「指針2-3　設置形態にとらわれない大学間の協力と連携・連合を推進する」を掲げた。
5　高等教育政策における連携・統合などの2000年代の変化は、第3章参照。
6　「規模の経済（Economic of Scale）」は、「学生総数が増加することによって、一定の質で供給する教育の単位原価が減少すること」、「範囲の経済（Economic of Scope）」は、「異なるタイプの機関が統合し、相互作用の結果、個別に行うより平均費用が減少すること」と定義される。なお、入手困難な文献も多く、規模の経済に関する検討は、OTFE（1997）によるところが大きい。
7　Throsby（1986）は、規模の経済は、政府によって提供される資金のパターンに

よって強化されている可能性を指摘する。日本の国立大学財政分析を行った前川 (2001) も、国立大学の予算配分方式が大規模総合大学向きであると指摘する。学科目・修士講座・博士講座という区分に応じて教官積算校費の単価を差異化し、教育研究及び共通管理費の財源とする方式では、規模が大きく大学院に重点が置かれるほど教育研究費に充当できる財政力が大きくなる。1988年に福島大学は、従来の経済学部・教育学部に加えて行政学部を設置した。下表のように、共通管理費の負担減と教育研究費の増加の効果が見られる。

	(単位：千円)	1987	1988	1989	1990	1991
経済学部	校費総額	237,982	228,952	229,734	224,982	225,885
	共通経費負担額	94,864	90,620	89,184	86,450	82,407
教育学部	校費総額	128,866	116,841	118,101	114,829	120,538
	共通経費負担額	51,373	46,247	45,847	44,123	43,975
行政社会学部	校費総額	―	30,329	59,104	77,503	90,848
	共通経費負担額	―	12,004	22,945	29,781	33,143
全学共通管理経費	共通経費総額	251,600	251,600	257,465	250,667	259,667
	共通経費当初 共通経費学部負担額	93,428 158,171	90,793 160,807	87,173 170,291	77,998 172,669	78,710 171,957
	当初積算率	37.1	36.1	33.9	31.1	30.3
	学部負担率	39.9	39.6	38.8	38.4	36.5

（福島大学財政委員会資料より作成）

　一般的に規模の経済が成立するとしても、公共的性格を持つ国立大学の運営がそれでよいかという問題がある。単純に規模の経済に委ねた結果は、大都市における私立大学の集中化であり、1970年代に地方分散政策を開始せざるをえなかった。国立大学の現行公費投入方式を前提とする限り、財政規模拡大のための「統合」志向が発生するが、地域間の高等教育の不均衡が生じるというトレード・オフの関係にある。国立大学の性格を踏まえるなら、「規模の経済」を補正する調整的財源方式を導入し、小規模であっても地域的に有益な高等教育機関の質を高めることも重要な政策課題である。

8　なお、Lang (2002) が指摘しているように、統合・連盟・連合といっても決定的に異なるものではなく、機能や置かれている環境によって実態は変わりうる。例えば、オクスブリッジは連盟であったし、帝国大学は、各分科大学の連合であったといえるかもしれない。
9　羽田 (2002) 参照。
10　もともと、1970年代の新構想医科大学は、既存大学の医学部とせず、独立の大学として設置することで、従前の管理運営方式と異なる形態を意図したものであっ

た。設置する側の視点はそうであっても、地元県や既存大学は、本来ひとつの大学になるべきとの認識もあった (2005年8月23日、富山大学へのインタビュー)。

11　なお、Norgard & Skodvin (2002) は、ノルウェーの大学統合の事例研究を通じて、地理的要因と機関の文化的背景が成功の重要なファクターとしつつ、距離の要素はITなどで克服可能という。インターネットの普及は90年代後半であり、マルチキャンパスによる統合が急速に可能になっていることは、注目すべきである。

12　その後、両大学の統合は立ち消えとなっている。

13　大学間での学部統合は、2018年7月現在、実現しておらず、2008年11月13日大学設置基準等の一部を改正する省令 (平成20年文部科学省令第35号) によって創設された共同教育課程制度を活用し、山口大学・鹿児島大学共同獣医学部が発足したほか、北海道大学獣医学部・帯広畜産大学共同獣医学課程、岩手大学・東京農工大学共同獣医学科が発足している。統合によらず連携による教育研究機能の強化を実現した組織改革の一例である (第3章参照)。

14　文科省HPからアクセスできる。http://www.mext.go.jp/b_menu/shingi/chousa/koutou/005/toushin/011101.htm

15　『教員需要の減少期における教員養成・研修機能の強化に向けて―国立教員養成大学・学部、大学院、附属学校の改革に関する有識者会議報告書―』(2017年8月29日) には統合再編が盛り込まれている。何度でも繰り返される主張の1つであり、2011年の『今後の国立の教員養成系大学学部の在り方について (報告)』の持つ問題点を克服する提案が新たにあるわけではない。

　2017年の報告書は、教員養成大学・学部の規模が小さく機能を発揮できないことを問題の1つにする。規模が小さくなったのは、新課程を設置し、そこに教員を配分し、改組の原資として移動させたからである。なぜ新課程を作ったかといえば、教員需要の減少による採用率の低下に対応するためのバッファーの狙いが大きい。

　要するに、目的養成機関に教員養成課程以外の組織を置くことの意味や役割を根本的に問うことなしに、その時点での問題を「解決」しようとして組織改組を繰り返し、挙句の果てに教員組織が衰弱したから統合するという、まことにその場限りの対応策の積み重ねの上に、なぜこのような事態に至ったかの検討も状況認識もなく、一方では、地域との連携をうたいながら、地元教育行政と分離する危険性を含む統合再編を打ち出したのである。

16　2004年4月から移行した国立大学法人制度においては、学科・課程などの組織は、大学の判断に委ねられ、届出事項とされているが、教員養成課程については、教員養成が公教育全体にかかわるとの見地から除外すると文部省は説明していた。

17　現在、国立教育学部の教科組織は削減によって弱体化し、60名となっているところもある。これでは、教科専門の力量を育成できない。

18 この調査の回収率は次の通り。

		送付数	回答数	回答率
大学長	総合大学	8	6	75.0%
	教員養成学部のある複合・総合大学	37	37	100.0%
	教員養成学部のない複合・単科大学	39	29	74.4%
	計	84	72	85.7%
教育大学・学部長	教育大学（北教大5校を含む）	16	15	93.8%
	教育学部	37	31	83.8%
	計	53	46	86.8%
教育長	都道府県（北海道教育庁14局を含む）	61	44	72.1%
	政令指定都市	12	9	75.0%
	中核市	27	15	55.6%
	計	100	68	68.0%

19 なお、国立大学協会調査で、新課程担当教員と新課程学生のカリキュラム評価を同一項目で行うと、教員の方が低い評価を与える傾向がある。大学の側でも前向きな自己点検・評価が必要であろう（岡本2002）。

20 『メディア教育開発センター研究報告第11号 メディアを利用した高等教育のコスト効果に関する研究－平成9年度・10年度成果報告』(1999年9月)、吉田文「ITの高等システムに及ぼす影響－アメリカの事例から－」(広島大学高等教育研究開発センター2002年度第10回公開研究会報告)。

参考文献

荒井克弘編、2013、『市場化時代における大学法人の研究　経営ユニットとしての法人組織の連携・統合・解体』（代表荒井克弘、科学研究費基盤研究（B）、2008-2010年度）。

別府昭郎、1989、「ドイツにおける大学の移転・統合・廃止─ナポレオン戦争期の事例より」喜多村和之編『大学淘汰の研究　大学「不死」幻想の終焉』東信堂。

羽田貴史、1991、「教員養成学部における教員定数の諸問題─福島大学教育学部の再編成をとおして現われた─」『福島大学教育学部論集（教育・心理部門）』第49号。

──1992、「教員養成学部諸基準の問題構造」（日本教育学会第51回大会自由研究発表）。

──1999、『戦後大学改革』玉川大学出版部。

──2002、「縮減期の高等教育政策─大学統合・再編に関する一考察」『北海道大学大学院教育学研究科紀要』第85号。

――2003、「高等教育の再編成と教員養成大学・学部の統合」『教育学研究』第70巻第2号。
広島大学高等教育研究開発センター「大学の配置」研究グループ、2001、『大学組織の再構築報告集　大学の統合・連携を考える』広島大学高等教育研究開発センター。
――2002、『高等教育叢書71　大学組織の再構築　第29回(2001年度)研究員集会の記録』広島大学高等教育研究開発センター。
――2003、『COE研究シリーズ1　大学の統合・連携－大学組織改革の新たな試み―』広島大学高等教育研究開発センター。
菅野誠・佐藤譲、1983、『日本の学校建築－資料編－』文教ニュース社。
加藤博和・羽田貴史、2000、「新制大学における一般教育実施組織の成立と展開－国立大学の場合－」『高等教育研究叢書60　学部教育改革の展開』広島大学高等教育研究開発センター。
喜多村和之、1989a、『大学淘汰の研究　大学「不死」幻想の終焉』東信堂。
――1989b、"「大学淘汰"の時代に直面したアメリカ高等教育－歴史と現状」『高等教育研究紀要』第9号、高等教育研究所。
――2001、「高等教育機関の『淘汰現象』に関する比較的考察」『現代大学の変革と政策』玉川大学出版部。
国立学校特別会計研究会、1994、『国立学校別会計三十年のあゆみ』第一法規出版社。
国立大学協会教員養成特別委員会、2000、『大学における教員養成　今後の教員養成と教育系学部の在り方について　結果と考察』。
黄福涛、2003、「1990年代の中国における高等教育機関の合併」『大学論集』第33集、広島大学高等教育研究開発センター。
岡本靖正、2002、『変動期における教員養成システム構築に向けての政策研究(中間報告書)』。
王琳、2007、「中国における大学統合の動向」『COE研究シリーズ27　大学の組織変容に関する調査研究』広島大学高等教育研究開発センター。
前川聡子、2001、『国立学校特別会計とその政策的評価　Discussion Papers In Economics And Business』Graduate School of Economics and Osaka School of International Public Policy.
両角亜希子、2016、「私立大学の統合・連携」『高等教育研究叢書133　大学の統合・連携とガバナンス～地域分散、適正規模、機能分化の在り方を巡って～第43回(2015年度)研究員集会の記録』広島大学高等教育研究開発センター。
滋賀大学、1999、『教育・研究水準の向上を目指して　50年の歴史の上に　滋賀大学の現状と課題』。
竹内正和、2002、『教員養成系大学・学部の学部組織に関する研究』(広島大学大学院教育学研究科高等教育開発専攻修士論文、未公表)。
浦野東洋一・羽田貴史、1998、『変動期の教員養成』同時代社。

American Association of University Professors, 2001, *Policy Documents & Reports*, 9th. ediition.
Brinkman, P. T. & Leslie, L. L., 1986, Economies of Scale in Higher Education: Sixty Years of Research, *Review of Higher Education*, Vol.10-1.
Cohn, E., Rhine, S. L. & Santos, M. C., 1989, Institutions of higher education as multi-product firms: Economies of scale and scope, *The Review of Economics and Statistics*, Vol.71-2.
Curaj, Adrian, Georghiou, Luke, Harper, C. Jennifer and Egron-Polak,Eva(eds.),2015, *Mergers and Alliances Higher Education :International Practice and Emerging Opportunities,* Springer.
Eastman, Julia & Lang, Daniel,2001, *Mergers in Higher Education Lessons from Theory and Experience*, University of Toronto Press.
Fielden, John and Markham,Lucy,1997, *CHEMS Paper No 17 Learning Lessons from Mergers in Higher Education,* Commonwealth Higher Education Management Service.
Gamage, D. T., 1992, Recent reforms in Australian higher education with particular reference to institutional amalgamations, *Higher Education*, Vol. 24-1.
Goedegebuure, L. C. J., 1992, *Mergers in Higher Education: A Comparative Perspective,* University of Twente.
Harman, Grant, 2000, Institutional Mergers in Australian Higher Education since 1960, *Higher Education Quarterly*, Vol. 54-4.
Harman, Grant & Harman, Kay, 2003, Institutional Mergers in Higher Education: Lessons From International Experience, *Tertiary Education and Management,* Vol.9 -1.
Harman, Grant & Meek, V. Lynn. (eds.),1988, *Institutional amalgamations in higher education. Process and outcomes in five countries,* Department of Administrative and Higher Education Studies, University of New England.
Harman, Kay & Meek, V. Lynn, 2002, Introduction to special issue: Merger revised: international perspectives on mergers in higher education, *Higher Education Management and Policy*, Vol.14-1.
Heaton,C. & Throsby, D., 1997, *Cost functions for Australian universities: A survey of results with implications for policy, Paper 2,* Discussion Paper No.360, Centre for Economic Policy Research, Australian National University.
Jansen,D,Jonathan(ed.),2002, *Mergers Lessons Learned in Transitional Contexts,* University of South Africa Pretoria.
Lang, Daniel, 2002, There Are Mergers, and There Are Mergers: The Forms of Inter-institutional Combination, *Higher Education Management and Policy*, Vol.14-1.
Lloyd, P., Morgan, M. & Williams, R., 1993, Amalgamations of universities: Are there economies of size or scope?, *Applied Economics*, Vol.25-8.

Martin, J. & Samels, J.E.,1994, *Merging Colleges for Mutual Growth,* Johns Hopkins University Press.

Norgard, J. Dahl & Skodvin, Ole-Jacob, 2002, The importance of geography and culture in mergers: A Norwegian case study, *Higher Education,* Vol 44-1.

Office of Training Further Education, 1997, *Institutional Amalgamations in Post-Secondary Education and Training: Review of Literature and Annotated Bibliography -- Paper 7.*

Pruvot, B. Enora, Estermann, Thomas and Mason, Peter,2015, *Define Thematic Report: University Mergers in Europe*, European University Association.

Research Institute for Higher Education, 2004, *COE Publication Series 7 COE International Seminar on Mergers and Cooperation among Higher Education Institutions: Australia, Japan and Europe.*

Robinson, Eric E., 1977, Mergers in Higher Education, in A. Knowles (ed.), *The International Encyclopedia of Higher Education,* Jossey-Bass.

Watson, C.,1988, Economies of scale, in G. Harman & V.L. Meek. (eds.), *Australian Higher Education Reconstructed? Analysis of the Proposals and Assumptions of the Dawkins Green Paper,* Department of Administrative and Higher Education Studies, University of New England.

Throsby, C. D., 1986, "Cost functions for Australian universities", *Australian Economic Papers,* Vol. 25.

Zekan, D. L., 1994, The Implication of a public Institutional Merger, in Martin, J. & Samels, J.E., ibid.

第5章　2010年代の大学組織改革をめぐる政策展開

1　民主党政権での大学組織改革論議

　2000年代の国立大学の統合、2010年前後の公私立大学の統合を経て、2010年代後半には、大学組織改革に関する新たな政策が展開し始めた。それは、2009年に発足した民主党政権に始まり、2012年の第2次安倍内閣にも引き継がれて現在に至る。本章執筆の時点（2018年11月）では、まだ具体化に至っていないが、読者が今後の展開を考察し、評価するためにもこれまでの経緯を知ることが重要である。

　ただし、その政策形成プロセスは非常に複雑になった。90年代までの高等教育政策は、教育行政を所掌する文部省の下で、関係審議会が答申を行い、法律や行政指導による具体化、政府予算による担保など、政策形成とメカニズムが単直線でそれなりの透明性があった。しかし、現在の高等教育政策は、閣議決定で内閣に設置された組織や、その組織が設置した組織が、利害関係集団や専門家集団とは関係なく、経済や産業振興策の一部として高等教育政策に対する入力を行い、教育行政を担う文部科学省と関係審議会が、これらの政策と共鳴しあいながら政策形成を行い、具体化するプロセスを取っている。政策形成プロセスを把握するために調査しなければならない組織、機関の情報は広がり、反面、閣議決定案の策定プロセスは公表されているわけではなく、真の政策推進者やその動因を把握することは、きわめて難しい。高等教育政策研究にとっても大きな課題であることは、冒頭、述べておきたい。

　話は、民主党政権時代に遡る。民主党政権は、当初事業仕分けによる財政支出削減策を取っていたが、2011年9月に野田内閣が成立してから、提言型

行政仕分けと称し、官邸主導による積極的な政策形成に乗り出した。その象徴が、「税財政の骨格や経済運営の基本方針等の国家の内外にわたる重要な政策を統括する司令塔」の国家戦略会議の設置である。

官邸主導で経済政策を軸に高等教育政策を位置づける手法は、小泉政権による経済財政諮問会議に似ている。しかし、経済財政諮問会議が、内閣府設置法（1999年法律第89号）第18条に根拠を置き、内閣の重要政策に関して行政各部の施策の統一を図るために必要となる企画及び立案並びに総合調整を行う機関であるのに対し、国家戦略会議は、閣議決定によって設置され、議会の審議や法律に根拠を置かず、行政権の枠内の組織である。その目的も、「税財政の骨格や経済運営基本方針等の国家の内外にわたる重要な政策を統括する司令塔並びに政策推進の原動力として、総理リーダーシップの下、産官学の英知を結集し、重要基本方針の取りまとめ等行う」（「国家戦略会議の開催について」2011年10月21日、閣議決定）ことであり、総合調整の域を超え、政策決定機関として位置づけられている。皮肉なことに、この手法は、日本経済再生本部を初め、第2次安倍内閣で多発されていく。

2011年11月21日の第22回行政刷新会議は、提言型行政仕分けについて議題とし、平成24年度予算編成過程で財務省と大学改革に取り組むことを合意し、今後の我が国の再生に向けて、大学改革を推進するため、「国立大学改革強化推進事業」（138億円）を新設するほか、具体的な国立大学改革の方針については、文部科学省内に設置したタスクフォースにおいて検討を行い、協議の上、速やかに改革に着手することになった[1]。

大学改革タスクフォースは森ゆうこ副大臣のほか、政務官、次官、審議官、局長クラスで構成され、翌2012年6月5日に「大学改革実行プラン」[2]を公表した。

同プランは、大学の機能の再構築、機能を再構築するための大学ガバナンスの充実・強化からなり、それまで実施されてきた政策や、考えつくあらゆる政策を並べ立てた印象が強い。国立大学改革は、すべての国立大学の学部・研究科ごとのミッションを再定義し改革の方向性を明確化し、予算の戦略的配分・重点支援を行い、「リサーチ・ユニバーシティ」群、機能別・地域別

の大学群の形成を進めるという施策は、目新しい。大学組織としては、海外・国内大学との連携を促進し、一法人複数大学(アンブレラ方式)等を含めそのための制度的改革の整備も掲げていた。もちろん、公私立大学は、一法人複数大学も可能であるから、制度的に否定されるものではない。しかし、国立大学法人制度は、そもそも「教学と経営の一体」をうたい文句にし、法人の長＝学長をその制度的中核としてスタートしたものであった。一法人複数大学では、法人の長と学長は分離されるが、そのメリット・デメリットの比較衡量や法人制度の評価や分析は一切なく、突然、アンブレラ方式のような具体策が登場するという手法は、以後も繰り返される[3]。

　高等教育改革の手法としての組織改組、統廃合の論議は、平成24年第3回の国家戦略会議(2012年4月9日)で、民間議員による文書「次世代の育成と活躍できる社会の形成に向けて」[4]において、「教育システムの抜本改革；次世代を見据えた教育システムの抜本改革、大学の統廃合等の促進を含む高等教育の抜本改革」が提案されたのが、民主党政権の時期では最初であろう。その前、2012年1月31日の中央教育審議会大学分科会(第103回)[5]で、「大学改革タスクフォースでの検討状況」が報告されているが、統合は項目にない。4月20日の大学分科会(第104回)[6]で、国家戦略会議で大学の統廃合が論議されたことが文部科学省から報告され、「大学改革実行プラン」には、「海外・国内大学との連携を促進するとともに、そのための制度的選択肢を整備(一法人複数大学(アンブレラ方式)等)」、「大学の枠・学部の枠を越えた再編成等(「リサーチ・ユニバーシティ」群の強化)」が書き込まれていたから、国家戦略会議での民間議員提言が引き金になったのは明らかである。このプランは、野田内閣の「日本再生戦略」(2012年7月31日閣議決定)に採用され、国立大学改革を突破口にすることが明記された。

　ただし、統合については慎重であった。8月24日に、中教審教育振興基本部会がまとめた「第2期教育振興基本計画について(審議経過報告)」でも、大学・学部間の連携・再編成と一法人複数大学(アンブレラ方式)が上がっているが、「統合」という言葉は使わず、大学群の形成のための方策として連携は扱われている。官邸主導の高等教育政策において、「統合」が過激に主張され、

文科省サイドがその趣旨をくみ取って妥協的な方針にする（いわゆる「落としどころ」）という国立大学法人制度化と同じような政治手法が繰り返されたと思われる[7]。

2　自民党政権での継続──大学組織改組の基本設定

「大学改革実行プラン」の中で先導的位置づけを持たされた「国立大学改革プラン」の策定は、ミッションの再定義を前提にしていた。「大学改革実行プラン」公表後、大学から殺到する疑問に答えるために、文部科学省は、2012年6月6日、大学改革実行プラン等の概要説明会を開催し[8]、10月10日には、今後のスケジュールも含めた説明会を開催した[9]。

ところが、再定義の作業が進行している時期に、民主党は解散・総選挙で大敗し、第2次安倍内閣が成立した（2012年12月26日）。

安倍内閣は、閣議決定による組織が省庁を超えた基本政策を策定する手法を引き継ぎ、内閣発足と同時に閣議決定で日本経済再生本部を設置し、日本経済再生本部の下に設置した産業競争力会議（2013年1月8日）がイノベーション政策推進のために大学改革を位置づけ、閣議決定で設けた教育再生実行会議（1月15日）が教育改革全体の構想を示す仕掛けを作った。文部科学省及び中央教育審議会の政策形成機能は、これら官邸主導組織においてオーソライズされるか、官邸主導組織による政策アジェンダを具体化するものとなった。

第2次安倍内閣での高等教育政策は、産業競争力強化のためのイノベーションを最大の目標とするものであった。2013年4月2日、日本経済再生本部第6回会議で安倍首相は、産業競争力会議の議論を受けて、「文部科学大臣は、人材育成機能強化、人材のグローバル化推進のため、意欲と能力に富む全ての学生に留学の機会を与える環境整備を進めること。特に、国立大学のグローバル化、イノベーション人材育成、若手登用の観点から、運営費交付金の戦略的配分、年俸制の抜本的導入など人事給与システムの改革、大学での外国人教員の採用拡大を軸とした具体的な改革パッケージを早急に取りまとめること」と指示した。

6月14日に閣議決定された「日本再興戦略Japan is Back」は、教育再生実行会議「第3次提言　これからの大学教育等の在り方について」（5月28日）が述べた世界大学ランキングでの大学数などの成果目標を示し、「先駆的な取組を予算の重点配分等で後押しする国立大学改革に直ちに着手する。今後3年間を改革加速期間とする」とした。

　6月20日、文部科学省は、「今後の国立大学の機能強化に向けての考え方」を作成した。同文書は、国立大学について「大学改革実行プラン」を踏まえ、「ミッションの再定義」を起点とした機能強化に取り組み、学長のリーダーシップによる大学運営改革、教育研究組織の再編の促進、各分野の振興を図るために、教員養成大学・学部の縮小と組織編成の抜本的見直しを行うこと、「国立大学改革プラン（仮称）」の策定と、第3期中期目標期間において国立大学運営費交付金の在り方を抜本的に見直すことという一連の基本方針を提示していた。

　平成24年度政府予算案決定を間近に控えた2013年11月26日、文部科学省は、「今後の国立大学の機能強化に向けての考え方」をほぼそのまま具体化した「国立大学改革プラン」を発表した。同プランは、組織改組に至る手順を、「各大学の強み・特色・ミッションの整理（2013年度中）」→「交付金による重点的支援」→「中期計画を見直し」→「国立大学評価委員会において評価＝第3期に恒常的に教育研究組織を見直す環境」と設定した。この手順において重視されたのは、大学運営において学部教授会の権限を弱め、学長の権限を強化することであった。機能強化による組織改組は、大学内の組織編成や教職員配置などの変化をもたらし、対立と葛藤を生み出す。集権型管理運営体制を整備し、強化した学長権限によって組織改組を進める改革手順を示したのである。

　「国立大学改革プラン」のうちで、まず具体化されたのは、学長権限の強化であった。中教審大学分科会は、『大学のガバナンス改革の推進について（審議まとめ）』を2014年2月21日に報告し、わずか4カ月後の6月27日には、学校教育法及び国立大学法人法の一部を改正する法律（平成26年法律第88号）によって、学長の権限強化と教授会の役割を限定する改正が行われた。ガバ

ナンス改革、ミッションの再定義、交付金による支援、第3期中期計画への反映、第3期における恒常的組織改組の枠組みは、民主党政権から引き継ぐフレームワークである。

3　ミッションの再定義の進行

　恒常的な組織改組を行う体制構築にとって、2014年から2015年の春にかけてはきわめて重要な時期であった。国立大学法人の第3期中期計画期間は、2016年4月からであり、そのための手順は、予算編成過程とともに、大学単位では2014年中から進行する。文部科学省は、2013年7月19日に、再度、国立大学のミッションの再定義に関する説明会を開催し、教員養成、医学、工学は夏に取りまとめ、それ以外の分野も2013年内に取りまとめること、2013年夏中に国立大学改革方針を策定すること、2013年内に「国立大学改革プラン」を策定するとした。8月中旬までに、各大学から関連データを提出、大学からの素案提出と文科省との意見交換、大学からの回答、文科省からの修正案提出、修正案に対する調整、2013年末までに個票確定と公表というスケジュールが設定された[10]。この手続きにより、2014年中に各国立大学が組織改組の作業を行い、2015年には第3期中期目標計画に具体化することが可能になった。

　この手続きに見られるように、再定義の主体はあくまでも文部科学省であり、国立大学法人ではない。しかし、国立大学法人制度の枠組みでは、中期目標は文部科学大臣が国立大学法人の意見を聴き、国立大学法人評価委員会の意見を聴いて定める (国立大学法人法第30条第1項、第3項)。また、中期計画は中期目標に基づき国立大学法人が作成し、文部科学大臣が国立大学評価委員会の意見を聴いて認可することになっている (同法第31条第1項、第3項)。再定義は、中期目標や計画にもかかわり、設置審査を再度行うような作業が、閣議決定によるとはいえ、国立大学法人評価委員会が関与せずに行政指導の形式で進行したことには大きな疑問がある。

4 独立行政法人制度改革と国立大学法人法改正

　国立大学法人評価委員会は、ミッションの再定義には関連しないものの、恒常的な組織改革体制を構築するストーリーの一部である。2013年6月文部科学省「今後の国立大学の機能強化に向けての考え方」は、第3期における恒常的な組織改革の方策を盛り込んでいた。

　翌2014年2月18日の国立大学法人評価委員会（第45回）は、「国立大学改革プラン」の進行状況の報告を受け、文部科学省から「国立大学法人等の組織・業務全般の見直し等の検討について（案）」が示され、委員会としてワーキンググループを設け、国立大学法人等の組織の在り方等について議論することになった。恒常的な組織改革を、国立大学法人制度に落とし込むことが始まったのである。

　この制度化は、第1次、第2次安倍内閣の下で進められた独立行政法人制度の改革の一部でもあった。第1次安倍内閣の「経済財政改革の基本方針2007」（閣議決定、2007年6月19日）は、民営化や民間委託の是非を検討し、2007年中に『独立行政法人整理合理化計画』を策定すると決定していた。

　民主党政権下でも独立行政法人の見直しは持続的に行われ、たとえば、野田内閣は、2012年1月20日に「独立行政法人の制度及び組織の見直しの基本方針」を閣議決定し、独立行政法人制度に代わる行政法人制度の創設や法人数の102から65への縮減を進めるとするなどとした。この時、大学入試センターと大学評価・学位授与機構を統合し、大学連携型法人を創設、日本学生支援機構の整理を2012年夏までに結論を出すことが掲げられたが、実際には実施されず、2013年には両法人とも存続することになり、混乱を招いたのみであった。

　しかし、第2次安倍政権になると、2016年4月には、大学評価・学位授与機構及び国立大学財務・経営センターを統合し、大学改革支援・学位授与機構となった。

　このように、民主党政権と自民党政権の政策アジェンダは類似し、民主党政権下で始めた政策が、第2次安倍政権で実現されることも多く、その1つ

が独立行政法人制度改革であった[11]。

第2次安倍内閣は、2013年2月27日、行政改革推進本部の下に行政改革推進会議を設置し、「これまでの改革の検討の優れた面は取り入れ、見直すべきは大胆に見直すという考え方に立ち、これまでの議論を改めて総括・点検し、独立行政法人の制度・組織両面にわたる改革の集大成とする」と方向づけ、全面的な独立行政法人改革を打ち出した。大学評価・学位授与機構及び国立大学財務・経営センターの統合という民主党政権時の方針が、安倍政権で実現したのは、その現れであり、福祉国家政策からの離脱という点では、民主党と自民党の政策に大きな違いがないともいえる。

行政改革推進会議は、有識者会議による議論を経て9月20日に「独立行政法人改革等に関する分科会」を設置し、その報告を受けて12月20日「独立行政法人改革等に関する基本的な方針について」を了承した。この方針は、12月24日に「独立行政法人改革等に関する基本的な方針」として閣議決定され、翌2014年4月15日に独立行政法人通則法改正案及び独立行政法人通則法の一部を改正する法律の施行に伴う関係法律の整備に関する法律案が国会に上程され、6月13日に成立した。この改正は、業務の特質を踏まえた法人分類、PDCAサイクルが機能する目標・評価の仕組みの構築、法人の内外から業務運営を改善する仕組みを導入するなどし、関係法律の一つに国立大学法人法がある。

それは、文部科学大臣の評価と国立大学の組織改革を直結させる重要なものであったが、国立大学法人法の制定時のように、独立した検討作業が行われず、その意味がほとんど理解されていない。要点は、評価の時期にある。従来は、国立大学法人法第35条で独立行政法人通則法の規定の準用で、「文部科学大臣は、独立行政法人の中期目標の期間の終了時において、当該独立行政法人の業務を継続させる必要性、組織の在り方その他その組織及び業務の全般にわたる検討を行い、その結果に基づき、所要の措置を講ずるものとする」(圏点筆者)となっていた。

改正で、第31条の4(中期目標の期間の終了時の検討)が追加され、「文部科学大臣は、評価委員会が第31条の2第1項第2号に規定する中期目標の期間の

終了時に見込まれる中期目標の期間における業務の実績に関する評価を行ったときは、中期目標の期間の終了時までに、当該国立大学法人等の業務を継続させる必要性、組織の在り方その他その組織及び業務の全般にわたる検討を行い、その結果に基づき、当該国立大学法人等に関し所要の措置を講ずるものとする」(圏点筆者)とされた。

簡単に言えば、従来の手続きでは、中期目標計画期間の終了時に評価が行われるので、その時には、すでに次期の中期目標計画はスタートしており、評価と計画は連動しない(この点は、国立大学法人制度がスタートした時から自明であり、何のための規定かと思っていたものだ)。

しかし、この法改正により、第2期が終了する2015年度ではなく、2014年度中に評価を行い、2015年度の予算編成プロセスに沿って第3期の計画と第2期の評価(6年の計画期間中5年弱で)による組織改組が可能な制度になったのである。国立大学法人制度が独立行政法人通則法の例外的制度ではなく、その一部であることを、制定後10年たって明確にしたのである。

5 人文、社会科学系分野の見直しと改正国立大学法人制度

2015年に世情をにぎわせた国立大学の教員養成系・人文社会科学系改組問題は、改正された国立大学法人法の新たなスキームに則ったものであった。文部科学省は、国立大学法人評価委員会第48回総会(2014年8月4日)に「国立大学法人等の組織及び業務全般の見直しに関する視点」を付託、組織の見直しに関する視点として、「ミッションの再定義」を踏まえた組織改革、教員養成系・人文社会科学系は、組織の廃止や社会的要請の高い分野へ転換する方針を示し、そのスケジュールを示した。

委員会でのオーソライズを経て、文部科学省高等教育局国立大学支援課長事務連絡(9月9日)は、各国立大学へ「国立大学法人等の組織及び業務全般の見直しに関する視点」を通知した。

翌年の国立大学法人評価委員会第51回総会(2015年5月27日)は、「国立大学法人の第2期中期目標期間終了時における組織及び業務全般の見直しにつ

いて（案）」を審議し、これをもとに、文部科学大臣通知「国立大学法人等の組織及び業務全般の見直しについて（通知）」（27文科高第269号、2015年6月8日）が出され、人文系学部の改組が急速に進んだ。言い換えれば、国立大学法人制度創設時の評価と組織改革への連動は、10年たってシステム化されたのである。

　人文系学部の改組方針には、産経新聞「国立大学の人文系学部・大学院、規模縮小へ転換、文科省が素案提示」（2015年5月28日）を皮切りとしたメディアでの報道がされ、これをきっかけに、人文・社会科学の軽視として批判が始まり、日本学術会議幹事会声明「これからの大学のあり方－特に教員養成・人文社会科学系のあり方－に関する議論に寄せて」（2015年7月23日）、日本学術会議シンポジウム「人文・社会科学と大学のゆくえ」（2015年7月31日）などの批判が相次ぎ[12]、9月9日には、日本経済団体連合会も、「国立大学改革に関する考え方」と題する文書で、「今回の通知は即戦力を有する人材を求める産業界の要請を受けたものであるとの見方があるが、産業界の求める人材像は、その対極にある」と批判した。

　文部科学省は、国立大学長会議において高等教育局長説明「国立大学法人等の組織及び業務全般の見直し」（2015年7月5日）で詳細な説明をし、9月18日には、文部科学省高等教育局長が第218回日本学術会議幹事会で、「新時代を見据えた国立大学改革（平成27年9月18日　日本学術会議幹事会における文部科学省説明資料）」を配布して説明した。

　民主党鳩山・菅内閣で、文部科学副大臣、民主党「大学改革ワーキングチーム」の座長を務め、2013年の参議院選挙で落選した後、こんどは自民党に鞍がえし、第2次安倍内閣で文部科学省参与、文部科学大臣補佐官を務めた鈴木寛は、民主党政権の「大学改革実行プラン」、自民党政権の「国立大学改革プラン」の策定にかかわってきた。鈴木は、「第三次中期目標・中期計画の策定にあたって、これまでのいくつかある規定路線を1つにまとめて、国立大学に対して確認的、事務的に通知する性格のもので、なにか新たな政策方針を打ち出すものではありません」と弁明している[13]。

　「既定路線」のもっとも早いものは、2013年6月20日「今後の国立大学の機

能強化に向けての考え方」である。しかし、同文書は、「イノベーションを創出するための教育・研究環境整備を進め、理工系人材の育成を強化する」ことを柱の4番目に掲げるものの、人文・社会科学系の重視を述べているわけではない。ミッションの再定義を先行した実施した3分野中、教員養成系については量的縮小を行い、「初等中等教育を担う教員の質の向上のため機能強化を図る。具体的には、学校現場での指導経験のある大学教員の採用増、実践型のカリキュラムへの転換（学校現場での実習等の実践的な学修の強化等）、組織編成の抜本的見直し・強化（小学校教員養成課程や教職大学院への重点化、いわゆる「新課程」の廃止等）を推進する」と述べているが、これらの措置がなぜ機能強化になるのか、現状の何が問題かを分析しているわけではない。

国立大学法人評価委員会第48回総会に報告された「国立大学法人等の組織及び業務全般の見直しに関する視点」は、A4サイズ1枚に一覧表を含め5ページに過ぎず、「『ミッションの再定義』を踏まえた各分野における振興の観点」には、教員養成系の量的縮小と機能強化が述べられているが、量的に縮小しながら機能強化をどう図るのか、どこまで何を強化し、その方策は何かなどは一切説明されていない。他方、大学統合の論拠には、しばしばスケール・メリットと称し、規模が質を高めることが政府文書で挙げられているのに、教員養成の場合には、量的に縮小しても質を高めるという一貫しない主張が掲げられているのも興味ぶかい。人文・社会科学系も、「社会構造の変化や時代の動向に対応した融合領域や新たな学問分野の進展等の役割が期待されている」とするが、ディシプリンベースの分野の比率や、どのような融合領域が期待されているか、それがどの程度有効なのかは一切説明がない。そもそも大学の評価であれば、入試倍率や進学者数、就職・進学者の状況が、その分野のニーズや学部の意義を示す第1次的な指標のはずである。そうしたデータは全くないし、社会的要請に学術的価値が含まれるかどうかも議論されていない。評価委員会でありながら、評価は全く行われておらず、はじめから改組ありきの結論を是認したに過ぎず[14]、鈴木の弁明のように、既定路線であることをもって政策の妥当性を示すものでもない。問われるべきはこうした政策手法である[15]。

6 「国立大学経営力戦略」と組織改革

　文科大臣通知の翌週、文部科学省は、第3期中期目標計画期間中の改革方向をまとめた「国立大学経営力戦略」(2015年6月16日)を公表した。それは、(1)大学等の将来ビジョンに基づく機能強化の推進、運営費交付金で3つの重点支援、(2)機能強化のための組織再編、大学間・専門分野間での連携・連合等の促進、(3)学長裁量経費によるマネジメント改革、(4)意欲と能力のある教員がより高いパフォーマンスを発揮する環境の整備、(5)経営を担う人材、経営を支える人材の育成確保、(6)財務基盤の強化を柱にしている。

　機能強化は、2010年代の高等教育政策のジャーゴンになっているが、重要な変質が進行した。大学の機能強化については、2005年1月28日の中教審答申『我が国の高等教育の将来像』が、高等教育機関の多様化・個性・特色として、大学の機能別分化を進めることを提言したのがはしりであろう。それは、大学の機能を、①世界的研究・教育拠点、②高度専門職業人養成、③幅広い職業人養成、④総合的教養教育、⑤特定の専門的分野(芸術、体育等)の教育・研究、⑥地域の生涯学習機会の拠点、⑦社会貢献機能(地域貢献、産学官連携、国際交流等)の7つに分類し、「各大学は、固定的な『種別化』ではなく、保有する幾つかの機能の間の比重の置き方の違い(=大学の選択に基づく個性・特色の表れ)に基づいて、緩やかに機能別に分化していくものと考えられる」と述べていた。機関の自律的な行動が、「緩やかに機能別に分化する」のではなく、生き残り方策の結果として多様な機能を統合していくことも想定できる。そもそも、歴史的に、大学に研究と教育というコアな機能以外に、多様な機能が付加されたり[16]、伝統的な大学以外に、職業教育機関も大学化したりするという事実はあっても、機能分化して別な機関になるという事実をシステムレベルの現象として確認することができない。要するに、それぞれの機能に対応して競争的資金を提供することで、大学を機能分化させたいとする施策に過ぎない。しかし、重要なことは、機能的分化は、1960年代まで高等教育政策に登場していた機関の種別化とは異なっているものと政策的に主張されたことであろう。

ところが、2012年6月5日の「大学改革実行プラン」は、「＜機能強化＞」の項目で、「すべての国立大学の学部・研究科ごとのミッションを再定義、改革の方向性を明確化・予算の戦略的配分・重点支援により、『リサーチ・ユニバーシティ』群の強化、機能別・地域別の大学群の形成、イノベーション人材を育成する大学院の飛躍的充実など活力ある国立大学を目指す」と述べ、大学群という表現ではあるが、機関と機能を結びつけ、それを政策的に推進する方向を打ち出した。2012年8月24日の中教審教育振興基本部会「第2期教育振興基本計画について（審議経過報告）」は、これを取り入れた。ミッションの再定義作業が進むと、その振興策は、機能と機関を結びつけた種別化となり、2013年11月26日の文部科学省「国立大学改革プラン」は、世界最高の教育研究の展開拠点、全国的な教育研究拠点、地域活性化の中核拠点という3つのカテゴリーを採用した。当初の機能分化論は変質したのである。「国立大学経営力戦略」も、この種別化論を採用していた。
　また、機能強化のための組織再編としては、学内再編、大学間・専門分野間での連携・連合を掲げ、「教育課程の共同実施」、「共同利用・共同研究拠点」、「教育関係共同利用拠点」という連携方策をあげ、統合は組織戦略に入っていないことは注視しておきたい。『我が国の高等教育の将来像』と『学士課程教育の構築に向けて』で提示された大学間の連携がまだ存続しており、官邸主導の高等教育を丸呑みしたわけではない。

7　官邸主導の大学統合政策の登場

　ところが、組織改革として統合を進める志向は、依然として官邸主導の高等教育政策に顕在化しており、2015年6月30日の「経済財政運営と改革の基本方針2015」（閣議決定）には、「国立大学法人運営費交付金等の重点配分による大学間の連携や学部等の再編・統合の促進を図る」と書き込まれていた。2016年6月の「経済財政運営と改革の基本方針 2016 〜 600 兆円経済への道筋〜」（閣議決定）も同様な方針が書き込まれた。
　こうした方針を背景に、2017年3月6日、中央教育審議会に「我が国の高

等教育に関する将来構想について」諮問が行われ、文部科学大臣は、「国公私の設置者の枠を超えた連携・統合等の可能性」を検討することを求めた。早速反応したのは、2017年9月に発足していた国立教員養成大学・学部、大学院、附属学校の改革に関する有識者会議である。

同会議は、国立の教員養成系大学・学部の在り方について検討するために2017年8月に高等教育局長が設置したもので、数回の会議を重ねていたが、第5回（2017年2月22日）には、加治木主査が、それまで全く議論されておらず、第1回の会議で配布された「国立教員養成学部等をめぐって指摘される主な課題」にも挙げられていなかった大学再編の必要性を述べ、第6回（3月22日）には、「第5回までの意見をベースとした主な課題と対応策案」で「＜大きな方向性＞一部の教科の教員養成機能の集約・分担や、学部の教員養成機能全体の集約・分担、更には再編・統合も視野に入れた検討を進める」と整理され、第10回（8月1日）の「報告書案」には、統合再編が盛り込まれる運びになった。高等教育政策の多様なセクター間での同調性を示す良い事例である[17]。

2017年6月の「経済財政運営と改革の基本方針2017」（閣議決定）は、前年度よりさらに踏み込み、「少子化や経済社会の変化等を踏まえ、大学の組織再編等を促進するため、設置者の枠を超えた大学の連携・統合を可能とする枠組みや、経営困難な大学の円滑な撤退や事業承継が可能となる枠組みの整備に向けた検討を進める」ことを掲げた。

「経済財政運営と改革の基本方針2017」の審議過程でもっとも強く大学統合を提案したのは、第6回経済財政諮問会議（2017年4月25日）での「人材への投資に向けて〜大学改革を中心に〜」（伊藤元重、榊原定征、髙橋進、新浪剛史）文書である。同文書は、「小規模でも個性ある大学の機能・資産を活かしていけるよう、大学法人の経営戦略上のスケール・メリットを発揮できる環境整備が重要。設置者（国公私立）の枠を超えた経営統合や再編が可能となる枠組みを整備すべき（一大学一法人制度の見直し（国立大学法人）、設置基準の改正等を通じた、同一分野の単科大学間や同一地域内の大学間の連携・統合等）。また、経営困難な大学の円滑な撤退としっかりと事業承継できる制度的な枠組みを検討すべき」と述べ、諸外国と比べ、1大学あたりの学生数が少ないことから、

スケール・メリットを生かすための統合を主張していた。

　一般的には規模の大きい大学は、教員数や専門分野が多様であり、さまざまな組み合わせが可能で、新たなニーズに対応できる可塑性がある。しかし、単に量的な規模によるメリットは、高等教育研究では確認されていない。規模が大きくなれば、キャンパスの拡大や施設の拡大が必要で、教室の拡大は大人数講義の拡大をもたらす。規模による教育効果も経済効果も明確ではない。規模の経済は、範囲の経済を含めて理解されるのが普通で、総合大学の優越性もそこにある。そうであれば、機関単位での機能分化策はとるべきではないし、教員養成学部・大学の規模縮小策は誤りというほかない。ここでも、あるテーゼを主張するために、都合のよいデータのみを並べて説明する思考様式が表れている。

　中央教育審議会としての成案は、教育振興基本計画部会が策定した答申『第3期教育振興基本計画について』(2018年3月8日) が早い。「高等教育機関の連携・統合等」として、各地域における大学等への進学者数の将来推計と高等教育全体の規模についての検討、地域の高等教育機関・産業界・地方公共団体による「地域連携プラットフォーム (仮称)」の構築、国公私立の枠を超えた連携・統合を円滑に進めるための大学間での単位互換制度の効果的な運用、教員が一つの大学に限り専任となる原則の見直し、国立大学の一法人一大学制の見直し、学部・学科単位での事業譲渡の円滑化などの施策、経営悪化傾向にある学校法人に対しての行政指導が掲げられた。

　中央教育審議会大学分科会将来構想部会は、第13回会議 (2018年6月25日) で「今後の高等教育の将来像の提示に向けた中間まとめ」を行い、国立大学の一法人複数大学制の導入、私立大学の連携・統合の円滑化、国公私立大学の枠組みを越えた連携の仕組みなどを盛り込んだ。同時期、自民党教育再生実行本部は「第10次提言　高等教育部会次世代の学校指導体制実現部会　恒久的な教育財源確保チーム」(2018年5月17日　主査渡海紀三朗) が、同旨の大学連携・統合を提言した。この提言で興味深いのは、「わが国の大学システムが、社会の高度化や複雑化に対応した教育研究を行うためには、特定の専門性だけではなく、文理や個々の分野を超えた総合性を備えることが重要」

とイノベーションの見地からも重要な認識を示していることである。もっとも、そうであれば、機関単位の機能分化などはネガティブなはずだが、そうは述べず、「すべての教育研究を一つの大学で行う必要があるわけではなく、強みや特色を有する各大学が連携することで高度な専門性と総合性を確保することが可能」と述べて、再編統合や連携を打ち出すのだが、競争的関係に置かれている大学間で、なぜ可能になるのか、一切の説明なく、単なる願望を説明しているに過ぎない[18]。

経団連も『今後のわが国の大学改革のあり方に関する提言』(2018年6月19日)で、「将来の大学進者数減少や、赤字・定員割れ大学の増加等を踏まえれば、日本全体で、大学の研究・教育の質を維持・向上させるために、現在の大学数や規模を適正化することは避けて通れない。そのためには、大学間の連携や再編・統合を推進する必要がある」と述べた。定員割れの問題は深刻だが、深刻になった最大の理由は、第2次ベビーブーマーに対応した私立大学の臨時定員増を、当初の決定によらず、5割を恒常定員化したからである。定員割れ問題解消に大学の統合は不要であり、むしろ、別な問題を生起させる。遅まきながら、再開された都市部の定員規制には、企業アンケートでは反対が多いと述べ、90年代までの高等教育計画による定員管理が機能すればこれほど深刻化しなかったことへの認識と原因、構造への考察がなく、「こうすれば良くなる」という主張のオンパレードである。

「経済財政運営と改革の基本方針2018」(2018年6月15日)は、経団連提言でも評価されていた「国公私立の枠を超えた大学の連携を可能とする『大学等連携推進法人(仮称)』の創設」の検討も加えて閣議決定した。仮にこのような法人制度が創設されれば、文部科学省、総務省、地方自治体にまたがる連携法人の所掌がどこになるのか、その法的性格と機能が大きな論点になる。官邸主導の高等教育政策の下では、内閣府が所掌するという主張が出てもおかしくはない。

イギリスの大学は、公的補助を受けるが、法人格を有する公的存在として特定の省庁の付置機関ではない。大学は大学というだけで公的存在なのである。日本の大学は、国立大学の場合、戦後改革を経ながらも、国家行政組織

法上の施設等機関の位置づけを与えられてきた。国立大学法人化は、その法的地位を脱却し、自立したものとすると喧伝されたが、事実上独立行政法人の一類型としてしか運用されなかった。文言としては美しいが、「国公私立の枠を超えた大学の連携を可能とする大学等連携推進法人」のようなものが、設置されるとすれば、それは、文部科学省支配から官邸支配の大学スキームの形成へ、この10数年進んできたことの証になるであろう[19]。

注
1 「大学改革タスクフォースでの検討状況」中央教育審議会大学分科会第103回配布資料（2012年3月12日）。
2 文部科学省HP（http://www.mext.go.jp/b_menu/shingi/chukyo/chukyo4/siryo/attach/1322871.htm. 2018年7月10日アクセス）。
3 公立大学法人の一法人複数大学制度については、渡部芳栄「公立大学法人の制度的課題」『報告書　国立大学の多様な大学間連携に関する調査研究』（国立大学協会政策研究所、2014年7月）、pp.83-99。
4 内閣府HP（https://www.cas.go.jp/jp/seisaku/npu/policy04/archive05_09.html. 2018年7月10日アクセス）。岩田一政日本経済研究センター理事長、緒方貞子国際協力機構理事長、古賀伸明日本労働組合総連合会会長、長谷川閑史経済同友会代表幹事、米倉弘昌日本経済団体連合会会長による共同提案である。文書そのものは5ページに過ぎず、統廃合がなぜ必要なのかの説明も、統廃合に関する研究もデータも一切参照された形跡はない。思いつきの域を出ないのに大学統合が、安直に語られるという特徴はこれが最初でもなければ最後でもない。
5 文部科学省HP（http://www.mext.go.jp/b_menu/shingi/chukyo/chukyo4/siryo/attach/1318706.htm. 2018年7月10日アクセス）。
6 文部科学省HP（http://www.mext.go.jp/b_menu/shingi/chukyo/chukyo4/gijiroku/1321839.htm. 2018年7月10日アクセス）。
7 この政治手法は、一見「大人」のように見えて、エビデンスやデータ、効果の比較衡量を経ながら政策のレビューと形成を行う手順を欠き、高等教育研究と政策形成の関係を作れず、政策の質的発展を妨げている。
8 文部科学省配布資料「大学改革実行プラン等の概要説明会次第等」。
9 『文教速報』第7785号（2012年10月15日）。
10 「国立大学のミッションの再定義説明会（人文／社会／理／農／保健／学際／特定）」（文部科学省説明会配布資料）。
11 独立行政法人制度改革について、行政監視委員会調査室　西澤利夫『立法と調査　No.282　独立行政法人整理合理化計画の策定と実行〜制度発足から7年を振り返る〜』（2008年6月）、内閣委員会調査室中西渉『立法と調査　No. 357　独立行政法人

制度改革— 独立行政法人通則法改正法、同整備法の成立—』（2014年10月）参照。
12　国立大学法人化の際には、国立大学協会はもちろん、国立大学理学部長会議、国立大学農学系学部長会議、静岡大学人文学教授会、金沢大学理学部など40を超える大学団体・大学等の意見表明があった。今回大学界全体の意見表明が見られなかった理由には、第1に、教員養成大学・学部の場合、設置されていた新課程の処遇として学部化などの要求があったこと、第2に、国立大学全体にかかわる制度変更と、国立大学人文・社会科学系学部を対象にした制度変更との違いが統一的な意見表明を困難にしたこと、第3に、法人化の下で大学や学部の自律的な組織運営のポテンシャルが衰退したことがあげられる。最後の点は、法人化前後の国立大学長を務めた田中弘允・佐藤博明・田原博人『検証　国立大学法人化と大学の責任　その制定過程と大学自立への構想』（東信堂、2018年、pp.421-425）でも述べられている。
13　鈴木寛「『大学に文系は要らない』は本当か？下村大臣通達に対する誤解を解く（上）」（Diamond Online,2015.8.17https://diamond.jp/articles/-/76706. 2018年7月10日アクセス）。
14　2014年4月の国立大学法人評価委員会委員の経歴は、大学長・学部長5名、企業経営者・金融7名、公認会計士2名、コンサルタント2名、ジャーナリスト1名、経済団体役員1名であり、多様ではあるが、共通しているのは、誰ひとり教育研究を含む複雑な大学評価に関する研究と専門的知見を有している証拠がないことである。
15　文科省が、人文・社会科学の課題を列挙し、改組の必要性を説得しようとしたものに、「新時代を見据えた国立大学改革」（文部科学省高等教育局）がある。これは、2015年9月18日に文部科学省高等教育局長が第218回日本学術会議幹事会で説明した資料である。そこで採用されている論理は、イノベーションの必要性を列挙し（これ自体は一般的には否定されない）、人文・社会科学の課題を述べている各種文書（これ自体も一般的には否定されない）を並べ、組織改革の必要性（これ自体も一般的には否定されない）を正当化するものである。一般的には否定されない文書を並べたからといって、教員養成や人文・社会科学系学部の改組という具体的な政策が正しいということはなく、現在の教員養成や人文・社会科学系学部の果たしている役割と課題が明確になり、その課題を解決するための組織改組がどのような原則に基づくかを示さなければ解にならない。政策の合理性の重要な要素である比較衡量の視点が欠落している。また、この文書が論拠として挙げているのは、中教審答申など各種の政策文書であり、文部行政が根拠にする政策文書を根拠にするという自家撞着に至っている。

　審議会文書にしても引用が適切ではない。人文・社会科学系の課題について事例として挙げている『学術研究の総合的な推進方策について（最終報告）』（2015年1月27日科学技術・学術審議会学術分科会）は、学術研究の価値として、人類社会の発展の原動力である知的探究活動それ自体による知的・文化的価値の創出・蓄積・継承（次代の研究者養成を含む）、現代社会における実際的な経済的・社会的・公共的価値の創出、豊かな教養と高度な専門的知識を備えた人材の育成・輩出の基盤を挙げ、細分化された人文・社会科学の課題を指摘するものの、その解決課題として

は、研究費配分システムの問題、人文・社会科学系の評価方法、共同研究の推進などを掲げており、学部改組が課題であるとは、どのような解釈をしても読み取れるものではない。他の答申類も同様であり、研究発表なら主張と関係のない引用として批判される、学部生以下のレベルである。本当に、関係者はこの文書をまじめに作り、読み、議論したとすれば驚くべきことである。

16 「大学の目的と機能」『大学事典』（児玉義仁ほか編集、平凡社、2018年）。

17 有識者会議の議論は、教員養成大学・学部の規模が縮小され、小学校教員養成課程で全教科を教えるカリキュラムを提供することは困難であり、統合して質を高めたいという主張に沿って統合論が展開した。規模が縮小されたのは、今に始まったことではないが、教員養成系、人文社会科学系の組織改革の結果、新課程を中心とした教員が移動したことによる。教員養成学部の教員規模は70人台に減少し、現状でも教科中心の修士大学院を維持できず、かなりの教育学部大学院は、教職大学院に移行している。かつて、教員養成修士大学院が設置された時は、教育職員免許法の科目を満たすために、「教員養成に関する大学・学部の審査内規」に基づいて90名強の教員が最低数として配置された。しかし、新課程を教員配置でカバーすると、この内規を満たさないためか、『大学設審査内規集』に載せられなくなった。教員養成課程の質を、専門性を備えた教員の配置で保証することは放擲された。基準を維持して質を維持するのではなく、その時々の政策に応じて基準を変更するという行政的思考の根源を掘り下げることも研究的に重要である。同時に、こうした大状況への適応を優先し、教員養成課程の体系性と教科の指導力を衰退させ、起きてきたことの問題性を考察するよりは、部分的解としての統合を持ち出し、統合することによって都道府県単位の教育行政との乖離を招く問題性を検討しない教員養成関係者のマインドも掘り下げるべきである。大状況への視野を欠き、異議申し立ての一つもできずに、部分的な解に走る思考は、ご都合主義として切り捨てるには、あまりに悲しく面白すぎる。

18 自民党提言の主査・渡海紀三郎元文科大臣が、「座長を引き受けるにあたって、大学の歴史の本を読んだ。天野郁夫さんの「大学の誕生」など4冊だ。3冊半ぐらいで挫折したが…」（読売教育ネットワーク、異見交論47 「定員削減で、世界と競争する国立大学をつくれ」、2018年6月8日、http://kyoiku.yomiuri.co.jp/torikumi/jitsuryoku/iken/contents/47.php）と述べているのは、政策立案の専門性の欠落という点で興味深い。経済・産業政策の領域ではありえない独断的見解が高等教育の領域で流通するのは、高等教育研究の水準と努力の不足ともいえる。

19 官邸主導の政策形成が、内閣府による官僚人事権と連動し、行政権内部の分担管理原則を脅かし、行政の専門性とチェック・アンド・バランスを歪めている。これは高等教育政策だけでなく、日本の政治行政の問題として、社会科学全体が共有すべき課題である。拙稿「アルカディア学報629混乱にみち、根拠なき最近の高等教育政策」『教育学術新聞』（2018年8月号）。なお、牧原出『崩れる政治を立て直す21世紀の日本行政改革論』（講談社現代新書、2018年9月）は、政治学からの問題を剔抉した好著である。また、本稿脱稿後に、中央教育審議会答申「2040年に向けた高等教育のグランドデザイン」（2018年11月）が公表された。これについて、拙稿「将来構想答申をどう読むか―審議過程と連携・統合・アンブレラ方式―」『IDE現代の高等教育』550（2019年4月）を参照されたい。

第2部

大学の運営

第6章　大学組織の構造と管理運営
第7章　国立大学法人制度論
第8章　再論・国立大学法人制度
第9章　企業的大学経営と集権的分権化

第6章　大学組織の構造と管理運営[1]

1　経営的価値と学術的価値の調整

　日本の大学に現れている大きな変化のひとつは、ガバナンスとマネジメントにおける市場メカニズムの導入である。日本の大学は、政府統制が強いが、教職員は公務員の身分を持ち、基礎的研究費がある程度保障される国立・公立大学と、政府からの補助が少なく授業料をはじめ家計負担に依存するが、統制も弱い私立大学という二元的なガバナンスの構造を持っていた。90年代末からこの構造に大きな改革が加えられ始めた。経営機能を強化する改革が行われ（国立大学法人化2004年4月実施、公立大学法人化2004年4月実施、私立学校法改正2004年5月施行）、政府と機関間、機関内部での権力の移動・再配分が進行している。

　このプロセスにおいて最大の問題は、企業的大学経営[2]のもとで、多様な社会的ニーズに対応しつつ知的価値を創造し発展させる大学の使命をいかに維持し、公共財としての役割を果たすかである。OECD (2004) は、市場メカニズムのもとで高等教育機関が財政的に存続を果たすとともに、公共的役割をいかに果たすかに焦点を当てた。市場メカニズムにいかに適合するかだけでなく、市場メカニズムの失敗を予測・予防する調整メカニズムの確立も重要である。

　こうした状況での個別大学の課題は、経営的価値と学術的価値をいかに調整するかである。そもそも、組織の経営的価値とは、組織の持つ使命と生み出す価値を最大化し、組織の存続を図ることを意味する。しかし、経済組織においては、生み出す価値は交換価値としての金銭価格で表現できるため、

使用価値の側面は捨象されがちである。大学に企業的経営が導入されるということは、企業の経営的価値観が流入し、学術的価値との葛藤が生じることでもある。葛藤を乗り越える上で、大学組織が意思決定や価値判断を行う上で、大学の組織構造による大学運営観を明らかにしてみる。組織構造モデルの枠組みは、本書「はじめに」及び第2章で述べたように、Becher & Kogan (1992) の組織モデルを採用し、2006年3~4月に「大学の組織改革についての調査」を行った。調査票の関連部分は本章末尾に、調査票の回収状況は第2章注3に掲げてある。

2　大学の組織階層と大学運営に関する認識

　調査は、大学組織の構造を、機関、中間組織（学部及び学部以外の基本組織）、基礎組織（教育研究実施の単位である学科）の階層として捉え、それぞれの階層を反映する対象者として学長・部局長・学科長を設定し、ほぼ同じ設問を行い、比較することで、階層ごとの差異を明らかにすること、特に、大学運営に関する意見の相違を明らかにすることを目的とした。

(1) 大学の自律性は拡大しているか

　まず市場メカニズムにとって重要なのは、機関の自律性の拡大である。従来、法的には文教施設であった国立大学・公立大学が法人化され、私立学校法改正による経営機能の強化など、機関レベルの権限強化が進められてきた。その結果として、設置形態・階層（学長・部局長・学科長）を問わず、文部科学省及び教授会の権限低下（「弱くなった」＋「やや弱くなった」の合計、以下同じ）と学内経営機関（理事会・経営協議会・学長・副学長）の権限が強くなった（「強くなった」＋「やや強くなった」の合計、以下同じ）と見る傾向がある（図6-1～図6-3）。

　しかし、詳細に見ると、国立大学においては、文部科学省の権限は階層レベルが低くなるほど「強まった」との回答が多く、学科長レベルでは67.3%に達する。公立・私立でも同様の傾向にあり、機関内部での認識は一致していない。

第 6 章　大学組織の構造と管理運営　117

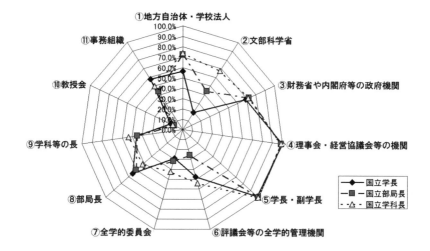

図6-1　大学運営で強化されたもの（国立大学）

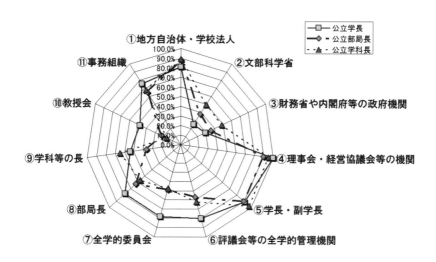

図6-2　大学運営で強くなったもの（公立大学）

118 第2部 大学の運営

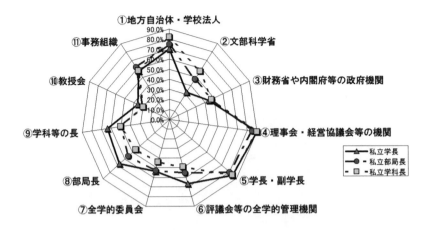

図6-3 大学運営で強くなったもの（私立大学）

表6-1 これから強化する主体・弱くする主体

	国立			公立			私立		
	学長	部局長	学科長	学長	部局長	学科長	学長	部局長	学科長
①地方自治体・学校法人	58.8%	54.3%	56.1%	52.4%	88.1%	72.0%	71.9%	52.7%	57.0%
②文部科学省	87.5%	89.2%	89.3%	80.0%	61.7%	89.6%	79.9%	84.5%	80.0%
③財務省や内閣府等	92.7%	89.5%	91.5%	87.6%	64.5%	90.1%	83.7%	87.0%	84.5%
④理事会・経営協議会等	100.0%	67.4%	54.3%	100.0%	89.2%	57.1%	88.1%	68.1%	51.0%
⑤学長・副学長	100.0%	79.3%	60.2%	100.0%	89.4%	73.3%	96.2%	86.4%	76.4%
⑥評議会等全学的機関	65.4%	86.1%	81.3%	66.7%	56.4%	72.3%	76.8%	80.9%	77.3%
⑦全学的委員会	51.0%	76.6%	79.6%	75.0%	51.3%	82.4%	76.8%	80.4%	83.3%
⑧部局長	79.2%	95.9%	82.1%	81.8%	62.5%	81.4%	89.6%	94.0%	81.8%
⑨学科等の長	60.8%	84.7%	81.5%	77.8%	63.9%	82.4%	80.4%	84.6%	81.5%
⑩教授会	81.2%	67.4%	72.1%	58.3%	77.5%	70.0%	62.9%	68.3%	77.3%
⑪事務組織	81.1%	65.7%	53.7%	86.9%	65.0%	56.2%	89.8%	70.4%	55.0%

その一方では、財務省や内閣府など他の省庁が強くなったとするのが国立大学学長では69％ある。また、公私立大学においては設置者(地方自治体・学校法人)の権限が強くなったとの回答がすべての階層で70％以上に達しており、機関への分権化が進んだとは見られていない。法人化が大学の自律性を拡大したのか、新たな政府統制かは議論の分かれるところであるが、現時点では、自律性が拡大していると受け止められてはいない[3]。

したがって、今後強める主体についても、設置形態や階層を問わず文部科学省や他省庁の権限を弱める意見が強く、公立大学部局長を除いては、依然として機関への分権化が課題であると回答している(**表6-1**)。分権化は依然として課題である。

(2) 機関内部の権限配分——設置形態を越えた階層レベルの反応

権限の問題は、政府ないし設置者と機関の関係だけでなく、機関内部の配分においてよりシリアスな状況を生み出す。調査で特徴的なのは、機関のトップである学長と基礎組織である学科長は、設置形態を越えてそれぞれほぼ共通する回答傾向を持つことである。

大学の権限の主体としては、①学内経営機関(理事会・経営協議会・学長・副学長)及び事務組織、②評議会・全学的委員会・部局長など部局代表、③教授会・学科長等の基礎組織の3つに区分できる。学科長は設置形態を問わずほとんど基礎組織の権限強化で一致し(**図6-6**)、学長は、教授会など基礎組織の強化は求めないが、評議会・全学委員会など全学レベルの同僚制を強化する点でほぼ一致する(**図6-4**)。ただし、国立大学長は教授会の強化に際立って否定的で、全学委員会の強化がさほどでない点が、他の学長と比べて異なる。

ところで、他の組織レベルに比べ、部局長の回答は国立と私立がほぼ共通しているのに対し、公立大学の部局長は設置者の権限を強化する回答が88％に達し、教授会の権限を弱める意見が77％を越える特異なパターンを示している(**図6-5**)。近年進行している公立大学改革は、法人化・統合・組織改組を同時に実施するドラスチックなものであり、首長のリーダーシップが強い。大学内中間層としての部局長は、設置者のリードによる改革と同僚的原

120　第2部　大学の運営

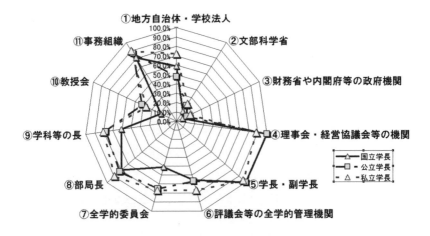

図6-4　強化する主体（学長）

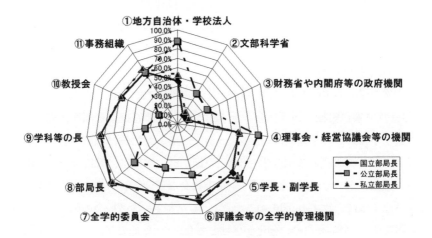

図6-5　強化する主体（部局長）

第6章　大学組織の構造と管理運営　121

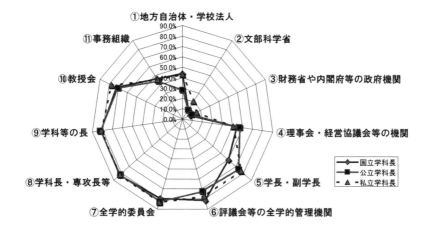

図6-6　強化する主体（学科長）

理で行動する教員との狭間にあり、調整機能を果たすのが困難な位置にある。その結果、学内経営機関や設置者に期待するという傾向を生み出しているのかもしれない。

いずれにせよ、機関の階層レベルによって規範が異なり、設置形態を越えた共通性があることが、このデータから裏付けられる。

3　設置形態別に異なる運営モデル

各組織レベルで共通する規範を持つなら、機関全体としても一致し、日本の大学の行動様式は均一になるはずだが、設置形態別に若干の相違があるため、累積した結果、設置形態別に組織レベル間の対立・合意が異なる。

仮に内部の権限配分のパターンを、《大学内官僚制》（学内経営機関＝理事会・経営協議会・学長・副学長及び事務組織の強化）、《部局代表制》（評議会、全学的委員会、部局長の強化）、《部局分権制》（教授会、学科長等の強化）に区分して（表6-2）、設置形態別に組織レベルの方向を検討してみる。その結果、グラフ化した図6-7～6-9が示すように、組織レベル間の対立が低く、合意が高いのが私立大学である。私立大学では、教授会の強化と理事会の強化、事務組

表6-2 設置形態・階層別運営モデル

	国立	公立	私立
学　長	官僚制	官僚制 部局代表制	官僚制 部局代表制 弱い部局分権制
部局長	部局代表制 部局分権制	官僚制 弱い部局代表制	官僚制 部局代表制 部局分権制
学科長	部局代表制 部局分権制	部局代表制 部局分権制	官僚制 部局代表制 部局分権制
対　立	学長》《部局長＋学科長	学長＋部局長》《学科長	学長；部局長；学科長

織の強化が相違しているほかは一致度が高い。

　公立大学は、学長と学科長が部局代表制や分権制の強化で一致しているのに、部局長が消極的で、設置者の権限強化を求めているというねじれた構造になっている(図6-8)。

　国立大学の場合は、部局長・学科長はほぼ同じ傾向だが、学長が部局分権制に否定的で、全学的委員会の強化も50％程度であり、内部的な相違が大きい(図6-7)。

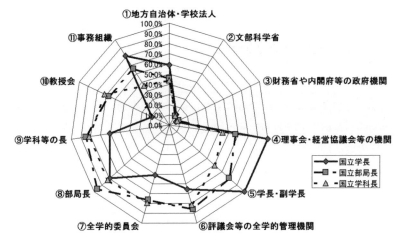

図6-7　これから強化する主体(国立)

第6章 大学組織の構造と管理運営 123

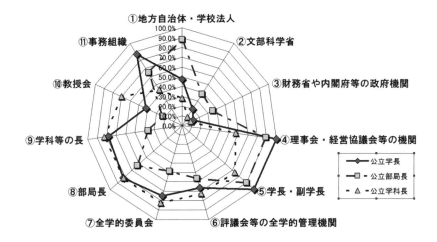

図6-8 これから強化する主体（公立）

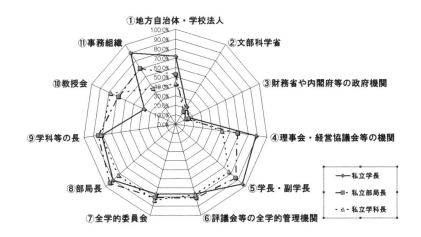

図6-9 これから強化する主体（私立）

4 今後の大学運営におけるファカルティの位置

上に見たようにもっとも大きな階層間の対立は、「教授会」の位置にあるといってよい。ところで、2001年にコーネル大学の高等教育研究センターがアメリカの4年制高等教育機関1,321を対象に、学長とアメリカ大学教授連盟（AAUP）の支部長あてに行った質問紙調査（回収率68.4％）では、ファカルティの運営参加は、70年代に比べて拡大しており、教員の大学運営参加が否定されているわけではないことが明らかにされている（Ehrenberg 2004、図6-10）。

周知のように、アメリカの大学において、大学の運営責任はまず法人格を持つ理事会が負うものであり、大学教員は被雇用者であった。それが、ドイツ大学の影響を受けるに従い、学問の自由の概念が広がり、AAUPが成立し、終身在職権による学問の自由の保障が進んだ。

さらに、第2次世界大戦後、理事会の素人支配が行き詰ったこともあり、ファカルティの大学運営参加が進んだ。アメリカの大学運営は、理事会・学長・教授団（ファカルティ）・学生がそれぞれ固有の権利を持ち関与するシェアド・ガバナンス（shared governance）として定式化されている（Gade 1992,

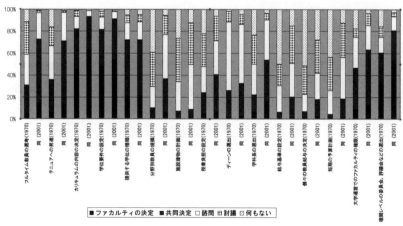

図6-10　アメリカにおけるファカルティの大学運営への参加（1970；2001）

Ingram and Associates 1993)。

　もちろん、ここでいうファカルティは、日本において学部に設置された教授会と同義ではなく、ファカルティの大学運営への参加は、教育研究事項はもちろん組織改革を含めて審議事項とし、学内意思決定の構造を分散化してきた伝統的な教授会自治と同じものではないが、運営形態への教員参加はアメリカにおいて現在も存続している。

　この点に照らすと、国立大学長が教授会の権限をいっそう弱める方向を支持し、法令上の機関である評議会、全学的委員会の強化に消極的でさらに権限の強化を求めていることは際立つ特色である。

5　一致する運営の方向と人材の選出

　このような権限強化の方向の相違は、運営全体にどのような影響をもたらすだろうか。今後の運営の方向（戦略的研究の強化など設問1～6）、運営人材（管理運営の選出・方法など設問7～11）、運営の方法（人事政策及び組織改廃など設問12～17）について質問した結果、運営の方向として提示した戦略的研究、個人研究の強化、産業界との連携など現在のトレンドには、設置形態・組織レベルを問わず80％以上が賛成し、違いはないことがわかった（図6-11～6-13）。一般論は葛藤がないということであろう。

　また、運営人材についても、選挙によらない管理者の選出には、私立大学長が50％弱賛成するほかは否定的であるのも共通する。私立大学の場合は、学長は理事会による任命という構造を反映していると思われる。学生の運営参加も、学長では3分の2以上が賛成し、国立大学学科長が50％以下であるほかは過半数が望ましいと考えている。管理業務に外部の専門家が参加することには、国立大学長が76％強望ましいと考えるが、私立大学では学長・部局長とも50％未満で望ましいとまでは受け取られていない。むしろ、内部の教職員の開発が強く望ましいとされており、すべての設置形態・組織レベルで80％を越えている。

　選挙による人材選出と設問4－1におけるファカルティの位置づけを総合

126　第2部　大学の運営

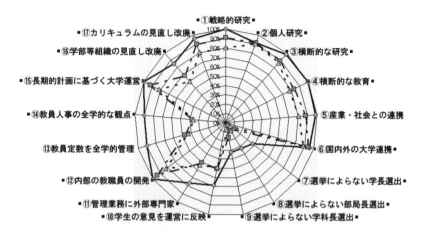

図6-11　大学運営の方向（国立・階層別）

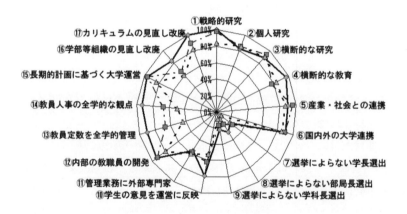

図6-12　大学運営の方向（公立・階層別）

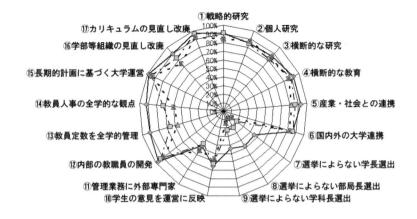

図6-13 大学運営の方向（私立）

すると、構成員の合意と参加に基礎を置くボトムアップの大学運営が否定されているわけではなく、大まかには教授会に象徴される直接参加型の運営から、選出された管理者が権限を行使する代表制への移行が望ましいとされていると考えられる。ただし、依然として部局や学科においては直接参加への支持も強く、組織レベルでの葛藤は大きい。比較的葛藤が少なく機関全体としての合意が成立しているのが私立大学であるということができよう。

6　根深い対立──人的資源と組織改組

ところで、ガバナンスが外部環境に対応する能力を持つ上での中核は、人的資源管理であり、その権限がどこに帰属するかが最大の問題である。人的資源は高等教育機関において資金の過半を占めるもので最大の資源であると同時に、運営の方向に掲げた事項を実現する上で不可欠なものであり、それを具体化するとすれば人的資源が機関レベルで掌握されなければならない。

また、資源が有限で運営費交付金の恒常的削減がある以上、全学的な組織運営の中核課題は、人件費政策・人的管理であるといってよいだろう。しか

し、一般的な方向・政策について設置形態・階層間で一致しているにもかかわらず、こうした方策については、組織レベル間で対立があり、特に国立大学では根深い。全学的な教員定数管理は学長の約90％が望ましいと考えているが、部局長では47.1％、学科長では42.4％にとどまる。

公立・私立大学も程度の差はあれ、組織レベルでの対立はあるが、注目できるのは、部局代表制・部局分権制も含めて同僚制に基づく大学運営について合意の高い私立大学が、これらの全学的な人的資源政策に合意が高いことである。学科長も56％が支持し、「望ましくない」とするのは約12％に過ぎない。「全学的な観点での人事の実施」も学科長の59％が「望ましい」とし、国立の学科長が35.4％であるのと対照的である。ただし、「何ともいえない」と留保する回答も多く、運営の方法として提示した施策に関しては流動的である。

7 大学類型間の相違

大学運営の様式が、機関の歴史・伝統、規模などによって多様であることは、よく知られたことである。70年代のアメリカにおける包括的な調査研究は、大規模でプレステージの高い機関ほど、デパートメントへの分権化が進んでいることを報告している（Baldridge et. al. 1978:8 以下）。先の大学類型によって、今後強化すべき運営主体と運営の方向がどのように異なるかを検討してみた。なお、単科医科大学は回収数が少ない上に独自な傾向を示すので省いた。

強化すべき運営主体については予測に反し、部局長・学科長の回答はほぼ同一傾向であり、大きな差はない（図6-14～6-16）。しかし、学長の回答を見ると、回答数は少ないものの、総合大学は部局分権制、部局代表制に否定的であり、むしろ単科大学が同僚的原理を重視しているという傾向があった。単科大学の場合は規模も小さく、一体的な運営が志向されるのは了解できるが、大規模研究大学における学長が分権化を志向していないことは興味深い。

大学類型の差が大きいのは運営の方法である。部局長の回答では、教員定

第6章 大学組織の構造と管理運営　129

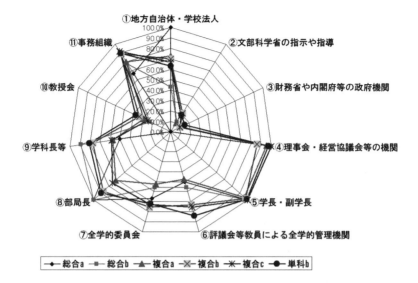

図6-14　これから強化する主体（大学類型別・学長）

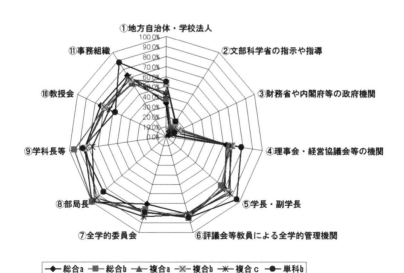

図6-15　これから強化する主体（大学類型別・部局長）

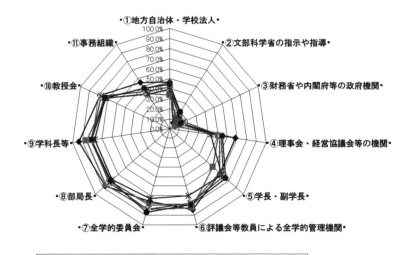

図6-16 これから強化する主体（大学類型別・学科長）

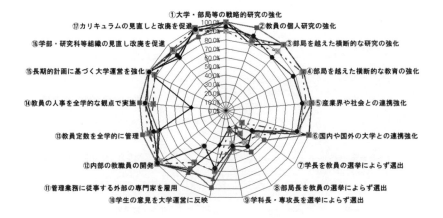

図6-17 今後の方向（大学類型別・学長）

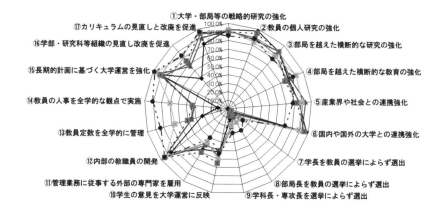

図6-18　大学運営の方向（大学類型別・部局長）

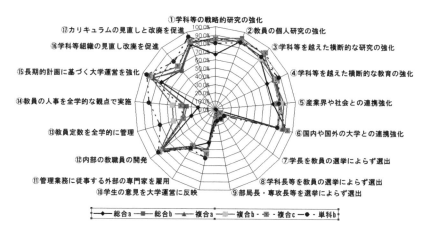

図6-19　大学運営の方向（大学類型別・学科長）

数の全学管理、教員人事の全学的観点での実施、組織の見直し改廃について、類型間で大きな差があった。総合大学でプレステージの高い類型ほど全学集中化に積極的でなく、複合大学bや単科大学では積極的である。単科大学で90％を越えるのは単一学部だからだろうが、複合bでは約70％に達する（図6-18）。もちろん、ここには私立大学が多数含まれており、その回答が反映

しているともいえる。権限強化の主体と教員人事権とが分離する回答になっていることをどう考えるべきか。

また、学科長の回答からは、総合大学aにおいて、学科を越えた横断的な教育や研究、学科等の戦略的研究に対してやや肯定度が低いことが指摘できる(図6-19)。総合研究大学では基礎組織単位での教育研究活動の強固さが現れていると考えられる。

8 結び

以上検討してきた結果は、設置形態や大学の規模・類型を越えて強固な機関内部の組織レベルによる規範の存在である。Kogan & Becher(1992)モデルは、日本の大学の組織構造を説明する原理としても妥当である(第1章参照)。こうした対立構造のもとでトップダウンで実施される政策は、実効性が乏しいことが予測される。このような対立を調整し、統合するガバナンス機能が求められる。以上のデータから指摘できることのひとつは、官僚制・部局代表制・部局分権制を並存させ、ファカルティの参加を組み込んでいる私立大学の方が、部局を越えた資源活用について合意が高く、組織変動に対する戦略的行動への可能性を含んでいるということである。

注
1 本章は、21世紀COEプログラム「21世紀高等教育システム構築と質的保証」(2002年度〜2006年度、代表 有本章)の組織班の研究成果である「大学管理運営の動向」『COE研究シリーズ27 大学の組織変容に関する調査研究』(2007年)をもとに、部分的な加筆を行ったものである。
2 「企業的大学経営」の定義は、第9章「企業的大学経営と集権的分権化」参照。
3 この評価は、初出原稿執筆時の2007年のものだが、法人化後14年を経た現在、法人制度によって自律性を拡大したと考える大学関係者は一人もいないであろう。法人化時の地方国立大学長であった3氏による田中弘允・佐藤博明・田原博人(2018)第11章参照。同書でも述べられているが、日本社会における「自治」概念には、行為者自らが他者の干渉なく決定することではなく、「管理された自主・自律」(p.425)を「自治」と強弁する場合がある。

参考文献

広島大学高等教育研究開発センター COE 組織班、2006、『大学の組織変容とガバナンスに関する研究報告書』。

田中弘允・佐藤博明・田原博人、2018、『検証　国立大学法人化と大学の責任　その制定過程と大学自立への構想』東信堂。

Baldridge, J. Victor, Curtis, David V., Ecker, George & Riley, Gary L.,1978, *Policy Making and Effective Leadership. A National Study of Academic Management,* Jossey-Bass.

Becher, T. & Kogan, M.,1992, *Process and Structure in Higher Education*, 2nd, Routledge

Ehrenberg, Ronald G. (ed.), 2004, *Governing Academia; who is in charge at the modern university?* Cornell University Press.

Gade, M. L., 1992,'Trustees, Boards of', in B. R. Clark & G. R. Neave, (eds.), *The Encyclopedia of Higher Education*, Pergamon Press.

Ingram, T. Richard & Associates.,1993, *Governing Public Colleges and Universities A Handbook for Trustees, Chief Executives, and Other Campus Leaders,* Jossey-Bass.

OECD, 2004, *On the Edge: Securing a Sustainable Future for Higher Education.*

21世紀COEプログラム
「21世紀型高等教育システム構築と質的保証」プロジェクト

大学の組織改革についての調査

[学長用]

Ⅳ．大学の管理運営

4－1 この5年間で、大学運営において、次のそれぞれの権限はどのように変化したでしょうか。また、今後、どの組織や機関の権限を強めるのが望ましいでしょうか。

	権限の変化				今後の方向			
	強くなった	やや強くなった	やや弱くなった	弱くなった	強くする	やや強くする	やや弱くする	弱くする
①地方自治体・学校法人	1	2	3	4	1	2	3	4
②文部科学省の指示や指導		2	3	4	1	2	3	4
③財務省や内閣府等の政府機関	1	2	3	4	1	2	3	4
④理事会・経営協議会等の機関	1	2	3	4	1	2	3	4
⑤学長・副学長	1	2	3	4	1	2	3	4
⑥評議会等教員による全学的管理機関	1	2	3	4	1	2	3	4
⑦全学的委員会	1	2	3	4	1	2	3	4
⑧学部長・研究所長・研究科長等	1	2	3	4	1	2	3	4
⑨学科長・専攻長等、部局を構成する組織の長	1	2	3	4	1	2	3	4
⑩教授会	1	2	3	4	1	2	3	4
⑪事務組織	1	2	3	4	1	2	3	4

4－2 今後、大学が教育研究の質を向上させていくために、大学運営においては、どの方向が望ましいとお考えでしょうか。次のそれぞれにお答え下さい。

		とても望ましい	ある程度望ましい	何ともいえない	あまり望ましくない	全く望ましくない
運営の方向	①大学・部局等の戦略的研究の強化	1	2	3	4	5
	②教員の個人研究の強化	1	2	3	4	5
	③部局を越えた横断的な研究の強化	1	2	3	4	5
	④部局を越えた横断的な教育の強化	1	2	3	4	5
	⑤産業界や社会との連携強化	1	2	3	4	5
	⑥国内や国外の大学との連携強化	1	2	3	4	5
運営の人材	⑦学長を教員の選挙によらず選出	1	2	3	4	5
	⑧部局長を教員の選挙によらず選出	1	2	3	4	5
	⑨学科長・専攻長を選挙によらず選出	1	2	3	4	5
	⑩学生の意見を大学運営に反映	1	2	3	4	5
	⑪管理業務に従事する外部の専門家を雇用	1	2	3	4	5
	⑫内部の教職員の開発	1	2	3	4	5
運営の方法	⑬教員定数を全学的に管理	1	2	3	4	5
	⑭教員の人事を全学的な観点で実施	1	2	3	4	5
	⑮長期的計画に基づく大学運営を強化	1	2	3	4	5
	⑯学部・研究科等組織の見直し改廃を促進	1	2	3	4	5
	⑰カリキュラムの見直しと改廃を促進	1	2	3	4	5

第7章　国立大学法人制度論[1]

はじめに

　国立大学法人制度が発足し、国立大学改革が行政改革と同時進行しているがゆえに、国立大学法人制度がはらむことになった問題点を指摘する声がある。しかし、歴史はわが国においては、国家機構の再編成と不可分に国立大学の制度改革が行われてきたことを示し、行政改革なしには国立大学の法人化はなしえなかったことは厳然たる事実である。それゆえに国立大学法人制度の理解は、90年代末から進行してきた21世紀型行政システム改革の評価と切り離すわけにはいかない。特に、法人制度への移行は、大学を権利義務の主体とし、行為能力を拡大すると喧伝されたが、高等教育が国家的システムとして学校監督行政の下にある限り、法人格の有無のみが単純に大学の裁量性を拡大するわけではない。主務省としての文部科学省の権限をはじめ高等教育に関する政府レベルのガバナンスの構造との関係で本来は議論され、検討されるべきものであった。これらの視点を欠落させた法人制度論は、ことがらの半分しか説明しておらず、これを法人化一般として国際的な動向の中に位置づけるのは学問的誠実さを欠く。たとえば、日本の法人化のケーススタディ報告 (OECD 2004:29) は、間違いではないが、正しいともいえない。

　国立大学法人制度の導入は、戦後行政システムを変更し、市場メカニズムの導入と分権化の促進といいうるかどうか、素描してみる。

1 法人化のプロセス—独立行政法人化への転回

(1) 国立大学と関係なかった独立行政法人制度

　もともと、独立行政法人制度は、96年1月発足の第1次橋本内閣において、首都機能移転に関連して、「中央官庁の政策立案部門と制度執行部門との間に適当な距離を設けることを基本とすべき」(自由民主党行政改革推進本部「橋本行革の基本方向について」1996.6.18) とされたのが端緒であり、大学制度と何の関係もなかった (並河 2000)。

　ほぼ同時期に、水野清 (衆議院議員・後に行革会議事務局長)・柳沢伯夫 (衆議院議員・当時行政改革推進本部事務局長) がヨーロッパ視察で、イギリスの行政改革の動向に接した時期からエージェンシーが関心を引き、10月の解散・総選挙で自由民主党「わが党の政策」に「エージェンシー (外庁) 化」が掲げられたが、本質的に行政の効率化を目的とする制度改革であり (田中・岡田 2000)、やはり、国立大学と結びつくものではなかった。

　しかし、行政改革会議 (1996年11月7日) が発足すると、第2回会議 (12月19日) に、国際的な水準を実現するために、研究・教育公務員の業務規制の見直しが必要であるとする議論が行われるなど、大学改革の手法として、エージェンシー (第15回から次第に「独立行政法人」の名称を使用) と結びつける動きが生まれ、これに対して国立大学協会は、「国立大学の在り方と使命に関する特別委員会」(委員長阿部謹也) を設置 (97年3月29日) するなど、設置形態論争が水面下で繰り広げられることになった (加古 2000、羽田 2002、中井 2004)。

　結局、1997年12月の行政改革会議最終報告は、独立行政法人化ないし民営化を選択しなかった。99年4月の「中央省庁等改革の推進に関する方針」でも、「国立大学の独立行政法人化については、大学の自主性を尊重しつつ、大学改革の一環として検討し、平成15年までに結論を得る」とあり、国立大学の法人化は長期的な視点で検討されることになっていたのである。

(2) 選挙公約、公務員定員削減と法人化

　ところが、国立大学の独立行政法人化の検討に向かわせた大きな契機は、

国家公務員の定員削減であったといわれる(田中・岡田 2000)。98年7月の参議院選挙で自民党は大敗し、橋本内閣が総辞職して退陣した後、小渕首相は所信表明演説で10年間の公務員定員10%減を掲げ、さらに99年4月の閣議決定で25%減まで拡大した(「国の行政組織等の減量、効率化等に関する基本的計画」)。これは、郵政省(公務員総数の36%)及び文部省(16%)定員の構造的再編なしには不可能であり、1998年から1999年にかけては、当時の有馬文部大臣と大田行政管理庁長官の間で、国家公務員の定員削減対象計画の中に国立大学を含むかどうかという論点と絡めて激論が交わされ、結局は、国立大学の独立行政法人化に向けて検討開始になることが合意になった[2]。

それが、広く大学に知られることになったのは、99年6月の藤田宙靖論文「国立大学と独立行政法人制度」(藤田 1999a)が、定員削減や行政改革との関連で、法人化するかどうかの判断は、2000年の前半までに行われなければならないと指摘し、6月の国大協第104回総会で公然と議論になってからであった(藤田論文は、おそらく被引用率では日本の法律学論文の歴史に残るのではないだろうか。各種の会議では繰り返し繰り返しコピーされた)。それまでは、国立大学長を含む多くの大学人は、具体的なスケジュールに組み込まれていることに気づかなかったはずである。

もっとも、99年の春には、旧帝国大学7大学の副学長会議が行われ、法人化に関連する検討を行っていたのであった。また、6月の国立大学協会総会には、名古屋大学松尾稔総長を委員長とする「国立大学の独立行政法人化問題に関する検討結果のとりまとめ」(松尾レポート)が配付され、実質法人化への道を歩み始めることは、国立大学協会執行部において了解されていた。

(3) 環境の変化——臨教審での法人化論議との異同

法人化の圧力に文部省が抗弁し、積極的な大学改革を約束して時間が繰り延べされる、というのは、臨時教育審議会のパターンであった(羽田 1993)。今回の法人化論議も、文部省の行動様式はそれと同じであったが、結果は違った。違いをもたらした最大の理由は、「中央省庁改革－地方分権改革規制緩和」という行政改革のステージにあった。臨時教育審議会の大学法人化論議以後、

高等教育行政は、大学設置基準の大綱化、大学評価制度の導入、国立大学の管理機構の整備などを進めてきたが、政府は、この間、3次にわたり臨時行政改革推進審議会(1983〜1993)を設置し、恒常的な行政改革を推進してきた。

その第3次臨時行政改革推進審議会最終答申(1993年10月)の提言を受けて、内閣総理大臣を中心とする行政改革推進本部が設置され(1994年1月21日)、首相の諮問を受けずに調査審議を行う監視機関として行政改革委員会が設置された(1994年11月9日)。

さらに、推進本部と行政改革委員会による行政改革推進体制は、1996年11月に発足した第2次橋本内閣において拡大され、行政改革会議を設置した。ここに、内閣総理大臣の直属機関として行政改革会議が国家機能及び中央省庁の再編を、地方分権推進委員会が地方への権限委譲、財源、地方行政体制を、行政改革委員会が規制緩和や官民役割分担を、それぞれ検討し、内閣総理大臣を長とする政府行政改革推進本部が全閣僚を包括して行政改革を推進する国家機構の再編そのものの検討体制が生まれたのである(行政改革委員会OB会1998)。

この三位一体の行政改革推進体制は、行政サービス実施の新たな機関である独立行政法人制度を生み出し、国立大学の法人化への道を掃き清めたのであった(羽田2002)。

かつて臨時教育審議会で国立大学の設置形態変更が論議になった際、臨教審が検討を付託した大学の組織・運営に関する研究会(座長、新野幸次郎神戸大学長)は、『大学の組織・運営に関する研究調査報告書』(1987年2月)で、「今のところ、行政法学や行政学の研究の現状から見る場合、特殊法人や第三セクター論の領域の研究はまだ始まったばかりであって、ただちに「大学」の受皿となる理論や概念は存在していないといわざるをえない。今後の検討課題というべきであろう」と結んでいた。

その課題は、文部科学省や高等教育研究者ではなく、10数年かけて行政改革論者によって準備されてきたのである。それゆえに、国立大学の法人化が「国立大学の独立行政法人化」として具体化が始まったときに、独立行政法人制度によって法人化の条件が作られながら、いかに独立行政法人制度か

ら脱却するかという苦渋の選択が始まった。

2 独立行政法人制度から国立大学法人制度へ——構造転換はなされたか

(1) 法人化のプロセス

独立行政法人化から国立大学法人制度の成立までは、おおむね次のような段階を経た。

①検討への開始から合意まで(1999年6月～2000年7月)
- 第104回国立大学協会総会における独立行政法人論議の開始(99年6月)
- 中央省庁等改革関連法、独立行政法人通則法成立(99年7月)
- 文部省「国立大学の独立行政法人化の検討の方向」提示(99年9月)
- 小渕首相の私的諮問機関・教育改革国民会議発足(00年3月27日)
- 自民党政務調査会「提言 これからの国立大学の在り方について」(00年5月)
- 国立大学学長研修会(37大学長)「国立大学の法人化に対する意見表明」(00年5月)
- 文部大臣、国立大学長・大学共同利用機関長等会議で国立大学の独立行政法人化説明(00年5月26日)

②独立行政法人化の検討と国立大学法人制度の構想まで(2000年7月～2002年3月)
- 国立大学協会「設置形態検討特別委員会・専門委員会」設置(00年7月)
- 文部省「国立大学等の独立行政法人化に関する調査検討会議」設置(00年7月)
- 教育改革国民会議中間報告「教育を変える17の提案」(00年12月22日)
- 『新しい「国立大学法人」像について』(中間報告)(01年9月)
- 『新しい「国立大学法人」像について』(02年3月26日)

③国立大学法人制度の法制化と成立(2002年3月～2003年7月)
- 国立大学法人法関係法案国会提出(03年2月)

- 国立大学法人会計基準等検討会議『「国立大学法人会計基準」及び「国立大学法人会計基準注解」報告書』(03年3月)
- 国立大学法人法関係法案審議開始(03年4月)
- 国立大学法人法関係法案衆議院可決、参議院送付(03年5月22日)
- 国立大学法人法関係法案参議院可決、成立(03年7月)

④国立大学法人への移行準備と移行(2003年7月〜現在)
- 国立大学法人評価委員会(03年11月)
- 運営費交付金問題(03年11月)
- 国立大学法人法関係施行令・施行規則制定(03年12月)
- 中期目標・中期計画素案の修正(04年1月)
- 法人法施行(04年4月)
- 中期目標提示(04年5月)

　独立行政法人及び国立大学法人制度そのものの仕組みについては、すでに各種の論考が検討しており、そのままでは大学にふさわしい組織になりえないことは共通の認識にあった。①の段階でもっとも早い国立大学協会の検討文書は、国立大学協会第1常置委員会『国立大学と独立行政法人化問題について(中間報告)』(以下第1常置委中間報告、00年9月7日)であり[3]、そこで示された論点は次のようなものであった。

(1) 企画機能と実施機能の分離：大学レベルの自主的な企画立案機能の確保
(2) 法人の経営機能と大学の教学機能の一体性
(3) 独自な立法形式：個別法は不十分、特例法か別個な法人法
(4) 教育研究の長期性：大学の長期方針の樹立
(5) 中期目標・中期計画における大学の主体性：
　(5)-1　主務大臣が法人に事前聴取し協議する義務、教育研究の自主性の尊重義務
　(5)-2　主務省評価委員会の評価に際しての第3者評価機関の評価結果尊重

(6) 効率性重視による教育研究阻害の抑制
(7) 法人化の単位：各大学ごとの法人
(8) 運営および運営組織：
　(8)-1　経営機能と教学機能の一体化
　(8)-2　役員として学長、副学長、監事
　(8)-3　最高審議機関としての評議会
　(8)-4　学長補佐機関として企画立案・意見調整を行う運営会議
　(8)-5　経営・教学についての助言・勧告機能を持つ運営諮問会議
　(8)-6　部局の重要事項審議機関である教授会
　(8)-5　大学の自律的主体性の保障
(9) 人事：
　(9)-1　学長や役員の選出における教育公務員特例法の原則の維持
　(9)-2　教員の人事における教育公務員特例法の原則の維持
　(9)-3　職員は国家公務員型
(10) 評価：
　(10)-1　大学の自己点検評価、外部評価の重要性
　(10)-2　主務省の評価は大学の自主性・自律性を尊重すべき
　(10)-3　評価委員会の評価は中期目標の業務改善状況に限定
　(10)-4　評価委員会による教育研究の直接の評価は不適当
(11) 財政：
　(11)-1　国立大学への財源措置を法律で明記
　(11)-2　中期計画に基づく財政計画の柔軟性
　(11)-3　長期目標・長期計画からの財政措置
　(11)-4　剰余金に対する自主的な運用（別枠の積立金）
　(11)-5　予算執行手続きの見直し
　(11)-6　基金等の設立
　(11)-7　独立行政法人会計基準の弾力化（企業会計原則、財務諸表）

これらの論点は、文部省による制度化の起点となった「国立大学の独立行

政法人化の検討の方向」(1999年9月20日)に盛り込まれた。立案過程は、最後までほぼこの論点に沿った作業が行われたことにも驚かされる。言い換えれば、当初から問題点は明らかであり、立案作業は技術的な性格が強かった。その最大の論点は立法形式であった。独立行政法人通則法の一般原則を離れた制度設計が可能か否かとする重要な条件であったからで、個別法では通則法の制約を免れず、「特例法」(たとえば、藤田1999a)か、別個な法人法(たとえば、石井2000)によるべきと考えられていた。

　この点は「国立大学の独立行政法人化の検討の方向」が「特例措置」をとることとしており、自民党政務調査会も「調整法(又は特例法)」とする提言を行い(「提言　これからの国立大学の在り方について」00年5月)、文部省は法人化への検討を開始することとした。

　検討作業は、文部省と国立大学協会でそれぞれ検討組織が置かれたが、事実上一体的であり、いわゆるグリーンブック『新しい「国立大学法人」像について』(02年3月26日)に結実したが、その基本構成は、第1常置委中間報告の論点整理に沿うものであった。つまり、国立大学法人制度は、国立大学内部において、法人化そのものへの懐疑から地方国立大学を中心とする抵抗はあったものの、文部省と国立大学協会との共同歩調によって基本構想が練られたのである[4]。

　ところで、結論として国立大学法人制度が独立行政法人制度からの脱却に成功したのか否かは微妙である。ノーベル賞受賞者小柴昌俊東大名誉教授が、法人化による商業化が基礎科学の衰退を招かないかと懸念し(2003年6月11日共同通信インタビュー)、佐和隆光京都大学教授がソビエト的統制計画制度と述べたように(2003年5月27日『朝日新聞』)、法人制度の評価は相反する視点から真っ二つに分かれている。

　その理由の第1は、国立大学法人法そのものが内包するあいまいさに由来する。大学の自己責任を拡大するように見えながら、一方では中期目標・計画に対する文部科学大臣の決定・認可権を明示し、かえって政府の関与を強化しているようにも見えることである。

　第2の理由は、国立大学法人制度も一部に組み込む行政改革、とりわけ内

閣府 (総合科学技術会議、総合規制改革会議) を核とした首相リーダーシップによる政策決定の推進によって、従来、高等教育政策を一元的に所掌していた文部科学省の位置が揺らぎ、法人に対する文部科学省の「保護」が揺らいでいることである。さらには、以上の帰結として平成16年度予算編成に際し、運営費交付金額と削減手法をめぐって財務省と国立大学協会・文部科学省とが対立したことに見られるように[5]、大学の自律性を確保する財源の規模と形態が不明確だからである。

3　「国立大学の法人化」か「国立大学法人による国立大学の設置」か

(1) 設置者管理主義と国立大学法人

いうまでもなく、法人格の付与はただちに組織の独立性を保障することにはならない。学校制度を維持するための設置認可、学校制度基準の法定などの学校監督行政と、設置者による管理権を含めて実体は決定される。特に、学校監督行政が、設置形態を問わずすべての大学をカバーするのに対して、設置者管理主義は国立大学を直接掌握するものであり、国立大学の設置主体が国 (文部科学省) から変更されるかどうかが重要な論点であった。第1常置委中間報告は、独立行政法人が大学を設置するという理解のもとに、法人経営の機能と教学経営との一体性を強調し、大学 (教学) の自立性に基づく運営を継続することを求めていた。

しかし、00年8月以降の検討では、国立大学協会内部でも法人が大学を設置することは経営・教学の分離につながること、法人が設置者となることで経費負担の責任も負うことになるが、経費負担は国の責任としながら管理は法人であることは、「虫が良すぎる話として世間の納得が得られるものか」などの意見が出た (00年10月25日　第一常置委員会拡大小委員会議事メモ)。経費負担が国でありながら管理責任は法人に属することこそが、独立行政法人制度のメリットだったはずだが、論理は揺らいでいるのである。

調査検討会議では、組織業務委員会「作業委員論点整理」(2001年1月30日) が、「見解A」(国を設置者)、「見解B」(国を国立大学法人の設置者とし、法人を

大学の設置者）とを併記し、その後、5月31日「組織業務に関する考え方の方向（案）」は、「国を設置者とすることを原則とする方向で検討する」ことを明記したのである。この結論の背景には、民営化への懸念があった。01年5月11日の参議院本会議で、小泉首相は、民主党・新緑風会小林元議員の質問に対し、「国立大学でも民営化できるところは民営化する…というこういう視点が大事だ」（第151回国会参議院本会議会議録　第23号）と答弁し、調査検討会議でも紹介されている。

　設置者＝国、国立大学＝法人とする構想は、グリーンブックにおいても採用されたが、法人法案は内閣法制局段階で修正を受け、最終的には、設置者である国立大学法人が学校である国立大学を設置することになった。その理由は、わが国の学校教育法制上、学校に法人格を与えていないことから加えられた修正といわれている。国立大学法人が国立大学の設置者であっても、国立大学法人自体が国の組織であることは明らかであって、国の財政責任は消失するものではない[6]。しかし、国立大学法人に準用される独立行政法人通則法第46条は、「政府は、予算の範囲内において、独立行政法人に対し、その業務の財源に充てるために必要な金額の全部又は一部に相当する金額を交付することができる」とし、国の財政責任を緩和し、国立大学法人の財政責任が強化されたことも明らかである。

　反面、管理責任も明確になり、国立大学の自律性は強化されたともいえるが、一方では、政府の運営費交付金支出を、中期計画実施の財政的担保として捉え、一種の契約関係として説明する見解も示された。遠山国務大臣は、「国は当該中期計画の実施を確実なものにする必要があるわけでございます。そのために、所要の運営費交付金等を措置することが求められております。このように、国立大学法人の策定する中期計画については国が一定の責務を負う、担うということになるものであります。そのために、必要最小限度の関与として、文部科学大臣が認可することとしたものであります」（2003年4月16日、衆議院文部科学委員会）と述べていた。ここでは、いったん、法人の自律性が法的に確認されながら、政府の財政投入が新たなアカウンタビリティを課するという、きわめてパラドックスに満ちた政府－大学関係が提示され

たのである。

　国立大学協会は、「国立大学法人と国立大学の一体的な運営が確保されており、また、国が国立大学に対して引き続き財政的責任を果たす趣旨が示されている。さらに、学校教育法の改正規定により、国立大学における教育研究は国と国立大学法人とが協力して推進することが明示されており、これらにより国立大学に対する国としての責任が明確に示されている」（平成15年7月14日）という見解を示したが、財政的責任の論理が異なっていることへの言及が不足している。

(2) 国立大学法人法の整合性

　ところで、最終段階で加えられた修正の結果、国立大学法人法には、大きな矛盾が生じた。法第22条は、国立大学法人の業務の範囲を規定し、「1. 国立大学を設置し、これを運営すること」、「2. 学生に対し、修学、進路選択及び心身の健康等に関する相談その他の援助を行うこと」、「3. 当該国立大学法人以外の者から委託を受け、又はこれと共同して行う研究の実施その他の当該国立大学以外の者との連携による教育研究活動を行うこと」など7項目を掲げたが、この中に、国立大学における恒常的な教育研究活動が含まれているとはいえない。第1号は、教育研究機関としての大学の設置と運営を定めているのであり、運営とは、教育研究活動そのものではなく、「団体、機関その他の組織又は機構がその機能を発揮するようにそれを活動させて働かせていくこと」（高辻ほか 1996）である。第3号も、委託研究と当該国立大学以外の組織や個人との連携による教育研究活動を定めており、通常の教育課程に基づく教育活動や、教員が国立大学の財源によって行う基礎的研究活動を業務として規定しているのではない。

　したがって、第30条に定める「教育研究の質の向上に関する事項」などについての中期目標及び計画は、教育研究が国立大学の業務であって法人の業務でない以上、大学の教育研究活動全体を対象にしているとは直ちにいえない。

　そもそも国立大学法人法は、「国立大学を設置して教育研究を行う国立大

学法人の組織及び運営」(第1条)を定める法律であって、教育研究組織としての国立大学の組織を定める法律ではないのである。同法で定めている業務も、法人の業務であって、教育研究組織である国立大学の活動を直接定めるものではない。私立大学の場合、私立学校法は、学校法人についての組織・運営を定めている法律であって、教育研究組織である大学は、学校教育法など関係法令に基づき、各法人が学則によって定め、設置認可を受けることによって制度化される。同じように、国立大学法人においても、設置者としての国立大学法人と教育研究組織としての国立大学とが分離されている以上、法人法の枠組みが規定するのは、あくまでも法人の運営(経営)についてである。

　もし、国立大学が直接法人格を持ったなら、国立大学法人の業務は教育研究活動として規定されたであろう。しかし、現行法制の枠組みに適合するように、法人(経営)と学校(教学)が分離されたので、法人業務と教育研究活動との関係には乖離が生じたのである。

　民主党桜井充議員の質問主意書(平成15年10月7日)と、それへの回答(内閣参質157第8号平成15年11月14日)は、国立大学の位置について興味深い内容を提示している。質問は、国立大学の設置者としての国立大学法人と国立大学を区別した上で、国が、中期目標・中期計画において国立大学の教育研究活動に関する目標と計画を求めたことについて、「文部科学省は国立大学法人を介さずに直接国立大学の業務を指示することにならないのか。また、国立大学と国立大学法人とを別にすることにより国立大学が政府から直接管理されることを防止できる、という制度設計の意義が失われるのではないか」というもので、これに対する回答は、次のとおり。

　　現在の各国立大学において行われている教育研究活動は、国立大学法人の成立後は、各国立大学法人の設置する国立大学において行われることとなるが、各国立大学で行われる教育研究活動の業務主体は、国立大学法人の成立前はその設置者である国であり、国立大学法人の成立後においては、その設置者である国立大学法人となる。

このような趣旨で、国立大学法人法〔略〕第22条第1項第1号において「国立大学を設置し、これを運営すること」を国立大学法人の業務として規定しており、国立大学において行われる教育研究活動は、当該国立大学を設置する国立大学法人の業務に含まれることとなる。〔略〕

この趣旨は、教育研究活動は国立大学法人の設置する国立大学で行われるから、国立大学法人の業務に含まれるという組織の包摂関係で説明している。だが、こうした説明が可能なら、国立大学法人が教育研究活動を行うと直接に定めるか、国立大学そのものを法人化できたはずである（しかし、教育活動を行えるのは学校のみである）。組織体として教育研究活動の主体は何かという問題に答えるものではない。また、このアナロジーを法人以前に類推適用すれば、「国立大学において行われる教育研究活動は、当該国立大学を設置する国の業務に含まれることになる」という説明になる。

同時に、この答弁は、国立大学法人が教育研究活動の業務主体であると述べたことで、教育研究に関する国立大学法人の権限と、実際に教育研究を行う教員の職務（学校教育法第58条）との関係、とりわけ、学問の自由の保障との関係を説明する必要性が生じたことになる。

(3) 法人と学校の区分について

学校に法人格を認めないことが、大学の自律性にとってプラスかマイナスかは即断できない（省庁所管学校で独立行政法人となった水産大学校などは学校＝法人）。経営と教学が区分されているがゆえの意味もあるからである。学校が法人格を持たないのは、学校教育法第2条第1項が、設置者として国、地方公共団体、学校法人を規定していることによると思われるが、それは、大学令(1918年)において、臨時教育会議の答申に基づいて、①官立大学、②私立大学、③公立大学が規定されたパターンをほぼ採用したものである。

では、なぜ大学令がこの3区分を採用したかというと明確な資料に欠けるが、臨時教育会議の議論が参考になる。会議で官立大学の法的地位に議論が及んだ際、江木千之は、ヨーロッパの大学は「公法人トシテ成立シテ殆ド国

家ト云フ公法人ト対立スルガ如キ傾キガアル」と述べ、「官立ノ大学ハ政府ノ一部局ニ過ギナイノデ或ル性質カラ申シマスレバ私立ノ如キモ初メヨリ政府ノ監督ノ下ニ成立シテ来テ居ルノデアリマスカラ、欧羅巴ノ大学ニ比ベルト其ノ点ハ余程性質ガ違ッテ居ルノデ」（大正7年5月3日、第16回総会）と述べ、会議は、行政機関である官立・公立大学の法的地位に関する論議を行わなかった。当時の国家法人説のもとで、官立大学に法人格を与えることを好まなかったのである。

ただし、大学令は、私立大学＝財団法人を原則とし、これに加えて財団法人が大学を設置するケースも認めていたから、大学の法的性格には、非法人と法人との2種類がありえた（大学令第6条「私立大学ハ財団法人タルコトヲ要ス但シ特別ノ必要ニ因リ学校経営ノミヲ目的トスル財団法人カ其ノ事業トシテ之ヲ設置スル場合ハ此ノ限ニ在ラス」）。

だが、実際に設置された私立大学はすべて財団法人が私立大学を設置する方法であった。たとえば、早稲田大学の場合、「財団法人早稲田大学ニ於テ大学令ニ依リ早稲田大学ヲ設立スルノ件　申請有之審査スル処規模設備大学トシテ適当ナリト認ム依テ之ヲ認可セントス茲ニ謹テ　宸裁ヲ仰ク」と申請している[7]。おそらく、それに先立つ私立学校令（明治32年8月3日、勅令第359号）が中学校・専門学校設立の場合に、「民法ニ依リ財団法人ヲ設立スヘシ」（第2条ノ2、明治44年7月追加）とされており、この規定で専門学校を持っていた財団法人が大学申請を行ったことによると思われる。

また、専門学校令（明治36年3月、勅令第61号）第3条、中等学校令（昭和18年1月21日、勅令第36号）第5条は、私人の学校設立を認めており、いずれも設置者と学校は区別されていた。私学の経営上も、法人が複数の学校を所有するほうが有利であり、実態としては、法人と大学の区分が定着していったと思われる。

戦後の学制改革で、学校教育法第2条の設置主体が3つに限られ、大学令にもあった学校＝法人を採用しなかった理由は、そう深いものではなく、国立学校・公立学校に私立学校を対応させた結果という（安嶋彌氏書簡による）。そうだとすると、戦前からの国立大学＝付属機関という法的性格が、学校法

人と学校の区別を固定化し、国立大学の法人化は、その構造を前提としたために、国立大学法人による国立大学設置という形態でなされたことになる。

4 目標・計画・評価

(1) 企画立案機能と中期目標・計画における主体性

　形式上は、独立行政法人制度の事前統制が存在するとしても、実質大学の自律性を保障する要点は、中期目標・中期計画の作成・認可手続きの設定にあった。『新しい「国立大学法人」像について』は、国の高等教育・学術研究に係るグランドデザイン等に基づいて、各大学が教育研究の基本理念と長期目標・計画を策定すること、それを具体化する中期目標は、文部科学大臣が各大学の原案を「尊重」し (p.46)、「大学の教育研究の特性に配慮して定める」(同) こと、中期目標に基づいて各大学は中期計画を作成し、文部科学大臣が認可するが、中期目標及び中期計画の策定と認可には、国立大学評価委員会の意見を聴取することで、文部科学大臣をコントロールしようとしていた。これらの点は、中期目標についての大学の意見聴取と「配慮」(国立大学法人法第30条) に修正、トーンダウンして規定された。

　その点では、国立大学側の意見はほぼ採り入れられ、国立大学法人評価委員会においても、「各大学の自主性・自律性の尊重、教育研究の特性への配慮」が前面に掲げられ (「国立大学法人の中期目標・中期計画(素案)についての意見」2004年1月28日)、目標・計画への文部科学大臣の意見は、法律改正など文部科学大臣の責任において実行できないことなどに限定され、実際の中期目標の設定と計画認可も、大学との摩擦なく行われた模様である[8]。

　ところで、今後顕在化する問題は、国としての高等教育グランドデザインとの関係である。個々の大学の目標と計画の適否を判定するデザインがないのだから、平成16年の時点では判断しようがなかったとも言える。高等教育のグランドデザインは、中教審・科学技術・学術審議会を横断して設置された大学改革連絡会において、2001年秋から話題にのぼり、2002年9月17日の中央教育審議会第11回大学分科会で議論が開始され、2004年9月9日に

『我が国の高等教育の将来像（審議の概要）』が公表された。それは、高等教育の機能分化と大学における機能分化と個性化を提唱しており、そのオーソライズの仕方によっては、次期計画立案過程において国立大学の目標設定・計画認可を通じた種別化が促進されるかもしれない[9]。

　また、重要なことのひとつは、国立大学法人の企画立案機能は、国の企画立案機能を前提として制度化されたことである。国立大学協会第1常置委員会中間報告においても、「国家的学術政策の企画立案のほかに個々の大学レベルの自主的な企画立案機能が確保されなければならない」と指摘し、国の企画立案機能を前提としていた。中央省庁改革は、政策調整機能、政策評価機能の強化を目指し、文部科学省高等教育局の各課（高等教育企画課、大学課、専門教育課、医学教育課、私学行政課）の事務には企画業務が明記され、文部科学省の政策立案機能と企画機能が強化され（大木 2000）、これに対応して国立大学が実施組織としての役割を帯びることになったのである。以前にも、科学技術基本法に基づく科学技術基本計画はあったが、これらは科学技術など特定の分野に限定され、大学の教育研究活動全体を規定するものではなかったし、大学審議会答申は、文部省の教育政策形成に位置づくもので、国立大学に対して拘束性を持つものではなかった。文部科学省の企画立案機能の明確化と、国立大学法人の企画機能及び実施機能の役割は、グランドデザインの確定とともに問われることになろう。

(2) 評価——効率性と教育研究

　目標・計画は評価の在り方と一体のものである。独立行政法人制度は、主務省と総務省による二重の評価によって、業務実績の評価に基づく組織の改廃・改善を含む措置を制度化しているが、国立大学法人は、このスキームをほぼ組み込み、①国立大学法人評価委員会の業務実績評価（法9条、教育研究については大学評価・学位授与機構〔以下NIAD〕の評価）、②総務省政策評価・独立行政法人評価委員会の評価（法35条により通則法32条の準用）を制度化した。その具体的内容は、国立大学法人評価委員会、大学評価・学位授与機構国立大学教育研究評価委員会[10]によって定められた。このほか、③自己点検・

評価(学校教育法69条の3①)、④認証評価(同条②)、⑤専門職大学院の認証評価(同条③)は、国公私立大学を問わず、義務化されている評価制度である。

なお、総務省政策評価・独立行政法人評価委員会は、業務評価の方法等について意見を公表するとともに(「平成13年度における独立行政法人の業務の実績に関する評価の結果についての第2次意見－独立行政法人評価の厳格性・信頼性の向上のために－」2002年12月26日)、評価委員会の役割として、法人の事務・事業の改廃勧告を行うことを改めて確認している(政策評価・独立行政法人委員会決定、2003年7月1日)。この方針は、当然国立大学法人に及ぶものであり、他の独立行政法人と同じ評価の枠組みが実際に適用されるかどうか、課題である。

ここで問題のひとつは、教育研究にかかわる評価がNIADの評価によることとされている点である。教育研究の評価は、専門分野の識見とピア・レビューに基づく以上当然ともいえるが、日本の高等教育行政で使用されている「評価」という用語は、歴史的には多様な起源を持つ概念の区別を明確にせず使用される傾向がある。

山谷清志(1997、2002)は、公共政策に導入されている評価活動は、会計学や会計検査(auditing)、財務監査(financial auditing)に起源を持つ業績検査(performance audit)と、政策の影響を調査する評価研究(evaluation research)とがあり、両者の機能・役割の違いを指摘する。元来Auditingは、法令や手続きの遵守を通じて確保されるアカウンタビリティ(説明責任)を担うものであったが、アカウンタビリティ概念が行政活動の経済性や能率性を対象にすることで、目標の達成状況をも視野に入れた活動を行うことになってきた。1980年代には、アメリカ・イギリスで、事業(プログラム)の結果を測定し、アカウンタビリティを問う方策が制度化された。サッチャー政権によるエージェンシーに対する業績測定、クリントン政権によるGPRA (Government Performance and Result Act, 1993)制定は代表的なものである。

この場合、政策や事業の達成状況を把握するために行われる方法が業績指標(performance indicators)であり、有効性の評価が論争をはらむため、効率性に重点を置く傾向がある。国立大学法人制度の業務実績評価、総務省の評価、

「行政機関が行う政策の評価に関する法律」による評価は、この系列に属する。

これに対して、評価研究は、政府の活動・プログラムが、社会環境にどのような影響を持つかを調査し、その評価結果に基づいてプログラムの改善を図るものである。この場合は、プログラムに関係のある専門家が知見に基づいてプログラムの是非を論じることが第1の目標で、指標は必要なく、その結果を政策にフィードバックすることが期待される。日本で90年代に始められた大学の自己点検・評価は、この系列に属すると考えられる。

また、認証評価は、主にアメリカで発達してきたアクレディテーションが典型であり、機関やその教育プログラムの水準を審査し、学位発行権などを与えることで高等教育の質の維持・向上を図るものである。認証評価で重要なのは、基準に対する適合性であり、業績評価は必ずしも必要ではない。

評価機関としてのNIADの機能・目的は、少なくとも大学の自己点検・評価に対する支援機能を中核とし、その後、認証評価の機能を付与するものとしての評価方法の選択が行われてきた。しかし、第三者評価機関の創設を提言した大学審議会答申(1998)が、資源配分機関の資源配分が評価情報に基づくべきこと、第三者機関の評価が参考資料の一部として活用されることとし、加えて国立大学法人評価の機能も付与されたため、資源配分に活用しやすい業績検査への接近をもたらし、場合によっては、改善努力を促進する評価機能への逆規定関係が生じかねない[11]。

評価に類似する機能として、監事による業務監査(法11条)がある。「監査」は、公益法人における財産状況監査(民法59条)、地方自治法における監査請求制度(地方自治法75条)、企業における監査役(商法273条以下)など組織に固有のものであり、「事務若しくは業務の執行又は財産の状況を検査し、その正否を調べること」(『法令用語辞典』第7次改訂版)をさす。

また、学校法人には役員として監事が置かれ、①学校法人の財産の状況の監査、②理事の業務執行の状況の監査、③監査結果に基づく不整を発見した時に所轄庁又は評議員会に報告、④報告のために必要あるときは、理事長に対し評議員会の招集を請求、⑤財産の状況又は業務執行の状況について理事に意見を述べること(私立学校法第37条)を職務としている。「不整」とは、民

法にいう「不正」より広義で、「不正」を含むと同時に、財産状況又は業務執行に調整すべき点が発見されたときに指摘し、報告する義務があるということである（福田繁・安嶋弥『私立学校法詳説』1950年）。

国立大学法人の業務は、教育研究そのものではなく、国立大学における教育研究活動が、適切に実行されるための経営作用であり、グリーンブックも、監事の行う監査対象は「基本的には各教員による教育研究の個々の内容は直接の対象としないことが適当である」（p.13）としており、教育研究活動は監査対象ではない。また、国会での説明では、「これは、法人の適正な業務運営を確保するために、財務内容等を含む業務の監査を行うことをその職務としているわけでございます。そして、その業務の中で実際に大学の運営ということがあるわけでございますから、運営全般についてのことも当然入ってくるわけでございます」（2003年7月8日参議院文部科学委員会、玉井日出夫総括審議官）と説明され、財務状況の監査も対象に含まれている。教育研究活動（いわゆる内的事項）が、監事の監査対象外であるといっても、国立大学の運営が国立大学法人の業務である以上、教員数の配分、予算配分など教育活動を進める物的人的計画は、国立大学法人の業務として監事の監査対象になり（いわゆる外的事項）、両者の中間に属する事項もあろう。この点は、教育に関する諸権限のうち、どの事項が法人に属し、どの事項が部局に属するか、あるいは両者の調整事項となるかを煮詰めていく必要があろう。

5 人事及び財政

(1) 教職員の身分及び人事自治権

職員の身分が「公務員型」か「非公務員型」かは、給与・採用・昇進・異動のルールや労働三権の適用に係る大きな論点であった。一般的に言えば、教育研究活動にふさわしい身分として公務員が妥当というわけではなく、身分保障や採用等の原則をいかに法令で規定するかによる。

国立大学協会第1常置委員会中間報告は、公務員型を望ましいとし、『新しい「国立大学法人」像について（中間報告）』（01年9月27日）は、非公務員型・

公務員型双方を併記していた。しかし、「非公務員型」は、再編された新しい政府組織の中で公然たる合意になっていた。同時期、産業構造改革・雇用対策本部「中間とりまとめ」(01年6月26日)、総合科学技術会議「平成14年度の科学技術に関する予算、人材等の資源配分の方針」、経済財政諮問会議「改革工程表」(9月26日)、経済団体連合会「国際競争力強化に向けたわが国の産学官連携の推進〜産学官連携に向けた課題と推進策〜」(10月19日)、第1回産学官連携サミット共同宣言(11月19日)、総合科学技術会議科学技術システム改革専門調査会産学官連携プロジェクト「中間まとめ」(同日)、総合規制改革会議「規制改革の推進に関する第1次答申」(12月11日)、科学技術・学術審議会技術・研究基盤部会産学官連携推進委員会「国立大学法人(仮称)における産学官連携の在り方について」(同日)などは、いずれも非公務員型を提言しており、公務員型はほとんど支持されていなかった。独立行政法人化が、もともと国立大学教員の兼職・兼業規制を緩和・廃止する議論が切り口であったことを考えるなら、こうした文脈で非公務員型が採用されるのは当然であったかもしれない。

　非公務員型の採用にともなって生じる最大の問題は、教育公務員特例法に根拠を持つ教員人事自主権の継続である。いうまでもなく教授会による身分保障は、教育公務員特例法によって創設されたというより、憲法上に根拠を置くものであり、私立大学教員にも及ぶものである(前橋地裁昭和63年3月11日判決など)。グリーンブックは、教員について教育公務員特例法下での教授会による自主権をほぼ継続する内容となっている。ただし、法令に定める基本原則と各大学で定める自主立法の部分及び実際の運用部分とが混在し、何が法令で規定されるか明確ではなかった。法人法でも学長の任命を「国立大学法人の申出に基づいて」(法12条①)行うとしたほかは、特段の明文化はなく、各大学における内部規程や就業規則の制定に委ねられており、その実態把握は重要な課題であろう。

(2) 財源確保と財務制度

　法人化をめぐっての最大イシューは、運営費交付金を中核とする政府財源

の形態と規模であったといってよい。国際的にわが国の高等教育費への公費支出の低さはよく知られており、国立大学協会・文部科学省・自民党は、法人化にあたって高等教育財政への支出拡大を求め、国会の附帯決議は、「法人化以前の公費投入額を十分に確保し、必要な運営費交付金等を措置するよう務めること」(衆議院)、「国公私立大学全体を通じた高等教育に対する財政支出の充実に努めること」(参議院)を求めたが、法人法に明記されなかった。

むしろ注視すべきは、90年代末からの高等教育に関する財政当局のシビアな認識である。財務省は、民間を含めた研究費支出は、すでに国際的な水準に達しており、政府負担額についても、科学技術基本法に基づく財政支出によって国防費を除くと諸外国に肩を並べる水準との認識をとっており(財政制度審議会「制度改革・歳出合理化の方策に関する報告」1998年12月18日)、2003年には、「我が国の極めて厳しい財政事情に鑑みれば、科学技術といえども聖域扱いされるべきものではなく、むしろ量的拡大から一層の質的向上へと軸足を移すべき」(財政制度審議会「平成16年度予算編成の基本的考え方について」2003年6月9日)と述べている。

さらに、高等教育財政に対する政府支出の低さについても、「教育費を公的部門が負担するか、家計が負担するかは、政府の大きさや受益者負担の問題とも関連し、各国国民が選択するもの」との意見を示した(財政制度等審議会 財政制度分科会歳出合理化部会及び財政構造改革部会合同部会配布資料、財務省「我が国財政の現状と問題」平成16年9月)。

総合科学技術会議は、文部科学省などが所管する7つの競争的資金を、評価体制の整備を含めて2005年度には総額6000億円に増額(2003年度は3490億円)する方向を打ち出している(「競争的資金改革について」2003年4月21日)。しかし、政府財政の厳しさもあって、第2期基本計画のフォローアップを通じて競争的資金の財源を確保できないことから、運営費交付金の削減を財源とすることも議論となった(2004年7月23日、第38回総合科学技術会議)。法人移行の直前、11月に財務省は、赤字財政と膨大な政府負債を理由として、2004年度の予算を削減しようとし、文部科学省や国立大学と争い、2003年度と同水準の予算配分が行われたが、経費節約目標として毎年1％減がかけ

られることになり、国会決議すら空洞化した。こうした動向のもとで、運営費交付金の配分と業績評価のリンクとその内容が今後大きな問題となる。

6　結び――法人化の歴史的意味

　公財政の投入を前提とした上で、法人化による組織体としての自律性を確保し、グローバルな経済競争のもとでの大学へのニーズに対応する制度的枠組みの形成、アカウンタビリティとオートノミーの調整原理の形成こそ、国立大学法人化の目指すべきものであった。ヨーロッパ・アメリカのように、国民国家による教育制度化の以前に大学が存続し、社会的公共性が、国家による制度化に依存しない国々では、大学の自律性を前提にしながら政府による財政投入を行う上での幅広い社会的合意が作られてきた。

　しかし、日本のように、大学が政府によって創設され、教育そのものが政府の独占事業であり、私立大学は国家の特許を受けてのみ可能となる制度原理を採用してきた国では、国からの自律性確保は、同時に公費投入の財源的根拠を失うというジレンマを抱えている。学校教育法第5条の設置者管理・負担主義と憲法第89条の公財政の支出禁止規定（アメリカ的レッセフェール）は、双方あいまって、一方には政府の保護・統制と手厚い財政援助を享受する公的高等教育セクターと、一方には、「自由」を享受しつつ、各種の統制を含めた財政援助が制度化される私立高等教育セクターという構造を形作ってきた。国立大学法人制度は、この基本構造に手をつけずに制度設計を行ったために、このジレンマを克服することはできなかった。法人制度が物語るのは、日本の行財政システムに埋め込まれたこの分厚い構造の制約性である。『行政改革会議最終報告』は、冒頭で「国に依存しない新しい公共性の空間」を作り出すことの重要性を強調した。それは佐藤幸治委員から提唱があったとされるが（坂野2000）、行政改革全体を貫く理念として当初から追求されたわけではなかったし、最後に語られるにしてはあまりに重く、切ないロマンティズムである。

注

1　本章は、「国立大学法人制度論」『大学論集』第35集(2005年)をほぼそのまま収録した。
2　公務員定員削減という外圧を避けるために、独立行政法人制度の検討に入らざるをえなかったというのはひとつの説明であるが、これほど大規模な定員削減が、単なる行政経費削減の手法として立案されること自体が疑わしい。国立大学の設置形態変更と郵政民営化の政治的圧力として、定員削減計画が立案されたという可能性もある。
3　委員長は阿部博之東北大学長ほか20名で、うち9名が文部省の調査検討会議メンバーとなり、法人の制度設計に関わった。
4　②の段階での検討作業に関し、文部省と国立大学協会に設置された2つの組織構成は同じで、調査検討会議は、大学関係者を加えると過半数を大学人が占めていた。

国立大学協会 「設置形態検討特別委員会」	文部省 「国立大学等の独立行政法人化に関する調査検討会議」
専門委員会A (法人の基本) 阿部博之東北大学長	組織業務委員会　主査　阿部東北大学長(5/16、その他7人国立大関係者；12/23)
専門委員会B (目標・計画・評価) 松尾実名古屋大学長	目標評価委員会　主査　松尾名古屋大学長(5/16、その他9人国立大関係者；14/25)
専門委員会C (人事システム) 梶井功東京農工大学長	人事制度委員会　主査　梶井東京農工大学長(5/16、その他8人国立大関係者；13/24)
専門委員会D (財務会計) 鈴木章夫東京医科歯科大学長	財務会計制度委員会　主査　鈴木東京医科歯科大学長(5/16、その他9人国立大関係者；14/25)

5　国立大学協会の意見として、「国立大学関係の予算の充実について」(2003年11月12日総会)、「運営費交付金の取り扱いについての要望」(2003年12月12日理事会)がある。
6　国の組織における独立行政法人の位置について、田中二郎(1955、p.187)による検討がある。現代国家の行政機能の拡大によって、国の行政機関以外による行政活動は普遍的現象であり、行政活動を行う各種の法人について、長谷部恭男(1998)、山本隆司(1999、2001)参照。
7　『公文類聚』第44編巻24、学事門。
8　ここで指摘しておくべきは、各国立大学法人が作成した中期計画の様式・項目が、文部科学省の示した文書によっておこなわれたことである。中期計画の記載事項は、法人法第31条4項と施行規則第3条によって定められているが、記載事項の下位項目を含めた計画そのものの内容を定めるものではない。計画作成そのものは法第31条第1項によって各法人が行うものであるにもかかわらず、法人としての自律性が、みずからの手で個性的な大学づくりのためにふさわしく貫かれていないのは残念なことである。

9 この予測は第3期中期目標計画で具体化した。第5章参照。
10 大学評論・学位支援機構は、2016年4月に国立大学財務・経営センターと統合して大学改革支援・学位授与機構になった。
11 なお、地方独立行政法人法が、第30条①の業務実績評価について、公立大学法人の場合は、認証評価機関の評価を踏まえると定めているのは(第79条)、認証評価に業績評価足るべきプレッシャーを与えるもので、認証評価制度の理解を疑問視させるものである。

参考文献

蟻川恒正、2002、「国立大学法人論」『ジュリスト』No.1222。
石井紫郎、2000、「学術公法人私案「独立行政法人」の対案」『ジュリスト』No.1178。
宇賀克也、2000、「特殊法人と独立行政法人日米比較」『公法研究』62。
大木高仁、2000、「文部科学省の組織編成について①」〜「⑬」『文部科学通信』No.15〜27。
岡村周一、1999、「行政改革の理念と現実;イギリスにおける行政改革の理念と実像」『ジュリスト』No.1161。
岡本全勝、2001、『省庁改革の現場から なぜ再編は進んだか』ぎょうせい。
岡本義朗・梶川幹夫・橋本考司、2001、『独立行政法人会計』東洋経済新報社。
岡本義朗、2002、「独立行政法人の業務運営及び財務会計制度に関する理論的考察」『中央大学経済研究所年報』第32号。
加古陽治、「「国立大学」が消える日」『東京新聞』(2000年2月11日〜17日)。
行政改革委員会OB、1998、『行政改革委員会 総理への全提言』行政管理研究センター。
坂野泰治、2000、「北大立法過程研究会資料 今次行革の特徴と評価－官僚の体験的視点から－」『北大法学論集』50－6。
髙辻正巳ほか、1996、『法令用語辞典』学陽書房。
多賀谷一照、1998、「独立行政法人論と行政制度」『季刊 行政管理研究』 No.82。
竹下譲、1997、「行政組織の改革－イギリスのシティズン・チャーターを事例に－」『季刊 行政管理研究』No.75。
田中一昭・岡田彰、2000、『中央省庁改革 橋本行革が目指した「この国のかたち」』日本評論社。
田中二郎、1955、『新版 行政法』中巻。
中井浩一、2004、『徹底検証 大学法人化』中央公論新社。
並河信乃、2000、〔土光会長秘書、芦田連合会長のアドバイザーグループの一人〕「外野席から見た中央官庁改革」『北大法学論集』50－6。
日本科学者会議、1999、『国立大学がなくなるって、本当?!』。
長谷部恭男、1998、「独立行政法人」『ジュリスト』No.1133。
羽田貴史、1993、「自由化論と公教育論の課題」『教育社会学研究』第52集。
──2002、「国立大学の設置形態と法人化」『21世紀型行政システム下における法人型大学財務の開発研究(中間報告書)』(代表茂里一紘)。

福家俊朗・浜川清・晴山一穂、1999、『独立行政法人　その概要と問題点』。
藤田宙晴、1999a、「国立大学と独立行政法人制度」『ジュリスト』No.1156。
――1999b、「国立大学の独立行政法人制度」（1999年9月6日、東北大学工学部講演記録）。
――1999c、「国立大学の独立行政法人化問題について」（1999年10月25日、九州大学との懇談会講演記録）。
三輪定宣・盛誠吾・日永龍彦（2004）「大学自治と国立大学法人化問題」『日本教育法学会年報』第33号。
山谷清志、1997、『政策評価の理論とその展開』晃洋書房。
――2002、「政策評価の視点から見た『教育評価』」（政策調査研究会『教育行政における評価手法の在り方に関する調査研究』）。
山本隆司、1999、「行政改革の今後の展望；独立行政法人」『ジュリスト』No.1161。
――2001、「行政組織における法人」（小早川光郎・宇賀克也『行政法の発展と変革』上有斐閣）。

OECD, 2004, *On the Edge: Securing a Sustainble Future for Higher Education.*

第8章　再論・国立大学法人制度[1]

1　問題の設定

　国立大学法人制度が発足して4年がたち、制度の実態についてかなりの情報が積み重ねられてきた[2]。中期目標期間の評価についてもガイドラインが示され（国立大学法人評価委員会決定「国立大学法人及び大学共同利用機関法人の中期目標期間の業務実績評価に係る実施要領」2007年4月6日）、国立大学法人制度の全体構造がようやく確定したといってよい。また、次期中期目標期間の素案も国立大学の参考として文部科学省から提示され、各大学に「国立大学法人の第2期中期目標・中期計画の項目等について」（平成20年9月3日事務連絡）が送付されたことで、各国立大学法人では次期中期計画の策定作業に入っている。

　一方、運営費交付金の配分は評価に基づき行い、第2期計画（2010年～2015年）に反映することが、「経済財政改革の基本方針2007」において確定した。このように、第2期の計画策定のロードマップが引かれているが、独立行政法人制度も国立大学法人制度も90年代から進行してきた行政改革の一部でもあり、その理念は、目標設定・計画策定・実行・評価によって行政活動を遂行するPDCAサイクルの確立であるとすれば、PDCAサイクルの本質は、制度そのものを対象とする評価の再構築も含むものであり、政策のメタ評価とそれに基づく制度改革こそ、あってしかるべきものである[3]。そもそも、国立大学法人制度及びこれに関連する評価制度は、パイロット研究もなく、明確な制度設計を欠いたまま、すべての国立大学が移行した。かつて、旧制高等教育機関を統合した新制大学への移行も一挙に行われており、混乱

は長く続いた。実験なく一斉に移行するのは、制度改革の日本的特質といえるかもしれない[4]。先行き不透明なまま法人が発足し、1サイクルが完結する時期を迎え、進行中の次期中期計画策定は、5年間の運用を踏まえた制度改革があって当然かと思われるが、国立大学法人制度そのものの改革論議はあまりに乏しく、天野(2008)のほかはほとんど見当たらない[5]。本論は、行政改革全般の動向を踏まえ、国立大学法人制度が、「国立大学の教育研究の特性に十分配慮するとともに、その活性化が図られるように自主的・自律的な運営の確保」(衆議院付帯決議)が可能となるための課題を検討する[6]。

2 行政改革とPDCAサイクルの確立

(1) PDCAサイクルの二重性

高等教育に関する日本の行政改革は、アングロ・サクソン諸国の行財政改革と同様、New Public Management (NPM) の導入を特徴とする。NPMは、理念型として専門的マネジメントシステムの確立、業績基準の設定と測定、政策企画・立案部門と執行部門の分離などの特徴を持ち(大住 2002:70)、《計画－予算－業績評価》のマネジメント・サイクルによって組織の目標を達成し、効率化を図るもので、組織運営の合理化を目指す一形態である。このサイクルは、フィードバック・ループとして《計画－業績目標－予算配分》と《業績測定－業績評価－予算査定》のループを結合したものである(同:71)。とりわけ重要なのは、トップ・マネジメントと下位マネジメントのフィードバック・ループの二重構造から構成されることである(新しい行政マネジメント研究会 2002:25)。すなわち、①トップ・マネジメントが下位マネジメントに対して具体的業務目標を付与し、②下位マネジメントは目標を達成する最適計画を決定、③下位マネジメントの実施状況をトップ・マネジメントの定めた方法によって成果測定、④その結果を目標や計画に反映といったループである。周知のように、このサイクルは、独立行政法人のマネジメント・サイクルであり、トップ・マネジメントは主務官庁、下位マネジメントは独立行政法人である。後で詳述するが、国立大学法人制度は、独立行政法人制度を原

型に大学の自立性を確保するための修正を加えて制度設計が行われたとされるが、独立行政法人制度の一類型にほかならず、中央省庁レベルのPDCAサイクルに組み込まれており、制度的には主務省における企画立案・計画策定のもとでの執行部門としての役割と、自立した組織体として企画立案・計画策定を行い、PDCAサイクルを形成し、さらに後に述べるように予算と評価の連携によって、三重のマネジメントサイクルを構成する性格を持っている[7]。ただし、大学の自律性強化という法人化の趣旨からして、トップ・マネジメントの役割は、独立行政法人と主務省との関係のように直接的関係ではないとされている。

しかし、注目すべきは、この間、政府レベルのPDCAサイクルが強化されていることであり、その結果は、下位マネジメントへの統制が強化され、団体自治の面からは機関レベルのマネジメントは、弱体化し強化にはならない。皮肉な言い方をすれば、日本におけるPDCAサイクルはマネジメントの強化ではなく、政府レベルのガバナンス強化が主眼であるといえる。国立大学法人も政府レベルのPDCAサイクルの下位に位置する以上、この制約は免れない[8]。

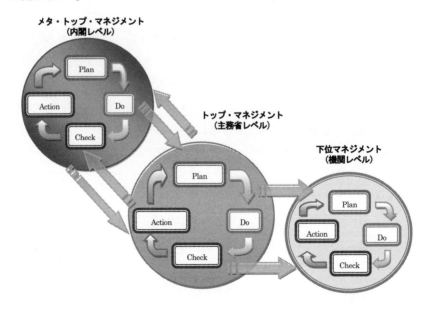

(2) トップ・マネジメントレベルのPDCAサイクル——予算と評価

2001年に中央省庁再編と独立行政法人制度が発足して後、2003年から経済財政諮問会議での議論をきっかけに、NPMに基づく予算制度・行政システムへの移行が検討され出した(田中 2005a、b、c、羽田 2006a:119-120)。その方向は、予算への政策評価の反映であり、予算による資源配分を媒介にして多様な評価を結びつけ、国全体の、すなわちトップ・マネジメントのPDCAサイクルを形成しようというものである。すなわち、①政策評価の質の向上(達成目標の数値化、客観的定量的な評価指標の導入)、②予算編成方式の改善(政策群の設定、予算書の表示科目の単位と政策評価の単位との対応、成果重視事業の設定)、③予算執行調査が並行して進められてきた。この予算改革の方向は、日本経済団体連合会の提言「財政健全化に向けた予算制度改革」(2008年4月15日)に見られるように、経済界の支持も受け、各省庁の政策と予算編成に影響を与えている。以下、政府レベルの予算と評価への連携が高等教育に対して与えている影響を概略する。

3　政府レベルのPDCAサイクルが高等教育に与えている影響

予算にリンクするものとして、予算執行調査の反映状況、モデル事業、政策群及び政策評価の活用状況は2004年度から閣議における予算政府案決定の参考資料として提出され、利用されるようになった。2006年度予算からは、「予算の質の向上・効率化」のために、上の4つに加えて、予算執行実績の反映、決算検査報告等の反映、成果重視事業の7項目の進捗状況が政府案決定の際に参考資料として提出されている(財務省主計局 2007)。この枠組みは2009年度予算政府案決定にも続いている。

(1)「予算執行調査」の影響

財務省の予算執行調査は、2002年4月から評価と予算を結びつける一手法として開始された。高等教育にかかわる主な事項は次の通りである(財務省主計局『予算執行調査の反映状況』毎年度)。

2004年度；科学研究費補助金について複数課題の受給状況及びエフォート（時間）配分管理の必要性指摘．国立大学の大型医療機械等整備に関し、予算措置額と契約額の差からコスト削減が可能と指摘し、特別教育研究経費における設備整備単価5.1％切り下げ

2005年度；大学改革支援プログラムについて、大学における事業定着の取り組みのため、財源措置を37.3％の大学が未定としていることを問題・財政支援終了後の事業継続性について申請段階の審査項目とすること、申請段階で各大学が定量的な成果目標を設定することなどを指摘

2006年度；補助事業に占める設備備品費の上限引き下げ・大学の自主財源充当努力の促進・私立大学等経常費補助について、評価の結果、定員割れ私大への補助金減額、経営改善大学へのメリット付与が改善課題となり、2007年度から定員割れ大学への減額と特別補助創設

2008年度；「国立大学法人運営費交付金」を対象に、博物館等施設の運営経費に運営費交付金が充当され、その比率が高いことから、有料化や利用者の少ない施設の廃止を改善課題とし、広報や兼務教員による協力体制などの効率的な運営に向けての検討

　大学改革支援プログラムに対する財源負担、科研費のエフォートなど、予算執行調査の結果は、機関としての国立大学法人全体を直接的に対象としていないが、直接に高等教育財政に影響を与えている。なお、2008年度に国立大学法人運営費交付金を対象にした調査は、対象はむしろ博物館の運営経費であって、用途に指定のない交付金の執行調査としては不適当ではないかとも思われるが、理論的には運営費交付金をも対象にした執行調査が可能であることを示すものとして重要な意味を持つ。

(2) 「政策群」の影響

　「政策群」とは、規制改革・制度改革と予算措置を組み合わせ、府省横断的な予算を統合して把握し、重複する施策や予算を削減し、府省が連携して政策遂行を行うとともに、民間活力を引き出すための方法として2004年度

予算から開始された。2004年度予算で10件の政策群を選定したのを皮切りに、2009年度予算では17群が選定され、その総予算額は約2兆3千億円に達している[9]。

特に、2005年度予算から「競争的研究資金の改革と充実」が政策群に登場し、各資金に応じた研究成果の量的評価指標を設定し、年度繰越など運用の規制緩和、重複した課題や特定の研究者への過度の集中の是正を進めている[10]。

高等教育財政の在り方は、2004年から大きく転換した。2004年5月17日、財政制度等審議会「平成17年度予算編成の基本的考え方について」が、「···教育・研究の質的向上を図るには、既存の機関補助による支援策から、国立大学間、国公私を通じた競争原理に基づく支援へのシフトを促進することが重要である」と述べ、中教審答申『我が国の高等教育の将来像』(2005年1月28日)が機能別分化論と、基盤的経費助成と競争的資源配分を組み合わせたファンディング・システムの構築を提言して以降、国立大学運営費交付金、私立大学経常費等補助金のような一般財源としての機関補助の比重を低下させ、大学の機能と対応した各種の競争的資金制度の獲得を促進し、機能的分化を図ることが大きな政策目標となっている。

国立大学運営費交付金に対する定率削減への対応策としても、各大学は、科研費をはじめとする競争的資金の獲得を戦略に掲げ、間接経費を機関への補充財源と位置づけるようになった。すなわち、競争的研究資金は、かつては研究プロジェクトの財源であり、教員の研究戦略を担保するものであったが、高等教育財政の変容によって、機関の現在の運営と将来の構想に影響を与える最大要因となったのである。

一方では、イギリスの事例に見られるように、研究資金の拡大は有力大学への集中化を招く。そこで、競争的資金改革は、研究資金の効率的・効果的使用の推進のための規制改革によって機関の財政運用の裁量性を拡大する一方では、不正防止策の策定・強化として新たな規制を加え、機関のマネジメントに負荷をかけるという、相反する影響をもたらしている。また、特定機関への集中化抑制策は現在のところ、その効果が表れているというデータはないが、実効性を持っていくとすれば、研究総合大学以外に資源を流入させ、

マネジメントの基盤を拡大することになる。

(3) 政策評価の活用

政策評価の活用として、高等教育予算に反映した事例は、以下のとおりである（主計局『政策評価の活用状況（政府案）』平成17年度～平成21年度政府予算案参考資料より）。

2004年度；国公私を通じた大学教育改革支援（特色GP等）に対して、大学の自主性を重んじた取り組みへの助成を抑制し、課題設定の緊急性・重要性に基づく重点的な配分を実施し、高等教育施策の誘導装置としての効果を高めるため、施策の反映、コストシェアを明確にした

2005年度；大学などにおける教育研究基盤の整備に対して、施設マネジメントや一部については民間からの資金調達を前提とした新たな整備手法を可能とすることとした

2007年度；大学知的財産本部整備事業に対して、特許出願数、実施件数、大学共同研究数などの成果目標の達成状況などから国際的な産学官連携事業の一部を認め、各大学の事業評価を通じ、効果の低い大学への削減を求めることとした

2009年度；科学研究費補助金に対して、必要性、有効性、効率性いずれの観点からも推進する必要性があるとし、不正使用等防止の取り組み等を徹底し、若手研究者を対象とした研究種目を中心に措置することとした

政策評価の活用は、政策群や予算執行調査の結果とも相互に補完しながら予算編成に影響を及ぼしている。このほか、成果重視事業は、定量的な目標を立て、事後評価によって成果を測定し、事業の性格に応じた予算執行の弾力化を行い、効率化効果を以後の予算に反映するもので、2009年度予算案では37事業2,367億円が計上されているものの、文部科学省所掌事業はまだ対象となっていない。

以上、この数年間で省庁縦割りのもとでの増分主義的な予算編成に変えて、

予算が対象とする事業について、省庁の枠を越えて横断的に事業を捉え、評価と予算編成を結びつけ、国レベルのPDCAサイクルを形成する動きが進んでいるのである。

4 国立大学法人運営費交付金の配分と評価との連動

(1) 経緯

2007年、国立大学法人運営費交付金をめぐって、世間の耳目を集めた政府部内の論争があった。2月、経済財政諮問会議において、「大学の努力に応じた国立大学運営費交付金の配分ルール」が検討されることが新聞報道されたことをきっかけに(2月27日「国立大交付金　競争型に」『朝日新聞』朝刊)、文部科学省と財務省の激しい論争が行われ、内閣府所属の総合科学技術会議、教育再生会議、規制改革会議も参加する論議が行われた。

論争の背景には、2006年9月に発足した第1次安倍内閣が最優先政策として掲げた「イノベーション25」の策定とあいまって、「経済財政改革の基本方針2007」に大学改革をどのように位置づけるか、研究予算をどう連動させるかが課題となったことがある。この間、政府関係会議の意見は一枚岩ではなかった。

経済財政諮問会議は小泉内閣時代に、府省利害を避けるため、民間議員による政策提言が慣行となり(竹中 2006)、民間議員によって、イノベーションの拠点としての研究予算の集中、大学・大学院のグローバル化と併せて、大学の努力と成果に応じた国立大学運営費交付金の配分ルールが主張された(伊藤隆敏・丹羽宇一郎・御手洗富士夫・八代尚宏「成長力強化のための大学・大学院改革について」2007年2月27日、第4回経済財政諮問会議配付資料)。

一方、文部科学省は「基盤的経費と競争的資金の適切な組み合わせによる財政支援の必要性」を主張し、運営費交付金の配分と評価とを関連させることに反対を示した(3月20日、経済財政諮問会議提出資料)。総合科学技術会議もイノベーションのための科学技術について検討しており、運営費交付金は大学の基盤的経費、その上で、研究機能は競争的資金や民間からの外部資金

で強化することを主張した(「科学技術によるイノベーション創出に向けて」有識者議員、相澤益男ほか、3月30日第65回総合科学技術会議)。その内容はほぼ文部科学省の主張に近い。

　教育再生会議では、一律な運営費交付金の削減を見直すことも含め、評価による配分の導入が強い意見としてあった(4月11日、教育再生会議第3分科会「高等教育財政；論点メモ」)。規制改革会議では、私立大学補助金を含め、評価を通じた配分の見直しが浮上していた(5月11日、規制改革会議教育・研究タスクフォース「教育と研究の質の向上に向けた大学・大学院改革に関する基本的考え方」)。

　もっともドラスチックな評価を主張する規制改革会議、私立大学補助金には言及しないが交付金を含めて評価の対象とする経済財政諮問会議、評価の結果によっては運営費交付金の増額もありうる教育再生会議、運営費交付金を基盤的経費として評価から除外する文部科学省、総合科学技術会議という構図となり、錯綜した状況にあった[11]。

　このため、4月23日の第7回教育再生会議では、経済財政諮問会議(伊藤隆敏)、総合科学技術会議(薬師寺泰蔵)、イノベーション25戦略会議(黒川清)、アジア・ゲートウェイ戦略会議(伊藤元重)、規制改革会議(八田達夫)による意見交換と調整が図られた。その結果、「基本方針2007」には、運営費交付金の配分も評価に連動させる内容が盛り込まれたのである。

(2) 論争の背景

　この論争は、財務省と文部科学省の論争でもある。同時期に、中央教育審議会での教育振興基本計画の策定(2008年4月18日答申)に、数値目標を明記し、教育予算の増加を図ろうとしたことに対し、財務省は『教育予算をめぐる議論について～事実に基づいた教育政策のために～』(主計局文部科学係、2008年5月)[12]を公表した。

　同文書及び財政制度等審議会財政制度分科会財政構造部会に提出された『文教・科学技術関係資料』に示された財務省の見解は、資源の投入ではなく成果を目標に設定することが重要であり、教育予算はすでに十分な規模に達しているというものである。国立大学運営費交付金については、大学の贅

肉をなくし骨を切っているという主張に対し、交付金の削減がどの分野の効率化につながり、あるいは遅れているかが不明であると一蹴し、教育研究に資する効果的な運営への刺激としても評価を踏まえた配分を主張している。

　財務省の主張の中には牽強付会な部分もあるが、成果目標を明確にし、評価を通じて改善と予算編成を行うPDCAサイクルの構築に沿ったものであり、交付金を基盤的経費として成果や評価の対象から除外するには、教育のための単位費用など基盤的経費足りうる算出根拠を明確にしなければならなかった。そもそも国立大学法人発足時の「国立大学法人及び大学共同利用機関法人の各年度終了時の評価に係る実施要領」(2004年10月、国立大学法人評価委員会決定)は、「評価結果を次期の中期目標期間における運営費交付金の算定に反映することができるものとなるよう留意する」と述べており、評価結果と運営費交付金の配分との関連づけは大学行政としても明記しているのである。基盤的経費としての運営費交付金を評価から除くのであれば、こうした実施要領を策定すべきではなかったのである。

5　国立大学法人制度の現状と課題

　以上は、トップ・マネジメントにおける動向であった。では、下位マネジメントに当たる国立大学法人制度はどうであろうか。同制度は、その発足時に大学の教育研究の特殊性に対応した制度設計が行われたと説明されていたが、その多くは独立行政法人通則法が準用され、総務省の政策評価・独立行政法人評価委員会の評価の枠組みに組み込まれており、独立行政法人の1類型である[13]。

　この点、注目すべきは内閣中央省庁等改革推進本部事務局から独立行政法人会計基準研究会委員として独立行政法人制度の設計に参画し、独立行政法人・政策評価委員会委員を勤めた岡本義朗氏が、原型である独立行政法人制度について分析を行い、積極的な改善提言を行っていることである (岡本 2007、2008)。

　岡本氏の指摘は、制度の「理念と実態の乖離」が大きいことであり、具体

的には、①複数の法人類型（行政代行型法人＝民間に委ねた場合には必ずしも実施されないおそれがある業務を実施、収益獲得型法人＝民間による実施も可能であるが、公共セクターが行うことが必要な業務を実施）に対応した制度の欠落、②公共性に疑問のある業務の存在、③組織の独立性が不十分、主務大臣の監督が存続、④補助金などによる法人裁量が及ばない業務の存在、⑤独立行政法人の自主性の制約（中期目標の設定プロセスに法人側の意向を反映せず、施設費補助金、区分経理の存在）、⑥機能しないインセンティブ（積立金制度）、⑦発生主義法人会計と現金主義予算との共存による混乱、⑧行政サービス実施コスト計算の意義についての認識不十分、⑨適切な実施が求められる業績評価など9点にわたり、ほとんど国立大学法人制度にも該当する。以下、岡本指摘をベースに国立大学法人制度の課題を検討する。

(1) 組織の独立性があいまいであること

文部科学大臣の中期目標設定は、国立大学法人の意見聴取と尊重、国立大学法人評価委員会の意見聴取を踏まえること（国立大学法人法第30条第3項）、中期計画の認可は評価委員会の意見聴取が義務づけられているが、拘束されず決定できる（国立大学法人法第31条第3項）。大学法人自身の戦略・目標と主務省の判断とのずれが生じた場合にどのように調整されるか不明である。

また、計画作成権は国立大学法人に属するが（同法第31条第1項）、第1期の際には、大学自身が計画の素案を求めた。その理由には、「初めての取り組みでノウハウがなかった」という便宜的な理由のほかに、「指針であると受け取り、参考にした」と主務省と大学との関係についての理解が不十分で、法人制度の趣旨が理解されていないものもある（国立大学協会調査研究部2007:13）。この結果、第2期についても文部科学省の提示した例示に従って作業が始まり、国立大学自身の手で計画策定のスキームは作られていない。

(2) 中期目標・計画のスキームとPDCAサイクルとは対応しない

マネジメントとしてのPDCAサイクルの確立には、①計画の目的・範囲の明確化、②評価対象事業の階層化（ツリーの作成）、③論理系図（Logic Tree）

の作成、④ログ・フレームの作成、⑤評価デザインの明確化、⑥評価の実施、⑦フィードバックの手続きが必要である (FASID 2004)。その最初のステップは、事業の階層化であるが、第1期の例示は、国立大学法人法施行規則(平成16年12月19日、省令第57号)に定めた事項以上に詳細な項目(「教育内容及び教育の成果等に関する目標を達成するための措置」など)を置いたため、一連の事業が分散し、統一的に実施するのが難しい。国立大学の中には、各種のマネジメント・ツールを導入し、効率的効果的な運営を推進しようと努力している事例があるが、中期計画・年度計画の項目が対応しないため、リンクが困難である (国立大学協会調査研究部 2007:29)。

PDCAのもとで重要なのは、実施組織がトップ・マネジメントとの間で目標について合意することであり、計画は目標達成の手段である以上、マネジメントが主体的に選択・決定し、目標を達成すれば十分なのである。計画まで認可の対象として、煩雑な手続きを置いていることは、管理運営の負担を増大させ、トップ・マネジメントによる下位マネジメントへの統制手段となり、国立大学におけるマネジメント・ツールの導入と普及を難しくしているのである。

また、評価のサイクル(当該年度3月から次年度9月)と計画策定のサイクル(前年度11月～3月)がそもそも対応しない。計画策定に入る時期は前年度11月から3月にかけてであるが、この時期は、まだ評価結果が出ていない。そして、評価結果が最終的に確定するのは次年度9月であるが、この時期はすでに次々年度の計画策定の準備に入っており、1年遅れとなる。予算と決算との関係も同様であるが、こうした計画と評価とのサイクルの断絶は意識されていない[14]。

(3) 計画・評価が業績評価に傾斜しすぎ、改善のための評価が位置づかないこと

日本で使用されている「評価」という用語は、「改善のための評価」と「アカウンタビリティのための評価」という本質的な相違が視野に入っていない(羽田 2006b)。

「アカウンタビリティのための評価」とは、目標に基づいた計画の達成度を測定し、上位マネジメントから認可された業務への応答責任を果たすもので、主として測定する対象は業績である。

　一方、「改善のための評価」においては、業績評価は必ずしも重要ではない。ビジネス分野でも、「改善のための評価」として重要なのは成果測定ではないと指摘されている。すなわち、「「成果重視の評価指標」からは、目標達成に取り組んできた組織の現状はわかるものの、いかにして目標に到達するか、これまでの進め方でよいかどうかは教えてくれない。…それに対して「プロセス重視の評価指標」は１つの成果を生み出した組織全体の職務や活動から求められる」（Meyer 1994）といわれている。これは、政策評価・行政評価・事業評価を通じての共通理解であり、政策評価制度検討の時期には情報として理解されていたが、評価といえば業績評価に傾斜した展開になっている。

　日本の大学評価では、原理と機能が異なる評価を区別せずに摂取・流布してきたため、国立大学法人評価にも「改善のために評価」と「アカウンタビリティのための評価」が混在し、しかも後者の性格が強い。

(4) 業績評価の視点・方法が不明確で、事実上各大学に丸投げになっていること

　業績評価としても、業績の定義や測定方法はあいまいだ。中期目標期間評価の方法を定めた、国立大学法人評価委員会決定「国立大学法人及び大学共同利用機関法人の中期目標期間の業務実績評価に係る実施要領」（2007年４月６日）、大学評価・学位授与機構「評価実施要領　国立大学法人及び大学共同利用機関法人における教育研究の状況についての評価」、同「実績報告書作成要領　国立大学法人及び大学共同利用機関法人における教育研究の状況についての評価」が公表され、すでに各国立大学では評価作業を行っている。

　教育の分析項目に「学業の成果」、観点として「学生がみにつけた学力や資質・能力」「学業の成果に関する学生の評価」を設定しているが、水準の判断は「関係者の期待にこたえているか」という主観的判断であり、研究もイギリスRAEを擬似的に導入し、「代表する優れた研究業績の選定」を入れて

いるが、具体的な測定や評価方法についての示唆がなく大学に丸投げである。大学の自己評価に委ねるといえば、自律性を尊重しているようにも見えるが、現に行われている評価をそのまま存続・再生産することになる。

　たとえば、論議を呼ぶ指標としてインパクトファクターがある。インパクトファクターはもともと学術雑誌の評価のために開発されたものであり、創始者であるガーフィールド自身が、個々の論文の質や研究者の業績評価として使用することの誤りを危惧して意見を公表してきた。さらに、最近も国際数学連合・応用数理国際評議会・数理統計学会による共同研究報告が2008年11月に公表され、インパクトファクターが研究分野の動向を反映していない確率が60％以上であるなど、誤用への警告を発してきた[15]。誤用の問題は、根岸・山崎(2005)によっても指摘されてきた。

　しかし、日本学術会議第5部報告「大学(工学部門)の研究業績の評価について」(2005年3月23日)は、インパクトファクターについて、それが学術雑誌の評価指標であることを明確にしながら、「そのような雑誌に掲載された論文は優れたものである可能性が高いといえる」と述べ、個別論文の業績評価に利用しうる可能性を示唆し、否定していない。

　こうした背景があるためか、独立行政法人産業技術総合研究所への評価では、「インパクトファクターの高い雑誌に投稿すること」という評価が行われている。評価者自身が必ずしも研究評価の専門的知識なく、評価活動が行われているのであり、言い換えれば、評価者自身が現存する評価文化の囚われ人なのである[16]。

　大学の研究評価を行うためには、こうした問題に対する研究と議論を通じたアカデミック・ソサイエティの合意形成が必要である。教育評価については、さらに研究蓄積はあいまいである。

　しかし、先の評価実施要領などを決定した国立大学法人教育研究委員会の作業の中には、教育評価や研究評価についての研究や議論が行われた形跡は全くない。各大学が評価手法の研究蓄積もなく教育研究の「業績」を提出することが説得力を持つのか疑問であり、さらに、具体的に成果を求める動向への代案になるのか疑問である。

(5) 計画・評価の視点が業績評価に傾斜しすぎ、国立大学の公共的役割が表現されていない

　そもそも、何を業績とみなすかは、組織の性格・役割・理念と関連するもので、一義的に決定されるものではない。利潤を追求する企業であれば、売上高や売上利益率が重要であろう。研究機関であれば、研究成果であろう。国立大学は教育研究機関であるから、教育の成果や研究成果となるが、それは設置形態に関係ないもので、逆にいえば公的に設置されている高等教育研究機関として、どのような公共的価値を実現しているのかという業績の定義が明らかでない。研究や教育の質的向上や世界的な拠点の形成は、アメリカの例でも明らかなように私立大学でも条件によっては持ちうるものであり、日本を代表する研究業績を産出することは、税金投入のアカウンタビリティとして求められるとしても、それを公共的性格と呼ぶには距離がある。教育の機会平等への寄与、地域社会への貢献、国際平和や国際連携への寄与など、国立大学として実現すべき公共的役割のあいまいさが、国立大学のアイデンティティの混乱を生んでいる[17]。

(6) 業績指標が共有化されていないのに、財務指標が過剰なこと

　計画の達成状況の評価に責任を持つのは、国立大学法人評価委員会である。同委員会は、財務分析を中心とした評価方法を検討し、管理会計的観点としての活用まで示唆する。たとえば、国立大学法人評価委員会国立大学法人分科会業務及び財務等審議専門部会第4回「国立大学法人の特性を踏まえた財務分析のあり方」(2005年6月22日)は、「2．財務分析結果の活用(例)」として、「(1)国立大学法人における活用　…財務状態等を把握し、自らの改善に資するため、管理会計的な観点から財務分析を活用することが考えられる。…年度計画の財務面からの実施状況について確認し、改善への計画立案に際しての具体的な数値目標を策定することが可能」とする。また、「財務分析結果の年度評価への活用(例)」では、学校法人会計基準のもとでの財務分析指標にもない「教員当り付加価値増加率((当年度教員当り付加価値－前年度教員当り付加価値)／前年度教員当り付加価値)」という指標すら提示している。

だが、財務会計と管理会計とは同じ性格を持つものではなく、むしろ過剰に財務情報が利用される恐れがある。企業会計が財務会計として構成されている理由は、利益など財務指標が株主など利益関係者に対する説明責任を果たすからであり、財務会計は外部に対する報告としての性格が強いのである。

もちろん、組織として維持される以上、財務の視点は重要であるが、内部の運営にとって必要なのが管理会計である。特に、国立大学法人は、教育、研究、社会貢献活動を業務とする非営利組織であるから、財務会計ではない管理会計が必要なのである。企業ですら財務分析のみで行う経営はありえず、サービス産業では管理会計として、時間管理を含むコスト計算を行う活動基準原価計算(Activity Based Costing)などを使用し(イネスほか 1997)、イギリスの大学では活用されている(山本 2004)。しかし、管理会計は法人制度として制度化されていない。

(7) 評価に基づく運営費交付金の算定・配分に関するルールも不明なまま、計画策定が行われていること

運営費交付金は、基盤的経費として定義されながら、計画の達成状況によって配分が変更されるという仕組み自体に矛盾があるが、移行時の算定方式に問題がある。運営費交付金は特別会計時代の収支差額方式での政府支出金額を前提に、大学設置基準の教員数をもとに、標準運営費交付金、特定運営費交付金として区分をたてたものである。

こうした算定方式は、研究所など学生定員を持たない組織を持つ大学が、政府支出金を多く投入されることになり、研究所を多く持つ旧帝国大学や、設置者である国の政策で教員配置を手厚く行ってきた新構想大学が運営費交付金の手厚い配分を受ける結果となっている。損益計算書の人件費と運営費交付金収益とを比較すると、教員人件費をすべてカバーし余裕のあるごく一部の大学と、人件費の60%程度しかカバーできない大学まで際立った格差がある。当然、学生1人当たりの教育経費、教員1人当たりの研究経費にも大きな差がある(羽田 2007b)。

たとえば、平成18年度財務を見ると、同じ教育大学でも、兵庫教育大学の学生1人当たり教育経費は44万8千円、福岡教育大学は10万4千円と4倍の開きがある。両大学では受託研究等収益や受託事業等収益では大きな差があり、教員1人当たり研究経費でも、兵庫教育大学85万6千円、福岡教育大学44万円という差があるものの（科学技術政策研究所2008）、教育経費にこれほど差がある理由は、両大学の財政基盤の差以外には考えられない。つまり、運営費交付金を基盤的経費として位置づけたといっても、その算定根拠は、法人以前の財政状態を継続する政治算術であり、その結果は、法人移行以前の格差を継続するものなのである。

(8) 政策評価・独立行政法人評価委員会の評価が財政面に傾斜しすぎている

政策評価・独立行政法人評価委員会は、国立大学法人評価委員会の評価に対するメタ評価的性格を持っているが、その評価が財政面に傾斜している。たとえば、「平成16年度国立大学法人業務実績評価に対する意見」（2005年11月14日）は、学長のリーダーシップ発揮の運営体制の機能の評価、財務諸表等の分析結果の積極的活用、附属病院の業務費用の把握、人件費抑制の方針等に沿った評価を行うことを求めた。国立大学法人評価委員会は、実施要領を2006年1月30日に改定し、学内コンセンサスに留意したトップダウンを削除、評価の共通観点に人件費等の削減などを明記した。

また、「平成17年度国立大学法人の業務実績評価に対する意見」（2006年11月27日）は、研究費の不正防止取組、人件費削減の取り組みの進捗状況の評価を行うことを求め、国立大学法人評価委員会は、共通事項の観点に反映させた。このように、政策評価・独立行政法人評価委員会の評価は、国立大学法人評価の視点・方法に影響を及ぼしているが、上に述べてきたような国立大学の公共的性格や教育・研究の質の向上に反映する評価は行われていない。

以上、国立大学法人制度の課題を列挙してきた。これらの課題は、行政指導によるもの、運営上で解決できるもの、省令などの委任立法で解決できるもの、法令改正が必要なものなどが含まれ、さらには、各国立大学法人の内部立法や大学団体である国立大学協会の自律的行動規範のレベルで解決できるもの、また、長期的な研究の成果によるものなど多様な内容が含まれているが、最大の問題は、経験と研究を踏まえて法人制度の改善を進める姿勢が大学や大学団体、政策に欠落していることであろう。

注

1　本章の初出は、「再論・国立大学法人制度」『東北大学高等教育開発推進センター紀要』4 (2009年) である。法人制度が発足したものの、機関に法人格を付与するだけで自立的な組織運営ができるわけではない。法人制度を取り巻く制度の現状と課題を把握するために、かなりまじめに行政資料を読みといたものだが、2010年代の政策決定は、こうした課題とは関係なく進行した。なお、高等教育におけるPDCAそのものの批判的検討として、佐藤郁哉「大学教育の『PDCA化』をめぐる創造的誤解と破滅的誤解（第1部）」『同志社商学』第70巻第1号 (2018年7月)、「同（第2部）」『同』第10巻第2号 (2018年9月)、佐藤郁哉編著『50年目の「大学解体」20年後の大学再生　高等教育政策をめぐる知の貧困を超えて』(京都大学学術出版会、2018年12月) がある。

2　国立大学・財務経営センター『国立大学における資金の獲得・配分・利用状況に関する総合的研究』2005年6月、同『国立大学法人の財務・経営の実態に関する総合的研究』2007年3月、同『国立大学財務・経営センター研究報告第10号　国立大学法人化後の財務・経営に関する研究』2007年12月、広島大学高等教育研究開発センター『COEシリーズ27　大学の組織変容に関する調査研究』2007年3月、文部科学省科学技術政策研究所『調査資料139　国立大学法人等の財務状況』2007年7月、同『調査資料150　国立大学法人の財務状況』2008年1月、同『調査資料153　国立大学法人等の個々の人材が活きる環境の形成に向けた取り組み状況』2008年3月などがある。

　また、国立大学法人制度に関する実務書としては、以下のものがある。トーマツ・パブリックセクターグループ編『国立大学法人の会計基準入門：必携』(清文社、2003年1月)、同文舘出版編『わかりやすい独立行政法人の会計：国立大学法人を中心として』(同文舘出版、2003年3月)、トーマツ・パブリックセクターグループ編『国立大学法人の会計基準詳解』(清文社、2003年11月)、あずさ監査法人パブリックセクター本部編『国立大学法人会計の実務ガイド』(第2版、中央経済社、2004年1月)、和田肇・野田進・中窪裕也『国立大学法人の労働関係ハンドブック』(商事法務、2004年3月)、新日本監査法人編『よくわかる国立大学法人会計基準：実践詳

解』（第2版、白桃書房、2004年7月）、堀川洋『国立大学法人会計入門』（税務経理協会、2004年7月）、新日本監査法人編『国立大学法人の会計と実務：図解でわかりやすいQ&A』（ぎょうせい、2004年8月）、新日本監査法人編『よくわかる独立行政法人国立大学法人連結・税効果会計：実践詳解』（白桃書房、2004年8月）、中央青山監査法人編『業務別国立大学法人の会計実務』（中央経済社、2004年9月）、佐藤誠二『国立大学法人財務マネジメント』（森山書店、2005年1月）、早田幸政編『国立大学法人化の衝撃と私大の挑戦』（エイデル研究所、2005年2月）、京都工芸繊維大学『国立大学法人の人事労務と財務会計：大学経営読本』（2005年）、兵頭英治編著『独立行政法人・国立大学法人の人材マネジメントの考え方：公務員法から労働法の世界へ』（ぎょうせい、2006年4月）、あずさ監査法人パブリックセクター本部編『国立大学法人の内部監査：東京大学における内部監査実践例』（第一法規、2006年1月）、佐々木毅『知識基盤社会と大学の挑戦：国立大学法人化を超えて』（東京大学出版会、2006年11月）、本間政雄『国立大学法人化と大学改革：大学改革現在進行中』（学校経理研究会、2005年4月）。

3 　政策評価のもとで、国立大学法人制度は、「文部科学省政策評価基本計画（平成14〜16年度）」（2002年3月28日）において、「政策目標3　個性が輝く高等教育の推進と私学の振興」の「施策目標　3-1大学などにおける教育研究機能の充実」中、「達成目標3-1-10（基準年度：15年度　達成年度：16年度）国立大学の法人化及び公立大学法人制度の創設により、各大学の自主概ね順調に進捗性・自律性を高め、国公立大学の教育研究の活性化を図る」とされている。この枠組みでは、国立大学法人制度は、政策目標を実現するための方策的位置づけを与えられていた。したがって、法人制度そのものが政策評価の対象となりうる位置づけにあったが、平成17年からの3カ年計画以降、達成目標からなくなった。

4 　矢内原忠雄は、新制大学制度発足間もなく、「制度の改革改編は一挙に断行し、実質的な補強は毎年の予算審議にゆだねるというやり方では、牛歩遅々として、結局国家的にも大損失であると思う」（大学基準協会1957、p.7）と嘆いていた。なお、韓国の大学法人化は、日本を参照したのか、選択的に移行する制度設計になっている（金美蘭「韓国における大学法人化」アジア・太平洋地域における高等教育市場化政策の比較研究プロジェクト第1回研究会、2008年5月26日）。

5 　独立行政法人制度に関しては、会計基準の策定に関与した岡本義朗（2007、2008）が積極的な提言を行っている。天野（2008）も国立大学法人制度の改革論まで踏み込んではいない。

6 　国立大学法人制度に関して、羽田（2005）、Oba（2007）参照。なお、国立大学法人制度を含む高等教育の市場化全般については、羽田（2009）参照。

7 　なお、国立大学法人の内部機構は大学によっても異なるが、国と国立大学法人の関係を国立大学法人と部局との関係に応用し、全学的な目標に対する部局の業務達成状況を評価によってコントロールする仕組みを取っている例も少なくない。この場合、マネジメント・サイクルは4重で構成されることになる。

8 　国立大学法人制度に関するいくつかの学長調査では、比較的法人化制度に肯定的

な傾向があった。しかし、これらの肯定意見は、予算繰り越しなどの弾力化や規制緩和にともなう組織改組の柔軟性の拡大、法人への移行による構成員の意識の変化など一過性の効果も反映し、法人制度を採用したがゆえに得られる固有の効果だけとはいえない。また、法人制度は、大学内における学長の権限を拡大したので、学長層は、部局長や教員よりも肯定的に法人制度を評価する傾向がある（学長・部局長・学科長など大学の階層ごとによる組織統合の違いについては羽田2007a参照）。また、法人化3年目に調査した『論座』2006年6、7月号でも財政基盤弱体化が指摘されていたが、財政問題は、その後、いっそう顕著になった。

9　毎年度の政策群については、政府案決定の閣議に提出される財務省主計局『参考資料（政策群）』を参照。

10　政策群の実行のため、競争的研究資金に関する関係府省連絡会申し合わせ「競争的研究資金の不合理な重複及び過度の集中の排除に関する指針」（平成17年9月9日）が定められ、府省間の情報交換、不正経理・受給への対応強化を指針としたほか、第3期科学技術基本計画（2006年3月28日閣議決定）においても、研究者情報を共有することで、競争的研究資金の集中化を避けるため、府県共通研究開発管理システム（e-Rad）の開発が進められ、2008年1月から稼働するに至っている。

11　なお、当事者である国立大学協会は、運営費交付金の配分と評価を結びつけることに反対する「国立大学に対する正しい理解と政策を求める」（4月11日）文書を公表し、関係者に送付したが、効率化係数による削減反対以上に運営費交付金の在り方として改革方向を提示するものではない。

12　この文書は30ページからなり、5月19日の財政制度等審議会財政制度部会財政構造部会に提出された133ページの財務省主計局『文教・科学技術関係資料』の一部をもとに編集されたものである。

13　独立行政法人通則法第32条第3項及び独立行政法人の組織及び管理に関する共通的事項に関する政令（2000年6月7日政令316号）によって、政策評価・独立行政法人評価委員会が設置され、各省庁評価委員会による各事業年度の独立行政法人評価に基づいて、独立行政法人に対して業務運営の改善その他を勧告でき、通則法第35条第3項によって中期目標期間終了後、独立行政法人の主要な事務及び事業の改廃を勧告できることになっている。この規定は、国立大学法人法第35条で国立大学法人にも準用される。同委員会は、各事業年度評価の結果に対する意見も述べることができ（通則法第32条第5項）、政策評価・独立行政法人評価委員会における独立行政法人評価に関する運営について（2002年3月22日、同委員会決定）を定め、各省庁の評価方法に対するメタ評価を権限としている。

14　この点は2014年6月の独立行政法人通則法改正に伴う関係法律の改正によって調整された。本書第5章（pp.101-102）参照。

15　小田（2009）及びJoint Committee on Quantitative Assessment of Research（2008）参照。和訳は日本数学会ホームページ（http://mathsoc.jp/IMU/CitationStatisticsJp20081202.pdf）。

16　試行的評価や国立大学法人制度の評価に関する個別大学での議論に関わった経

験からいえば、研究評価には、研究者が属する各分野や集団の特性が反映し、しかもかなり細分化されており、それを敷衍して大学全体の評価を議論する傾向が強く、自己の研究成果を業績として評価させ最大利益化を図ろうとする。しかも、互いに専門分野の特性を相対化する視点を持っていない場合が多く、結局はキメラ的なものになる。大学という組織体での評価の在り方は、各分野での議論にのみ依存しない枠組みで検討すべきなのである。

17　アイデンティティを明確にするために、『国立大学の目指すべき方向―自主行動の指針―』（2008年3月）が策定・公表された。

参考文献

天野郁夫、2008、『国立大学・法人化の行方　自立と格差のはざまで』東信堂。
新しい行政マネジメント研究会、2002、『新たな行政マネジメントの実現に向けて』総務省行政管理局。
大学基準協会、1957、『大学基準協会創立10年記念論文集　新制大学の諸問題』大学基準協会。
FASID、2004、『政策・プログラム評価手法―利用ガイドと事例―』。
羽田貴史、2005、「国立大学法人制度論」『大学論集』第35集、広島大学高等教育研究開発センター。
——2006a、「大学改革における評価の機能と役割」『京都大学高等教育研究』第12号。
——2006b、「大学評価、神話と現実」『大学評価研究』第5号、大学基準協会。
——2007a、「大学組織とガバナンスの変容―戦後日本型高等教育の着地点―」『COEシリーズ27　大学の組織変容に関する調査研究』広島大学高等教育研究開発センター。
——2007b、「国立大学法人の財務をどう読むか」『科学』Vol.77-5、岩波書店。
——2009、「ガバナンス改革と大学改革」日本教育行政学会研究推進委員会『学校と大学のガバナンス改革』教育開発研究所。
イネス，ジョンほか、1997、『非製造のABCマネジメント』中央経済社。
科学技術政策研究所、2008、『調査資料150国立大学法人の財務状況』。
国立大学協会調査研究部、2007、『国立大学法人計画・評価ハンドブック―次期中期目標・中期計画策定のために―』。
根岸正光・山崎茂明、2005、『研究評価―研究者・研究機関・大学におけるガイドライン』丸善株式会社。
小田忠雄、2009、「インパクトファクター　誤用」『学術の動向』2009年1月号、日本学術会議。
大住荘四郎、2002、『パブリック・マネジメント　戦略行政への理論と実践』日本評論社。
岡本義朗、2007、「現行の独立行政法人の抱える課題と政策提言」『季刊　政策・経営研究』vol.2、三菱UFJリサーチ＆コンサルティング。
——2008、『独立行政法人の制度設計と理論』中央大学出版部。

財務省主計局、2002、「予算執行評価会議の発足について」(平成14年4月1日)。
竹中平蔵、2006、『構造改革の真実　竹中平蔵大臣日誌』日本経済新聞社。
田中秀明、2005a、「業績予算と予算のミクロ改革(上)」『季刊行政管理研究』No.110, 行政管理研究センター。
――2005b、「業績予算と予算のミクロ改革(中)」『季刊行政管理研究』No.111, 行政管理研究センター。
――2005c、「業績予算と予算のミクロ改革(下)」『季刊行政管理研究』No.112, 行政管理研究センター。
山本清、2004、「大学の管理・支援部門の経営管理について」『大学論集』第34集、広島大学高等教育研究開発センター。
財務省主計局、2007、『予算の効率化の徹底』(財政制度等審議会　財政制度分科会及び財政構造改革部会合同会議平成19年12月27日提出資料)。

Meyer, Christopher, 1994, "How the Right Measures Help Teams Excel." *Harvard Business Review*, May/June 1994.(=2001、DIAMONDハーバード・ビジネス・レビュー編集部訳『業績評価マネジメント』ダイヤモンド社)。

Joint Committee on Quantitative Assessment of Researc, 2008, *Citation Statistics : A report from the International Mathematical Union (IMU) incooperation with the International Council of Industrial and Applied Mathematics (ICIAM) and the Institute of Mathematical Statistics (IMS)*.

Oba, Jun, 2007, "Incorporation of National Universities in Japan." *Asia Pacific Journal of Education*, vol.27, No3.

第9章　企業的大学経営と集権的分権化[1]

1　課　題

　かつて大学の運営は、会社、病院、軍事組織などとは大きく異なり、「ビジネスから借りてきた『現代経営』技術によって高等教育を経営したり、改良したりする試みには、極度に慎重にならねばならない」(Baldrige 1978) とされていた。
　しかし、80年代末から大学管理運営には新しい波が押し寄せてきた。すなわち、大学が財政的に生き抜くために、企業的な運営形態を導入し、教育プログラムなどを商品として財源確保に走ることであり、"academic capitalism" (Slaughter & Leslie 1997)、"entrepreneurial university" (Clark 1998)、"enterprise university" (Marginson & Considine 2000)、"commodification of higher education" (Rooney & Hearn 2000)、"commercialization of higher education" (Bok 2003) などとさまざまな呼称はあるものの、大学と企業の運営形態は急速に接近してきたことを物語る。こうした大学運営は、アメリカ(US)・イギリス(UK)・オーストラリア(AUS)・カナダ(CAN)などで広がり、日本の国立大学が法人制度へ移行するのも、企業的大学経営導入の予備的作業にほかならない。
　ところで、大学の企業的経営については、Slaughter & Leslie (1997) によるマクロデータを活用したUS・UK・AUS・CANを対象とした比較考察や、Clark (1998) が個別大学の事例検討を踏まえ、大学の形態変化 (transformation) の手法として積極的な評価を行うなど、マクロ (全国的システム)・ミクロ (個別機関) レベルでの研究が進みながら、わが国ではこうした動向の紹介や分

析がほとんど行われてこなかった。近年、アメリカの大学運営に関する若干の論考があるものの(江原 1999、両角 2001a,b)、比較的ミクロレベルでの運営の合理化や戦略的運営に関心が寄せられ、その背景にある財源・資金の変化と市場化によってもたらされる機関レベルの組織変化、システムレベルの変化、ファカルティの労働の変化、専門分野の教育研究活動など、いわゆる高等教育の市場化がもたらす高等教育の構造的な変化への言及が、ない[2]。

一方で企業的大学経営は、教授会など同僚的原理の強さと政府統制の強固さを備えたわが国の国立大学の運営改革モデルとして強調されるおもむきがあるが、大学運営が、利潤追求を最大の目的とする企業組織モデルでよいかという原理論をはじめ、多様な論点を含んでいる。特に、企業的大学経営は、大学内の集権化と結びつけて理解され、いわゆる「学長のリーダーシップ」が強調されがちであるが、アメリカ大学の経験は分権化を伴っており、大学運営の効率化をトップマネジメントによる集権化に単純化することは、事実を正確に把握していないと思われる。企業的大学経営の背景、定義、現象、影響等について、主に、各種文献をもとに整理を試み、今後の研究の課題も検討してみたい。

2 大学の企業化とは何か

(1) 高等教育における企業化

US、UK、AUS、CAN において広がった大学の企業的行動を論じた Slaughter & Leslie(1997)は、資源依存理論(Pfeffer & Salancik 1978)に基づいて、大学の財源的変化、外部資金の流入に影響されて大学の組織変化が生じていると説明している。「金を出した人間が笛を吹く」("He who pays the piper calls the tune")のである(Leslie, Oaxaca & Rhoades 2002:262)。すなわち、高等教育に対する政府財源の減少による代替財源の確保(US)、経済・労働のグローバル化による高等教育への需要増大(US, UK)、政府の主導による産業と大学の連携(US, AUS)など、国によって要因のウェイトやプロセスは異なるが、大学・ファカルティの行動・組織に与えている主要なインパクトは、高等教

育に対する政府財源の縮小である。もちろん、財源の変化も、大衆化に伴う財源不足など他の社会経済変化に導かれるものであり、第一動因とはいえないが。

ところで、Leslie は、90年代初めに大学の企業化の新しい動向について海洋学者にインタビューした際、その学者が Leslie の発見に「何が新しいんだ？」とコメントしたことを紹介している (Leslie, Oaxaca & Rhoades 2002:261)。US の文脈において、大学が私的財源を確保するために競争することは目新しいことではない。OECDが、高等教育の財源に触れ、ユーザー（学生）の支払いによる高等教育の普及、高等教育の私事的な構造は、US と日本がモデルとしていた (OECD 1987)。

また、日本では『高等教育論』と訳出され、喜多村和之によって「学生消費者主義」という言葉が普及した Riesman (1980=1986) は、原題が *On Higher Education: The Academic Enterprise in an Era of Rising Student Consumerism* であり、連邦政府の補助金や学生数に応じた予算配分を基盤にした学生確保競争を強めるアメリカの大学を描いている。

さらに、Clark (1998) が企業的大学のケーススタディに選んだウォーリック大学の場合、早くも 1970 年代に Thompson (1970) が Business University として批判していたのであった[3]。

(2) 80年代の企業化の背景

その意味では、大学の企業的行動は80年代に始まるわけではない。しかし、80年代の企業化は、学生確保競争にとどまらず、多様かつ構造的な要因を含み、高等教育の構造を変えつつある。その意味では新しい。背景としては、次の点があげられよう。

①グローバルな政治経済競争、知識経済社会への移行

Slaughter & Leslie (1997) が特に強調したのは、経済のグローバル化であり、技術革新による経済競争が、個別企業とともに政府による産業政策・研究費の投入によって促進されたことである。冷戦終結後、US政府は軍事力から経済競争強化のための政策へ変更し、大学の研究をビジネスに結びつける方

法を創出した。共同研究開発そのものが反トラスト法に抵触する可能性のある法体制が、バイ・ドール法 (1980) などを契機に転換し、大学の特許取得促進、連邦・州政府による研究成果の企業化補助金などが推進され（宮田1997）、資金供給量の増大が企業的行動の呼び水となった。

華々しく紹介されているスタンフォード大学はそれに対応した事例である（渡部・隈蔵 2002）。また、フォーディズムが終焉し、高度な訓練を受けた人材養成への需要が拡大したことも要因に挙げられる。高等教育における資金の供給拡大が擬似市場の成立を促したのである。

②政府の高等教育財政政策の変化、大学における財政 (funding) の変化

公立大学も企業的行動に動かざるをえない要因は、安定的に供給されていた政府財源の減少にある。大学の財源は、政府財源（第1系列）、学生授業料（第2系列）、第3者財源＝サービスや契約による資金（第3系列）に区分できるが、第1系列の減少によって、大学は代替財源を求め、学生集めや委託研究収入、事業収入確保に走るようになった。

また、政府は公的財源の投入を、より効率的に戦略性を加えて行うようになった。フランスをさきがけとした契約原理による配分 (contract-based funding)、UKのように業績原理による資源配分、オーストラリアのように教育実施計画 (Educational Profile) に基づく学生獲得数による資源配分などが導入されることで、大学は教育、研究などの領域で具体的な成果を上げ、資源獲得競争に参入するようになった (Wagner 1996、OECD 2003)。企業的大学経営は、高等教育に対する政府の役割の変化によって促進されているが、政府の役割は後退したのではなく、より戦略的で大学にアカウンタビリティを求める方向をとっている[4]。

③福祉国家政策の転換と New Public Management の導入

財政政策の変化は、一時的なものでなく、公共部門における政府の役割の縮小、新自由主義改革と行政手法の変化によって強化され正当化される (Braun & Merrien 1999、Teichler 2003)。直接統制から遠隔操作へ、事前統制から事後評価への転換である。日本の国立大学法人化も、1980年代の臨時教育審議会での議論では実現されず、中央省庁改革・地方分権など政治＝行財

政制度の改革に連動して実現された (ただし、その内容を政府統制の縮小と呼ぶには疑問が多い)。

④高等教育における大衆化・商品化の進展

　大学の大衆化やグローバル化は、リベラル教育よりは職業教育の必要・期待を増加させる。高等教育で身につけた知識・技能で高収入を得られることから、学生のニーズは実学に傾斜し、大学が商品としての教育プログラムの開発と提供に力を注ぎ、財源確保の手段とする (Bok 2003、Williams 2003)。

　一方、企業の側でも組織戦略に対応して社員の教育訓練を行うために、教育訓練組織を拡大して企業大学(Corporate university)の設置を進めており、イギリスでは多くの大学がパートナーシップを結んで資格取得のプログラムを提供している (Blass 2003) [5]。また、大学が財源確保のために、子会社・子法人として大学を設置し、MBAなどの教育プログラムを販売することもポピュラーになっている。フェニックス大学など営利大学の出現は、要するに、高等教育が商品になることを示している (Sperling 2000、Ruch 2001、吉田 2003)。

⑤インフォメーション革命 (バーチャル教育の具体化)

　高等教育の商品化を促進している要因としてあげねばならないのは情報技術革命であり、それはe-ラーニングによるプログラム配信を可能にし、距離を越えたアクセスを実現することで、教育の単位費用を大幅に切り下げた。もっとも、開発費用やランニング・コストなどの問題があり、必ずしも営利的に成立していないし、質の問題も生じている (吉田 2003)。

⑥社会全体の商業主義、金銭価値化と大学の目的喪失

　ハーバード大学長を長く務めたDerek Bokによると、アメリカ高等教育における商業的活動は、1900年代初頭にまで遡り、今日の新しさは広がりと規模にあり、根源は社会全体に根ざす商業化である (Bok 2003:4-5)。フォーディズムによる大量消費・大量生産の普及に大学も巻き込まれているということは、大学固有の理念の喪失ということでもあり、人文科学研究者から、大学の目的喪失が大学の企業化を促進するという批判が浴びせられることになる。アメリカの大学風土の変化をえぐった『アメリカン・マインドの終焉』(Bloom 1987=1988) は、記憶に新しい。

⑦大学における教育研究の肥大

　Bokは、学長としての長い経験から、USでは過去も予算削減はあり、それだけではこの20年間の商業主義を説明できないという。彼が重視するのは、大学人の行動であり、19世紀からアメリカのカレッジが強大な研究大学になろうとして、資金源を求め、理事会をはじめ、企業との結びつきを強めてきたこと、野心的な学生や教員が、図書やプログラムの向上、研究を進める施設・設備などを求めてきたことが、企業的経営行動を促進してきたという。資金集めに奔走してきた大学トップならではの実感あふれる指摘であるが、企業的行動は、大学の外部の圧力だけによって生じているのではなく、大学それ自身の拡大志向に基づいているということは重要である。

　この点はClarkも指摘している。彼は、知識の成長拡大はとめようがなく、資源を越えた拡大を示し、労働市場や産業界、政府などから期待の集中砲火 (cross-fire of expectation) を浴びているという。大学の企業的行動は、「大学への需要が増大し、反応能力を超えている。あらゆる側面から大学への需要が雨のごとく降ってくる」(Clark 1998:129) ことに対し、政府ではなく大学が自律的に対応しようとする行動なのである。

3　大学像の変化——伝統的大学像から企業的大学へ

(1) 企業的大学の指標

　80年以前の企業化と異なる決定的な状況は、それが大学像の構造的な変化をもたらしていることである。Clarkは、大学の企業化を自立的な大学改革 (transformation) の方策 (pathway) と捉えた上で、ウォーリック大学はじめ6つの大学のケース・スタディに基づき、企業家的反応 (the entrepreneurial response) として5つの指標をあげている。簡単に説明しておく。

①強化された運営のコアの成立 (the strengthened steering core)

　経営と教育研究の双方における運営の核が成立し、顧客・利益など私的企業のメンタリテと概念が持ち込まれ、トップマネジメント、CEOなど企業モデルの大学運営が推進されることである。特に、人的要素は重要であり、

オランダ・トウェンテ大学の場合は、少人数グループによる計画的マネジメントの推進、イギリス・ストラスクライド大学の場合は、産業界との協同経験のある強力な学長(Graham Hills)の着任によって改革が始まったと指摘している。オーストラリアの大学企業化を研究しているMarginson & Considine(2000)は、執行組織の強化が進行していることを報告している。たとえば、学長補佐室の設置(12大学19室〔1987〕が17大学69室〔1998〕、p.63)、学長顧問委員会などのkitchen cabinetの設置である(同:87)。

②**周辺組織の発展**(the enhanced development periphery)

大学は、専門分野の構造を反映した伝統的なデパートメントを基礎とする組織から、委託研究、コンサルタント、委託教育を行うことで、外部との連携・ネットワーク・パートナーシップを形成し、外部世界と結びついた組織を発展させ、マトリクス構造を持つようになるという。研究成果の応用(スピンアウト)を目指すTLO組織はその代表的なものであり、MBAなど学士課程・大学院の教育プログラムの開発と提供、企業のプログラムを伝統的な資格の枠組みで認定するためのパートナー・シップの形成など大学の組織構造は、多層的で複雑なものになっていく。また、国境を越えた機能的ネットワークを形成し、最近ではUniversitas 21[6]のような組織も現れている。

③**基盤となる自由裁量資金の保有**(the discretionary funding base)

特に公立高等教育機関の場合、従来のコア財源であった政府財源の比重が低下し、資金が多元化するのが特徴となる。しかもそれらの資金は契約関係を伴い、アカウンタビリティが要求されるが、Clarkは特定の財源との関係があっても、財源の多様化は裁量性を強化するという[7]。しかし、多元的な財源は機関内部配分に新たな葛藤をもたらし、容易には解決しない。特定財源は、機関全体ではなく、個人やデパートメント、講座など基礎組織が受け取るものであり、不均衡をもたらすからである。企業的大学経営にとって重要な課題は、資源の戦略的統合であり(Slee & Hayter 2003)、後述するように機関レベルの自治の発展である。

④**中心地の促進**(the stimulated heartland)

企業的行動には専門分野によって多様性があり、科学技術関係のデパート

メントは企業的になりやすいが、社会科学分野では困難である。大学は、企業的な分野と伝統的な分野との並存という統合失調的性格を持つが、Clarkは、彼の観察した5つの大学の管理者は、この選択肢を退け、分裂的性格は現れていないという。彼の観察では、企業的行動が機関全体の特徴となるには、規模が関係し、学生数6,000から15,000の小・中規模大学（対象とした5つのケース）は、統合を模索するが、20,000人以上の巨大大学では全体として企業的な行動様式（habit）は広がらない。いずれにせよ、企業的行動は、大学内で不均等に現れるのである。

⑤**統合された企業的信念（the entrepreneurial belief）**

Clarkの指標で最も注目すべきはこの点かもしれない。すなわち、資金を

表9-1

	同僚制大学 Collegial university	大衆大学 Mass university	企業大学 Corporate university	企業内訓練学校 Company training school
知識の想像	ディシプリナリィ、モード1	モード1と応用研究の混合	主にモード2	ほとんどない
知識の伝達	理論的、主に非職業的	理論的、だがしばしば職業志向	理論を含むが文脈に強く依存	実践的で高度に文脈的
第一義的な制度価値／大学の文化	同僚的	技術官僚的	機能的、商業的	服従的
大学組織	同僚的、学問的／専門家支配	経営的／専門性の混合	ネットワーク、遠隔と一時的対面の混合	階統的
外部との連携	他の大学とともに選抜的専門家、政府、産業界	他の大学及び地域産業	学習及び研究サービスの供給者、あるいは大学	ほとんどない
学生の入学と選抜	例外を含むエリート	大衆、業績主義	多くのレベルのスタッフ、あるいは供給者と学習者	下級の雇用者
供給・伝達されるもの	ディシプリナリィな知識、リベラルアーツの伝統、社会の上層文化	就職準備	実際的知識と特別な企業文化	熟練、必須の情報
時間の範囲	長期	中期	中期	短期
教授法	伝統的資源（講義、図書館）による人間依存（チュートリアル）	遠隔教育と非伝統的制度や資源を含む多様性	多様、活動と問題解決学習	訓練／啓蒙主義
意図した成果	コインの知的発達、専門職のキャリアのためのリベラルな価値と知識	現代社会におけるキャリアのために転移しうる知的技能	継続的な被雇用力と文化的適合	仕事の業績改善

稼ぐことに成功して組織が変わり、それぞれの要素が相互作用を起こして新しい思想が全体に広まり、信念となり文化となるというのである。資本主義の確立と、利潤追求を世俗道徳として内面化する企業家的精神との関係（M.ウェーバー）を下敷きにしているわけだが、伝統的大学像からは批判となる行動様式も、正当化されて組織文化となり、再生されていくというわけである。

Clarkのあげた指標以外に、財源提供者へのアカウンタビリティの拡大、資源と大学の活動の戦略的統合（目標・計画）、機関間の統合による「規模の経済」と「範囲の経済」の拡張という戦略も、大学の企業化の特徴として指摘することができる。また、企業的大学の形態は、伝統的大学と企業大学の構造を対比したPaton & Taylor (2003)の枠組みで見ると大衆大学と企業大学双方の特徴を持ったものといえるかもしれない（表9-1、Williams 2003:107）。

(2) 企業的大学経営がもたらすもの——二つのシナリオ

企業的大学経営は大学をどう変えるのか、市場化の影響を考察したSlaughter & Leslie (1997)は、結論として、企業主義による大学世界の変質の二つのシナリオを提示している。

すなわち、最悪のケースとして自由裁量財源の消失、システムの動揺、研究大学での差異化・公立大学の私学化が進み、研究資金が商業的科学に集中する。連邦資金は産学連携に集中、オーバーヘッドは減少、コアとなるフルタイム教員は縮小し、ファカルティ間の格差のために学者共同体としての大学の概念は拡散する、というものである。

一方、最上のシナリオは、グローバリゼーションが安定し、政府財政の健全化が回復し、公立研究大学への財源投入が改善され、機関間の差異化は進行するが、高度な研究公立大学は維持、大学内部の差異化は進むが小さくとどまるだろう、という。

事実は、このいずれのシナリオに進んでいるのか、大学の企業化を批判する文献が多数見られるが、現時点では筆者には断定しがたい。Slaughter & Leslieの分析も積極・消極面双方を指摘している。USでは、大学内の商業主

義化がもたらす学問の変質の危険性が指摘され、特に教授職をめぐる環境の悪化として、ティーチングに対して研究が過大評価され、研究大学とそれ以外での時間消費の多様化、テニュアへの脅威などをあげ、警鐘が発せられている (Ami Zusman〔カリフォルニア大学システム総長部局調整官〕、Altbach 1994=1998)。分野間の不均衡、哲学・宗教学・文学・家政学・教育学など大学の基礎部門の衰退とビジネス部門の隆盛は、Slaughter & Leslie の指摘するところであり、人文科学の衰退を嘆く Kernan (1997=2001) は記憶に新しい。最近の NCES 統計でも、学士課程レベルの経営分野の隆盛と教育・社会科学分野の衰退を確認することができる (図9-2)。

　AUS でも分野間の不均衡は拡大した (図9-3)。しかし、US のように分野による衰退と増加が同時ではない。大衆化が達成された後に市場化が起きている国と、並行して進行している国との差を予測させる。

　Slaughter & Leslie (1997) の研究で注目すべきは大学教員の労働形態の変化である。Rhoades (1998) も、専門化自治の後退、労働協約の変容、パートタイム雇用の拡大など、US の労働関係の変化を論じている。パートタイマーの増加は、US だけでなく、AUS や UK (Chitins & Williams 1999) でも教育の質を下げるものとして問題となっており、US の場合、フルタイム教員が1980年から1999年までの間に141万人増加したのに、パートタイムは201万

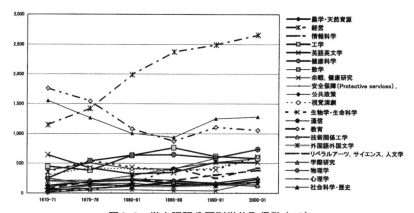

図9-2　学士課程分野別学位取得数 (US)

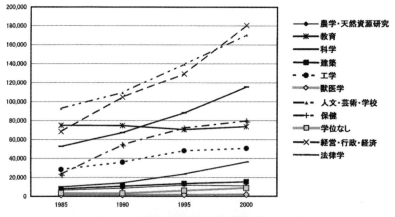

図9-3　高等教育機関分野別学生数（AUS）
(注) USは、NCES, Digest of Education Statistics 2000, AUSは、DETYA, Higher Education Students Time Series Tables 2000による。なおAUSの学生数は学士課程・大学院学生総数。

人増加し、全教員の34.4％（1980）から42.5％（1999）を占めるに至った（Digest of Education Statistics 2002, Table 227）。教授のテニュア率は後退していないが、助教授（assistant professor）のテニュア率は、1980年の27.9％から1999年には13.8％に半減した（Digest of Education Statistics 2002, Table 242）。ティーチング・ロードの増加や健康問題など、ニュージーランド（Chalmers 1998）、AUS（NTEU 2000）では教員組合や政府関係機関も協力したサーベイが行われている。

　もちろん、企業的大学経営は、教育プログラムと研究を市場ないし擬似市場に流通させることで、高等教育の多様化と利用者としての学生の接近を拡大し、巨大な生産力と活力を生み出す。Clarkの見方によれば、学習社会において競争が高度化し、政府にもはや頼れない時代において、機関の自治によって企業家的リーダーシップを展開すること、それが企業的大学経営なのである。

　しかし、自主的かつ実験的な大学改革を可能にするものとして企業的大学経営を評価するClarkにしても、「しかし、もし経営的財政利益と同様に学問的価値によって判断されなければ、大学はショッピングモールに向かうようになる」（p.139）と行き過ぎた企業化に懸念の意を表明する。スタンフォー

ド大学名誉教授Massyは、「市場の力は、伝統的な大学の目的——古代から、人類の知的文化的財産を進め守る学者社会を育てること——にどのような影響を与えているのか？プライバタイゼーションと業績配分予算に直面し、大学は知的自律性を保持できるだろうか？」（Massy 1996:44）と述べ、Williamsは、「もし大学が知識を商品として売る企業でしかないのなら、なぜ公的資金や無償の寄付が寄せられるのか？」（Williams 2003）と問いかける。

　これらは、大学人にとっての根源的な問いであり、今後、市場化が進むであろう日本の高等教育にとっても重要な検討課題である。

4　企業的大学経営における集権的分権化

(1) 資源変化への緩和装置——分権化

　ところで、Leslieらは引き続き研究を進め、外部資金がもたらす大学内部の影響を検討している。たとえば、外部資金の増加は教育にネガティブで、研究とサービスにはポジティブな影響を与えるとされる。外部資金によって1日1時間教育が減少、研究に1時間、サービスに0.8時間増加する。しかし、外部の影響はデパートメントレベルで緩和され、教育と研究のジョイントを援助すること、特に大学院生の教育によって外部資金の存在はポジティブになると指摘する。つまり、外部資源の増加による変化は、機関内の自治によって調整されているというのである。

> …学科長へのインタビューでは、学科レベルの活動への実質的で一貫した横断的補助があることがわかった。どうやら、学科は外部の影響を緩和する働きをしている。また、機関のリーダーたちは、外部の圧力から組織を防護したり、緩和を試みている。ファカルティとのインタビューでは、ファカルティのある者は、企業的行動を明快に拒否している。(Leslie, Oaxaca & Rhoades 2002:266)

　企業的大学経営に関する研究が指摘する事実は、市場に対応するために、

同僚制を基盤とした大学の運営には企業的執行体制が浸透し、官僚制と大学内の集権制が高まるが、同時に「大学への分権化」と「大学内の分権化」が促進されるということである。トウェンテ大学の企業的経営は、1980年代にRCB (Responsibility Centered Budgeting または RCM, Responsibility Centered Management) と呼ばれる分権システムの採用が大きな役割を果たした (Clark 1998:45)。Slaughter & Leslie (1997:229) も、市場化による変化のひとつは、大学内部の権限配分、資源配分の変化であり、予算分権化としてRCBが採用されたと述べる。全米教育者連盟 (NEA) の調査によると、USにおける90年代の大学の組織改革 (1994年時点で3分の2のキャンパスが運営組織を改変、71％が教育研究活動を見直し) を支えたのはRCMといわれる (Dubeck 1996)。

　政府財源の縮小と需要の変動によって、従来伝統的であった項目別予算 (line-item budget) は行き詰まり、相次ぐ流用などによって対応し、環境変化に対応して項目指定を行わない一括予算へと移行してきた (Massy 1996, Otten 1996, OECD 2003)[8]。さらに、大学への自治の拡大と大学内におけるデパートメントなど中間・基本組織での権限拡大が行われ、その資源配分方式がRCB／RCMといわれるものであり、1970年代にペンシルバニア大で開発され、南カリフォルニア大、インディアナ大学、ミシガン大学、オハイオ大学、イリノイ大学でなどアメリカの大規模州立大学や、トロント大学で採用されてきた予算システムである。簡単に言えば、「歳入と間接経費の規則を定め、スクールや他の歳入を生み出す組織に、教育、研究などの事業活動によって得られた歳入、授業料、贈与、基金収入、研究サービス収入、間接経費の戻入れで事業の総経費をまかなう責任を与え、加えるに、各スクールなどから徴収した一般財源で多様な組織に助成を行う」予算方式である (Strauss & Curry 2003:3)。

　Massy (1996) は、大学内の資源配分を、①項目別予算、②業績予算 (Performance Responsibility Budgeting, PRB)、③歳入責任予算 (Revenue Responsibility Budgeting, RRB)、④価値責任予算 (Value Responsibility Budgeting, VRB) に区分し、分権化としての③の欠陥を克服するものとして④を位置づけている (図9-4)。

第9章　企業的大学経営と集権的分権化　195

ここでMassyが述べているRRB, VRBは、大学内再配分のプロセス、特に全学的調整経費の徴収手続きが異なるものの、事実上、分権化予算の方式としてRCB／RCMと同じカテゴリーに属すると考えてよい[9]。

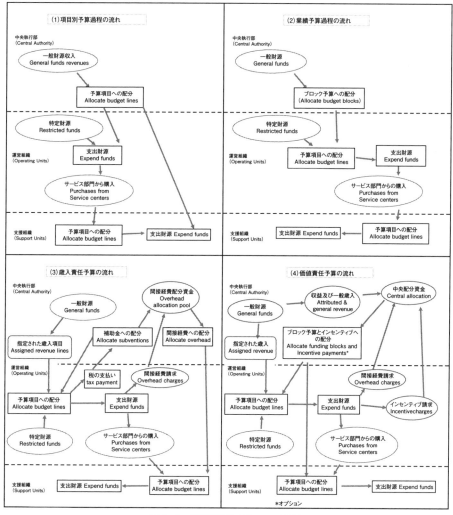

図9-4　予算類型（Massy1996）

(2) 資源配分の分権化と集権化

しかし、RCB／RCMにせよRRBにせよ、そこにいう自治とは、同僚制を基盤とし、政府財源をもとに営まれてきたかつての自治ではない。Marginson (1997:231) は、「市場的自由主義改革は本質的に自治を減少させず、むしろ企業的な意味で自由と自律を強化し、同僚的意味でそれを消滅させる」と含蓄のある指摘をする。これらの予算方式は、デパートメントレベルの企業家精神とマーケットの対応性を最大化するが、あるユニットの行動が他のユニットに影響を与え、機関全体の目標を達成することを阻害する可能性がある (Otten 1996, Massy 1996)。RCB／RCMを採用する代表的大学であるインディアナ大学の文理カレッジは、他のカレッジが必要単位数を削減したため、20％の学生を失った。ために、他のカレッジは学生の増加に成功して給与増をしたのに、文理カレッジは2年間給与増ができなかったという (Dubeck 1996:84)。中間組織への分権化は、組織内で財源を有するかどうかの不均等を発生させるのである[10]。

したがって、大学内分権化は、不均衡を是正する強力な機関レベルの集権化が必要となる。Clark (1998:138) はいう。「強化された運営のコアは、大学内の分野や学位レベルを超えて資金の配分を任務とするために必要である。豊かな分野から企業的についていけない分野への移転である」。

われわれは、Clarkのことばから、地方財政の自主権を確保しつつ中央権力が地域間の不均衡是正を遂行する現代の地方財政制度原理を直ちに想起するであろう。だが、大学内部の再配分は、中心地であるユニットによる抵抗を惹き起こす。

すなわち、「運営ユニットに権能を与え、インセンティブを最大化し、同時にユニットの運営に大学中央行政の影響力を残すシステムが必要」(Massy 1996:294) なのである。

(3) 価値体系による行動選択——大学の使命とは何か

この隘路を解決するためにMassy (1996) が提案したのが、価値責任予算 (Value Responsibility Budgeting, VRB) である。ポイントは、RRBよりも大学中

央行政の関与が大きく、特定目的化されていない財源からの一般配分予算とオーバーヘッドチャージによって、各組織に配分する前から自由裁量資金を確保し、組織間の補助 (cross-subsidize) と機関全体の事業に使用するところに特徴がある。その要点は、大学中央行政がそうした権限を行使しうるとみなされる合意の成立にあり、端的に言えば、収入の有無にかかわらず、大学として価値を認める組織や教育研究活動を財政的に保証することにある。Massy (1996) はRRBとの違いを強調するが、全体的な概念はRCB／RCMに基づくもので、そのバリュエーションのひとつと考えてよいだろう[11]。

> …経済理論は大学のような非利益組織においては彼ら自身の価値体系に沿って有用性を〔金銭価値でなく〕定義し、その価値を最大化する行動を選択できると指摘している。……大学は横断的な補助活動を学問的価値によって行い、市場価値によっては行わない。資金は現在のパフォーマンスに依存しない、任意の歳入と横断的補助を持つところに企業との違いがある。……伝統的な大学はかつては政府が金を出したのでこの種の心配なく大学の独立を考えてきたが、価値ある自由のためには、高潔な目標と非営利的構造とともに、自由裁量の収入が不可欠である (Massy 1996:45)。

Value Responsibility Budgetingといわれるゆえんが理解できる。RCB／RCM／RVBの内部配分ルールや細かな実践は重要であり、機会を改めて紹介したいが、本質的に重要なことは大学の使命や理念を空虚な文章にとどめずにいかに実体化するか、大学とは何か、というプリミティブな問題にかかっているということにほかならない。

5　結び──日本への示唆

法人化と大学評価制度の導入は、大学に対する資源配分原理、大学内部の資源配分についての関心を急激に高め、業績に基づく予算配分や目標・計画と連動した予算などの紹介が行われるようになってきた。しかし、その紹介

は、日本の政治的文脈に規定されてトレンドに追随し、トータルな像が見えにくい。

計画予算制度の典型であるPPBSにしても、費用や技術の問題でアメリカにおいては失敗の歴史を持ち、業績予算 (Performance Responsibility Budgeting, PRB) にしても、教育成果を測定することの困難さへの懐疑、特に教育効果 (アウトカム) の測定に難点を持つ (Massy 1996:41以下。なお山崎2000)。NEAによる高等教育政策にかかわる州議会議員への調査では、アウトカムへの関心は高くなっているものの、前年度予算に基づく予算配分が重視されている (Ruppert 2001)。

学内運営機構の集権化についても、本章が概略したように、アメリカで推進されている企業的な大学経営は、単なる集権化、トップダウン的な意思決定ではなく、教育研究の基礎組織への権限委譲、分権化とセットになった構造的なものであることを理解する必要がある。もっとも、その分権化は、アメリカの場合、労働協約の遵守を困難にしたり、TQM (Total Quality Management) に結びつくなど (Lang 1999)、安易なものではない。

だが、企業的運営を進めるために分権化を促進し、分権化によって生じる問題を大学内の集権化によって解決し、自己責任による自己決定で大学を維持運営するという大学自治の理念が体現されているのが、企業的大学経営が生み出しているひとつの形態であることは、日本の大学人にとって重要な示唆であろう。

注
1　本収録章は、「企業的大学経営と集権的分権化」『大学論集』34 (2004年) をほぼそのまま収録したものである。
2　『岩波講座現代の教育10 変貌する高等教育』(1998) は、すでにClark, Slaughter & Leslieの研究が公刊された以後でありながら、高等教育の変貌をもたらしている市場化を正面から取り上げる論考は収録されておらず、金子論文が市場化のもたらす問題を指摘しているにとどまる。
3　安原義仁氏の教示による。
4　高等教育における政策変化は、「私学化」(privatization) と概括されているが、公立セクターと私立セクターのボーダレス化が自然現象として進むと考えるべきでは

ない。高等教育の市場化を推進したニュージーランドは、その失敗から1999年に政策転換し、競争に代えて協力と共同 (Cooperation and collaboration) を強調したが、政府財源は増加していないため、依然として学生獲得競争が継続している。政府は知的産業の創出のために高等教育の重視を位置づけた Tertiary Education Strategy 2002-07 を定め、これに基づく目標の達成を推進するため、2004年度から業績評価による資金配分 (Performance Based Research Fund) を導入しようとしている。進行しているのは、私事化ではなく国策としての戦略的科学技術、高等教育への投資と市場化なのである。

5 たとえば、イギリスでは Transport Co. がもっとも早くから企業大学をはじめたとされ (Paton & Taylor 2003)、Meister (1998) は US の50 にのぼる企業大学の紹介を行っている。

6 Universitas 21 は、1997年に創設された国際的な大学連合であり、当初ブリティッシュ・コロンビア大学 (カナダ)、バーミンガム大学 (UK)、北京大学 (中国)、メルボルン大学 (オーストラリア)、バージニア大学 (US)、シンガポール国立大学 (シンガポール) など17大学 (10カ国) で構成され、研究・教育交流などのほかに、企業的な事業を活動内容とし、トムスン・ラーニングと連携して Universitas 21 Global を設立している。その後、北京大学、バージニア大学は脱退し、日本では早稲田大学が加入して27大学となっている (Universitas 21 Membership参照、2018年12月26日アクセス)。

7 政府財源の比重低下に関して、日本は大学自治の低下と受け止めるが、欧米の文献では、拡大として理解する傾向がある (例Sizer, J. 1992)。この差異は興味深い。もっとも、OECD (2003) は、「公的な政策と法制化によって高等教育機関の自治 (Autonomy) を強化するのがトレンドではあるが、変化は活動と質及び財政のモニタリングと統制の新たなメカニズムを伴っており、単純に高等教育機関の自治を拡大しているとは言えない。むしろ、政府の影響力からほかへ移ってきている」(p.7) と指摘する。

8 財政危機の際に予算費目の統合的再編制を行い機関の裁量性を高める方策は、日本でも大正期と昭和戦後の積算校費への改称として行われた (羽田1983、1994)。

9 日本で最も早くRCM／RCBを紹介したのは山田礼子であり (ジョン・ホーキンス1995)、予算削減時代の予算方式とされている。RCBそのものについては、Whalen (1991)、Lang (1999)、Rodas (2001)、Strauss & Curry (2003) 参考のこと。NACUBO (National Association of College and University Business Officers) による大学会計担当者の標準的なハンドブックである Meisinger (1994) には、各予算類型の的確な定義がある。同書は「21世紀型行政システム下における法人型財務の開発研究」の共同研究で羽田積男日大教授が収集した。

10 インディアナ大学には、日本の私塾研究で知られるR.ルビンジャー教授のセンターがあるが、2001年夏に筆者が訪問した際には、予算カットで資料の整理もままならない状態であった。

11 RCB, RCM, RRB, VRB などの予算類型に関する用語は、論者によって一致して

いない。たとえば、ミシガン大学のRCB／RCMはValue Centered Managementと呼ばれている(Lang 1999)。南カリフォルニア大学図書館のウェブhttp://www.sc.edu/library/pubserv/value.htmlにはVCMを採用している大学のリストがあるが、いわゆるRCB／RCMの大学である。

参考文献
江原武一、1999、「管理運営組織の改革－日米比較－」『高等教育研究叢書54　ポスト大衆化段階の大学組織改革の国際比較研究』、広島大学高等教育研究開発センター。
羽田貴史、1983、「大正末期の大学財政制度改革－講座研究費成立の意義－」『日本の教育史学』第26集、教育史学会。
──1994、「国立大学財政制度研究序説」『大学論集』第23集、広島大学高等教育研究開発センター。
ホーキンス, ジョン、1995、「アメリカの高等教育予算削減時代における対応策：リストラクチャリングとプライバタイゼーション」『IDE現代の高等教育』No.369（山田礼子まとめ）。
角田喜彦、2000、『レポート2：オーストラリアの高等教育―財政制度を中心に－』。
河内洋佑、1991、「ニュージーランド便りBニュージーランドの教育・研究の危機」『地質ニュース』438号。
宮田由紀夫、1997、『共同研究開発と産業政策』勁草書房。
──2002、『アメリカの産学連携』玉川大学出版部。
両角亜希子、2001a、「大学経営研究の基礎概念」『大学研究』第22号。
──2001b、「大学の組織・経営－アメリカにおける研究動向－」『高等教育研究』第4集。
大井玄、2003、「ニュージーランドの行政改革と高等教育及び科学研究への影響」『高等教育研究叢書75　戦後高等教育の終焉と日本型高等教育のゆくえ－第30回(2002年度)研究員集会の記録－』広島大学高等教育研究開発センター。
大井玄・大塚柳太郎、2000、『ニュージーランドの行政改革と高等教育および科学研究への影響予備調査報告』。
渡部俊也・隈蔵康一、2002、『TLOとライセンス・アソシエト　新産業創生のキーマンたち』ビーケーシー。
山崎博敏、2000、「アメリカの州立大学におけるパフォーマンス・ファンディング」米沢彰純編『高等教育研究叢書62　大学評価の動向と課題』広島大学高等教育研究開発センター。
山田礼子、2002、「アメリカにおける管理運営モデルの変遷と高等教育機関への応用」『大学評価研究』第1号、大学基準協会。
八尾坂修、2002、「日本とアメリカのクオリティ・マネジメント(Quality Management)をめぐる今日的特質－アメリカの大学におけるTQM導入成果をふまえて－」『大学評価研究』第1号、大学基準協会。

吉田文、2003、『アメリカ高等教育におけるeラーニング　日本への教訓』東京電機大学出版局。

Altbach, Philip G., R. O. Berdahl, P. J. Gumport et al,1994, *Higher Education in American Society,* Prometheus Books.（=1998、高橋靖直訳『アメリカ社会と高等教育』玉川大学出版部）。
Baldridge, Victor, David Curtis, George Ecker et al., 1978, *Policy Making Effective Leadership: National Study of Academic Management,* Jossey-Bass.
Birnbaum, Robert, 2000, *Management Fads in Higher Education: Where They Come From, What They Do, Why They Fail,* Jossey-Bass.
Blass, Eddie, 2003, "Corporate and Conventional Universities: Competition or Collaboration." In Williams (2003).
Bloom, Alan, 1987, *The Closing of the American Mind,* Simon & Schuster.（=1988、菅野盾樹訳『アメリカン・マインドの終焉』みすず書房）。
Bok, Derek, 2003, *Universities in the Marketplace the Commercialization of Higher Education,* Princeton University Press.（=2004、宮田由紀夫訳『商業化する大学』玉川大学出版部）。
Braun, Diermar & Merrien Franciois-Xavier, 1999, *Towards a New Model of Governance for Universities? A Comparative Views,* Jessica Kingsley Publishers.
Burton-Jones, Alan,1999, *Knowledge Capitalism,* Oxford University Press.（=2001、野中郁次郎訳『知識資本主義』日本経済新聞社）。
Chalmers, Anna, 1998, *Workload and Stress in New Zealand Universities in 1998 A Follow-up to the1994 Study,* New Zealand Council for Educational Research.
Chitins, Anand & Williams, Gareth, 1999, *Casualization & Quality,* Institute of Education, University of London.
Clark, Burton R., 1998, *Creating Entrepreneurial Universities: Organizational Pathways of Transformation,* Emerald Group Pub Ltd.
DETYA, 2000, *Higher Education Division. The Emergence of Entrepreneurial Public Universities in Australia,* paper presented at the IMHE General Conference of the OECD Paris, Sept. 2000 (Department of Education Training and Youth Affairs).
Dubeck, Leroy W., 1997, "Beware Higher Ed s Newest Budget Twist." *Thought and Action, The NEA Higher Education Journal,* Vol.13-1, Spr 1997.
Harman, Grant, 1992, "Governance, Administration and Finance." *In the Encyclopedia of Higher Education,* vol.2., B.R. Clark & G. Neave. (eds.), Pergamon Press.
Hay, David B., et.al,2003, "Academics as Entrepreneurs in a UK University." In Williams (2003).
Johnson, Benjamin, et.al., (eds.)., 2003, *Steal This University : the Rise of the Corporate University and the Academic Labor Movement,* Routledge.
Kerman, Alvin, 1997, *What's Happened to the Humanities?,* Princeton University Press.

(=2001, 木村武史訳『人文科学に何が起きたか？アメリカの経験』玉川大学出版部)。

Lang, Daniel W., 1999, "Responsibility Centre Budgeting and Responsibility Centre Management in Theory and Practice." *Higher Education Management*, Vol.11-3.

Leslie, L. L, Oaxaca, Ronald L.& Rhoades, Gary, 2001, "Technology Transfer and Academic Capitalism." in *Science and Technology Policy Yearbook 2001*, America Association for the Advancement of Science.

Marginson, Simon, 1997, *Market in Education*, Allen & Unwin.

Marginson, Simon & Considine, Mark, 2000, *The Enterprise University: Power, Governance Reinvention in Australia*, Cambridge University Press.

Massy, William F., 1996, *Resource Allocation in Higher Education*, University of Michigan Press.

Meisinger, Jr, Richard J., 1994, *College and University Budgeting: An Introduction for Faculty and Academic Administrators*, 2nd, NACUBO (National Association of College and University Business Officers).

Meister, Jeanne C., 1998, *Corporate Universities: Lessons in Building A World-Class Work Force*, 2nd, McGraw-Hill Education.

NTEU, 2000, *Unhealthy Places of Learning: Working in Australian Universities*, National Tertiary Education Union.

OECD, 1987, *Structural Adjustment and Economic Performance*.

――2003, *Education Policy Analysis 2003: Changing Patterns of Governance in Higher Education*.

Otten, Chris, 1996, "Principles of Budget Allocation at the Institutional Level." *Higher Education Management*, Vol.8-1.

Paton, Rob & Taylor, Scott, 2003, "Corporate Universities: between Higher Education and the Workplace." in Williams (2003).

Pfeffer, Jeffrey & Salancik, Gerald R., 1978, *The External Control of Organizations: A Resource Dependence Perspective*, Stanford Business Books.

Rhoades, Gary, 1997, *Managed Professionals: Unionized Faculty and Restructuring Academic Labor*, SUNY Press.

Riesman, David, 1980, *On Higher Education: The Academic Enterprise in an Era of Rising Student Consumerism*, Jossey-Bass. (=1986、喜多村和之監訳『高等教育論』玉川大学出版部)。

Rodas, Daniel, 2001, *Resource Allocation in Private Research Universities, Studies in Higher Education: Dissertation Series*, Boston College.

Rooney, D. & Hearn, G., 2000, Of Minds, Markets and Machines: How Universities Might Transcend the Ideology of Commodification, in Inayatullah, S. & Gidley, J., (eds.)., *The University in Transformation: Global Perspectives on the Future of the University*, Praeger.

Ruch, Richard S., 2001, *Higher Ed, Inc. The Rise of the For-Profit University*, Johns Hopkins University Press.
Ruppert, Sandra S., 2001, *Where we go from here: State Legislative Views on Higher Education in The New Millennium (Result of the 2001 Higher Education Issues Survey)*, the National Education Association of the United States.
SEWRSBERC, 2001, *University in Crisis: Report on Higher Education*, Senate Employment, Workplace Relations, Small Business and Education References Committee.
Sizer, J., 1992, "Accountability." *The Encyclopedia of Higher Education*, vol.2., B.R. Clark & G. Neave. (eds.), Pergamon Press.
Slaughter, Sheila & Leslie, Larry L.,1997, *Academic Capitalism: Politics, Policies, and the Entrepreneurial University*, Johns Hopkins University Press.
Slee, Peter & Hayter, Scott, 2003,"Integrated Income Generation, the Durham Model." in Williams (2003).
Sperling, John, 2000, *Rebel with a Cause: The Entrepreneur Who Created the University of Phoenix and the For-Profit Revolution in Higher Education*, John Wiley & Sons.
Strauss, Jon C. & Curry, John R., 2003, *Responsibility Center Management: Lessons from 25 Years of Decentralized Management*, National Association of College and University Business Officers.
Teichler, Ulrich, 2003, Higher Education Reforms in Comparative Perspective (=2004、福留東土・串本　剛・柳井伊砂・羽田貴史・音野美晴訳「比較の視野から見た高等教育改革」『高等教育研究叢書75 戦後高等教育の終焉と日本型高等教育のゆくえ』)。
Thompson, E. P., 1970, *Warwick University Ltd. Industry, Management & the Universities*, Spokesman Press.
Wagner, Alan, 1996, "Financing Higher Education: New Approach, New Issues." *Higher Education Management*, Vol.8-1.
Whalen, Edward L., 1991, *Responsibility Center Budgeting: An Approach to Decentralized Management for Institutions of Higher Education*, Indiana University Press.
Williams, Gareth, 1992, *Changing Patterns of Finance in Higher Education*, Open University Press.
――2003, *The Enterprising University: Reform, Excellence and Equity*, Open University Press.
Winefield, Anthony, 2002, *Occupational Stress in Australian Universities: A National Survey 2002*, National Tertiary Education Union.

第3部

大学運営の主体

第10章　教育マネジメントと学長リーダーシップ論
第11章　国立大学長の選考制度
　　　　――誰を、どう選んできたか
第12章　国立大学事務職員論から「大学人」論へ
第13章　高等教育研究と大学職員論の課題
第14章　ガバナンスにおける大学団体の可能性

第10章　教育マネジメントと学長リーダーシップ論[1]

1　問題の設定

　高等教育において教育マネジメントの論議は、ガバナンス(大学内部の権限配分)が焦点になることが多い。ガバナンスの定義は流動的で、マネジメントと区別しない例もある[2]。しかし、コンフリクト・マネジメントのように、具体的な活動や手法が課題であるにもかかわらず、権限と責任体系さえ明確なら物事が進むとの想定は、ある種のイデオロギーである。その背景には、戦後、国公立大学の運営は、大学管理法が未制定のまま、各種の特例法と慣習法[3]によって行われてきたことが指摘できる。マネジメントの不全は権限体系の未構築に起因すると思われやすいのである。最近は、大学ガバナンス一般ではなく、教育の領域も学長のリーダーシップの対象として主張され、中央教育審議会(2012)は、学長を中心とするチームによる全学的教学マネジメント[4]を推奨し、中教審大学分科会組織運営部会(2013)は、学長が最終的な意思決定機関であり、教授会で事実上の意思決定が行われていると問題視する。この主張には、法制度の不十分な理解に立脚するなど多くの錯誤があるが[5]、問題指摘だけではなく、マネジメントの改革論が学長リーダーシップ論として表出してくる背景とその意味について考察し、メタ分析を行っておくことが何より重要であると考える。本論では、(1)戦後の大学管理運営制度改革論の系譜をレビューし、(2)組織マネジメント論からの分析を加え、(3)教育マネジメントのための理論的課題を提示したい。

2 戦後大学ガバナンス改革の系譜

(1) 未発の大学管理制度改革

　大学管理制度の構築は、戦後の大学改革において挫折した課題である。田中耕太郎文部大臣がリーダーシップを発揮した教育立法改革構想は、教育基本法、学校教育法、教育行政（学区庁法）、私立学校（学校法人法）、教師身分法の制定による制度化を内容とし（古野1987:3）、学校教育法で、学長・教授会に関する定めを置くほかは、大学の内部運営を単独で立法化することを予定していなかった。唯一の立法は、「教員身分法」であり、国公私立大学の教員は教授会の議により、学長は大学の定める選挙の方法で選出し、それぞれ文部大臣が任命することにしていた（羽田1987:23）。

　大学管理運営のための固有の法制化は、占領軍顧問イールズによる大学理事会法案の提示から始まった（羽田1999:74-90）。レッド・パージ戦略の一部として位置づけられた理事会法案は、大学人の反発を招いて頓挫し、教育課長ルーミスから、「CIEの案は・・・撤回するから考慮外に置いていただきたい」（1949年7月19日、伊藤次官との会談[6]）と念を押され、大学管理法案起草協議会が作成した「国立大学管理法案」、「公立大学管理法案」（『戦後教育資料』Ⅵ-481,484）が、1951年3月、第10回国会に提出されたものの、支持なく成立しなかった。

　法案が成立していれば、権限と責任が不明であるとして、大学管理運営に対する欲求不満が顕在化することもなかったかもしれない。逆に不満が加速したかもしれない。なぜなら、この法案は、評議会、教授会を審議・決定機関とし、学長、学部長をそれぞれ評議会、教授会の決定した方針を実行する執行機関と位置づけ、同僚制自治を拡大しているからである。大学外の人間が参加する商議会も設置されるが、あくまでも諮問機関である。また、文部大臣の諮問機関として国立大学審議会を設け、文部大臣が高等教育政策の基本方針を決定する際には、予め意見を聞くことを定め、高等教育政策の形成に大学人が参加する道も開こうとしたのである。大学管理法制定は、関係者の熱意を欠いて失敗し、その後の試みも挫折し続けた。

(2) 大学管理運営の構造

　法制化が挫折したため、戦後の大学管理運営制度は、学校教育法による統督責任者としての学長、重要事項審議機関としての教授会、国公立大学にあっては、教育公務員特例法による大学による学長選考、部局長・教員人事に関する教授会の権限の法定、「国立大学の評議会に関する暫定措置を定める規則」(1953年4月22日、文部省令第11号) による評議会の組織・権限の決定など、各種の法令が織りなす複合体として構築され、大学内自治立法で慣習法を伴って具体化された。

　また、経営と教学の分離は、大学管理の原則として重要である。学校教育法第5条は、設置者管理・負担主義を定めている。この場合の管理とは大学に対する管理であり、学校法人の場合、国の統制を排除し、私立大学の自主性を確保することに最大の意味がある。同時に、学校に法人格を与えず、経営を学校法人の責任、教育及び研究を私立大学の責任とした。機関内部の権限配分は、学長の職務を、「校務をつかさどり、所属職員を統督する」とし、「統督」とは、「学問研究の自由及び大学教員の特殊性に鑑み、いわゆる監督は細部にわたらず、大局的立場に立ってなされるべきこと」(有倉・天城 1958:212) と解釈され、現在でもこの規定は変わらず、「学長の所属職員に対する関係は、たとえば教授会が法令上特定の権限を有することなど、大学における教員の職務の特殊性に基づき、一般行政官庁における関係に較べて、より包括的、大局的な立場が重視されること」(鈴木 2011:784-785) とする解釈が支配的である。また、大学内部の権限は、学内機関の間で重層的に配分されており、学生処分は学長が行うが (旧学校教育法施行規則第13条①)、入退学、転学等は教授会の議を経て学長が定めるとされた (同規則第67条)。すなわち、大学は、上級者が下級者に委任して監督権を行使して一体として組織運営を行う官僚制に基づくのではなく、それぞれの領域の特質に対応して、学内機関に権限を配分するシェアド・ガバナンス (権限の分担による共同管理) の形態を取っているのである[7]。

(3) 学部自治を支える制度的基盤

これら法制改革により、学部教授会の地位は確固たるものになったが、次のような大学組織構造が支えあっていたことに注目しなければならない。

第1に、大学の基本組織は、大学令以来学部であり、設置認可は学部及びその下部組織としての学科・講座単位で行われる。したがって、教員定数は大学ではなく学部・学科に帰属するものであり、全学的な視点から教員配置を行う制度的根拠がなかった。部局を超えた必要性へ対応するために、大規模大学では流用定員制度を置いたが、事柄の性格上規模には制約があった。

第2に、国立大学の予算は、講座や学科など基礎組織単位で決定された校費を積算して配分された。学生経費や図書館経費など全学的共通経費も配分されるが、必要額を充当できず、教官当積算校費・学生当積算校費から補填していた。積算校費は、教官・学生当たりで特別会計に計上されるため、全学経費は学部経費をピンはねするものと理解され、学部の合意なしには配分できなかった。

第3に、学部・学科組織は、学問分野の階層的構造を反映し、研究と教育双方を行う基礎単位であり、大学教員の訓練と再生産もこの組織構造の上で行われる。大学教員の多くは、学部・学科単位で訓練を受け、強いインブリーディングのもとでキャリアを積む。大学教員のメンタリティと行動様式は、自己形成を行ってきた組織文化の刻印を受け、学部と大学とを同一視する傾向を生みやすい。戦後の大学自治の特質理解には、管理機関間の権限配分のみならず、組織構造とそれを支える教員のメンタリティまで視野に入れておく必要がある（羽田 2013a）。

3 管理運営の法制化──学長リーダーシップというアジェンダ

(1) 中教審38答申に見る論理

大学管理制度の再構築の政策的議論は、中央教育審議会答申（1963年1月28日、いわゆる38答申）に始まる。安保闘争を機とする全学的な学園秩序維持という動機もあったが、その中心論点は、大学自治を教授会自治ではなく大学

全体の自治として確立することであり、答申は、学長を全学の総括的な責任者と位置づけ、適切な候補者の選考と任命、評議会・学部長・教授会の職務権限の明確化を提言した（羽田・金井 2010:165-167）。答申で示された独任制機関（学長・学部長）と審議機関（評議会・教授会）との関係は、国立大学管理法案・公立大学管理法案とは異なり、評議会及び教授会を決定機関とはせず、審議機関とした上で、その権限を限定した。言い換えれば、明記されない権限は学長・学部長に帰属することになる。

ただし、教授会は、「教育研究の計画、学生の教育指導および学業評価、学部長・教員の候補者の選出、学位・称号に関する事項等について審議」するもので、教授会は、「教育研究の管理運営について直接責任」を負う者で構成されなければならないとしており、シェアド・ガバナンスの枠組みは維持されていた。個別学部自治の集積としての大学自治ではなく、機関全体の自治として大学自治を位置づけ、学長の権限を強化するという方向は、リーダーシップという概念で括られてはいないが、以降の大学運営改革のアジェンダとして継続していく。しかし、学部・講座制・学科目制など組織構造そのものへの疑いはなく、学部教授会の強さは、教育研究の単位として存在していることへの着眼はなかったのである。

(2) 組織変化がもたらすマネジメントの課題－46答申

46答申は、70年代からほぼ20年にわたって推進された高等教育政策のグランド・デザインたる性格を持っていた。その管理運営改革構想の特筆すべき点は、「新しい形態の法人」や「新しい管理機関」など、機関の自律性＝団体自治を拡大するとともに、機関内部においては、教育組織と研究組織とを区分することを勧告したことである。その背景には、専門の細分化による組織の複雑化、規模の巨大化に対応した組織・編制の合理化と効率的な管理機能の確立が求められているとの認識があった。高等教育機関への多様な要求に対し、機関間の種別化と、大学内部組織の変化によって対応し、学部・学科制という組織の性格と多様な要求とのジレンマを克服しようとしたのである。

しかし、学問分野の模写である学部・学科制と異なる教員組織を編成した場合、どのようにマネジメントが可能になるかは検討されていない。答申が示したのは、学長・副学長など中枢機関の権限強化である。教員の再生産や配置原理まで組み込んだ学部・学科制が廃止された場合、分野間の対立を克服するコンフリクト・マネジメントなど対応した手法が必要であったにもかかわらず、そうした議論はない[8]。マネジメント(経営手法)の課題がガバナンス(権限配分)によって解決できるという思考様式の原型がここにある。

マネジメントの課題をガバナンスで解決する主張は、臨教審によって制度化された大学審議会の答申として90年代にたびたび繰り返された。大学審議会答申『大学運営の円滑化について』(1995)は、学長、学部長等の執行機関、評議会や教授会などの審議機関の権限と責任を明確にすることを勧告し、学校教育法施行規則改正によって、教授会に代議員会・専門委員会を設置した。

(3) 経営と教学の一体的運営という新たなテーゼ

国立大学法人化の圧力の下で、大学審議会答申(1998)は、学内の機能分担の明確化、学長を中心とする大学執行部の機能、全学と学部の各機関の機能、執行機関と審議機関の機能分担と連携協力、審議機関の運営の基本等を明確化など、従来の枠組みを踏襲した像を示した。大学審議会答申は、国立大学法人化を想定せず、設置形態にかかわりなく、あらゆる大学に共通する構図を提示した。一方、『新しい「国立大学法人」像について』(2002)が示した管理運営像は、国立大学に法人格を与え、学長が法人の長となることで、経営と教学の一体的運営を目指そうとした。結果、学長の権限はさらに強く、経営・教学双方の最終責任者として学内コンセンサスに留意しつつ、強いリーダーシップと経営手腕を発揮する役割を付与する構想を示した。同時に、内部運営機関として、教育研究評議会が教学事項を、経営協議会が経営事項を審議することとされ、審議機関のレベルで経営と教学を分離し、教授会が教学事項の一体化に一歩踏み出したのである。

(4) 教育マネジメントと学長の役割

大学審議会廃止後、中教審大学分科会がその役割を担う。中教審 (2008) は、権限配分に触れず、学士課程教育における方針の明確化や、職能開発に重点を置くものであった。言い換えれば、初めて本格的に教育マネジメントを論じたといってよい[9]。しかし、マネジメントとして論じたのは、これのみであり、これ以後、審議会は、再びガバナンス論議へ回帰する。中教審 (2012) は、学長を中心とするチーム (副学長、学長補佐、学部長及び専門的な支援スタッフ等) による全学的マネジメントを提示したが、文部科学省関係審議会のみならず、第2次安倍内閣教育再生実行会議「これからの大学教育等のあり方について」(第3次提言、2013年5月28日) は、大学教育のグローバル化を促進するために、大学ガバナンス機能の強化を盛り込んだ。これを受けて、中教審大学分科会組織運営部会 (2013) は、効果的なガバナンスのために、教学と経営の意思決定手続を確立することが重要とし、学長が最終的な意思決定機関と位置づけられながら、教授会が法律上は審議機関であり、結果に直接責任を負わないのに、事実上議決機関として意思決定をしていると問題視する。教授会が審議すべき事項を教育課程の編成、学生の身分、学位授与、教員の業績審査等に限定するとともに、権限と責任の一体化というテーゼのもとに、学長が教員人事の責任を持つことを主張している。

こうして半世紀の間、学長リーダーシップ論は、マネジメントとガバナンスの双方にわたる言説であり続けてきた。他方、この半世紀は、組織マネジメント研究が大きく発展した時期でもある。組織マネジメントから見た場合、学長リーダーシップ論はどのように評価可能であろうか。

4 組織マネジメント論から見た学長リーダーシップ論

第1に、学長リーダーシップ論は、機関の規模・内部組織・伝統・文化を超えて普遍的な管理運営の構造と手法があるという前提に立っている。加えて、責任と権限の一体化という主張に見られるように、大学か否かを問わず、あらゆる組織を通じた普遍的な構造と手法があると主張する。しかし、現代

の組織マネジメント理論は、「すべての組織が同じように扱われる時、多くの問題が生じてくる」(Daft 2001=2002:23) という立場にある。たとえば、コンティンジェンシー理論であり、「あらゆる組織の管理に共通であてはまる効率的で効果的な組織のしくみがあるという主張への批判」(土屋・二村 1989) を前提にするが、先の学長リーダーシップ論が、これを否定する有力な証拠に基づいているわけではない。

第2に、組織マネジメント論における基本理論、バーナード＝サイモン革命によって提出されたマネジメントにおける人間的要素の問題、特に認知的限界の問題が全く視野に入っていない。Barnard (1938=1956、1948=1990) 及び Simon (1945=1965)、March & Simon (1958=1977) は、テーラーの「科学的管理法」(1911) に代表される古典的理論の転換を行った。サイモンは、「従業員を『器械』とみなした『古典的な』組織理論に対して重要な修正を加え」た (March & Simon 1958=1977:207)。その中核は、マネジメントの問題は権限の問題ではなく、組織において意思決定が不合理的にならざるをえないことが問題であり、人間の認知的限界を明らかにし、そのことで合理的な意思決定の条件を明らかにしたのである。

特に重要なのは、組織構造の複雑さと階層性の問題である。すなわち、人間は、所与の状況の中で合理的であろうとし、複雑な問題を独立した部分に要素分解し、他の状況を定義からはずそうとする。そして、複雑性のすべてを捉えるのではなく、主要な局面のみを捉えた単純化されたモデルを持ち、極大化ではなく満足できるレベルを達成する満足化を目指す。このため、組織内の意思決定の不一致を導き、組織内コンフリクトの発生源となる[10]。サイモンは、世界の持つ複雑性と階層性について検討を行っているが(Simon 1996=2010)、この視点は、大学運営を分析する上できわめて重要である。

大学の組織とガバナンスに関する基本理論について、筆者はたびたび言及してきたが(羽田 2007b)、コーガン＝ベッチャー (Kogan & Becher 1992:4-5) モデルが現実の優れた抽象化として支持できる。このモデルは、大学組織が、教員個人——学問分野ないし教育活動の基礎組織(学科など)——資源確保や配分のマネジメントを行う中間組織(学部など)－組織的意思決定の単位で

ある機関(大学)によって、規範とする文化や行動様式が異なることを示した。組織における部分最適化を目指す行動様式は、専門分野別に組織された学部に典型的に見られ、構成員は専門分野の価値規範に従って行動する。機関全体や高等教育が社会に対して果たすべき役割は、部分最適化をメンタリティの基礎に置く教員個人・基礎組織・中間組織が、直ちに受け入れるものではない。組織レベルによる規範の違いと葛藤は、ジレンマのあるものだが、そ

・
れが大学というものだとも言える(本書　第6章　参照)。

　第3に、この認知的限界は、学長に権限と責任を集中させることで克服できるわけではない。意思決定は常に選択として行われる。たとえば、ある学位プログラムを新設しようとすれば、すでにある学位プログラムの廃止や縮小との選択で決定される。GPAやナンバリングなどの導入は、すでにある成績評価制度や科目配置の変更を伴い、選択として行われる。理論的には、これらの制度の導入や改革が、実行に伴うコストや労力を含め、現在と異なってどのように効果的であり、生じる弊害や混乱を考慮してもメリットがあるかが認知されなければ、合理的判断として意思決定は行えない。また、他の代替的選択肢を含めて、好ましい結果がかなりの確実性をもって把握されなければならない。教育研究の基礎単位は各専門分野の構造に規定されており、同じ制度が同じ効果をもたらすとは限らない。専門分野の特性を知る基礎部門は、代替的選択肢を検討しうる立場にあるが、もたらされる変化を比較衡量した判断のための情報が常に得られるわけではない。専門分野の特性がある以上、新たな選択肢が機関内で同一の効果をもたらすとは限らず、大学としての判断は、こうした分野的特性を包括したものにならざるをえないが、これらの代替的選択肢の効果についての知識には大きな制約があり、「ある準拠枠に照らした合理性しか語ることはできない」(March & Simon 1958=1977:210)。「管理組織の中であろうと外であろうと、人間の行動が、たとえ合理的であったとしても、それはその状況の持つ「所与」の性格のある集合に対応してのみ合理的であるに過ぎない」(前掲書:230)[11]。

　第4に、それゆえに、マネジメントの在り方が問題なのである。センゲが提出した学習する組織の概念——部分的認知能力を克服し、組織全体がビ

ジョンを共有し、システム思考を核としてメンタルモデルを変容していくことは示唆的である。センゲは、組織が効率的効果的に作動しない理由を、問題を分割して把握すること（それはデカルト以来の近代認識論であり、大学教員は訓練の過程で身体化する）、断片化して扱うことに求める（分業は近代社会の特質であり、組織人は入職後、断片化された組織の中での最適化を行うように身体化する）。「複雑な課題や対象が扱いやすくなるのは明らかだが、私たちは目に見えない莫大な代償を払うことになる。自分の行動の結果がどうなっているかが見えなくなるし、本来私たちに備わっている、より大きな全体とつながっている感覚が失われてしまうのだ」（Senge 2006=2011:34）。大学における分散性は、官庁・企業の縦割り問題と同一なのである[12]。

　第5に、組織マネジメント理論に対応したリーダーシップ概念の変化が視野に入っていない。リーダーシップは論争的な概念であり、北野（1989:131）は、合理的組織モデルで説明できない時に、理論と現実の狭間を埋めるための媒介要因として、リーダーシップ概念があるというシニカルな分析を提示している。これほどシニカルな評価はともかく、いかなる組織にもリーダーは必要であり、リーダーの在り方を示す概念としてリーダーシップ概念は不可欠である。

　しかし、マネジメント革命に対応し、リーダーシップも、「指揮・管理するスキル」から「約束して支援するリーダーシップ」（Kouzes &Posner 2003=2010:17）に変化してきた。センゲは、リーダーシップを職位に基づく権限と同一視する見方を、リーダーの役割を単純化し、その基礎には、社員は無力で個人のビジョンに欠け、変革の力を身につけられず、これらの欠陥を修復できるのは一握りのリーダーだという前提がある、と批判する（Senge 2006=2011:459-462）。語られてきた学長リーダーシップ論も同様に、大学教員を無力なものと扱い、大学教員の動機づけを課題にしない（羽田 2013b）。

　このように見ると、学長リーダーシップ論は、マネジメント理論の展開に即したものではなく、ある特定のタイプの理論に固執し続けているものだといえる。それは、権限と責任の体系を構築することで、組織が円滑に機能すると想定する官僚モデルに他ならず、官僚機構の信仰と幻想が続いているこ

とを示す[13]。だが、官僚制モデルにあってさえ、責任と権限の一致は普遍的原理ではない。西尾勝は、官僚制組織における委任者と先任者の分離などの事例から、官僚組織の古典モデルは崩壊したと指摘し、制度的責任－非制度的責任、外在的責任－内在的責任の軸によって行政責任の4類型を抽出する。そして、上級者に対する応答責任のような受動的責任とともに能動的責任の重要性を、さらに官僚制が必然的にもたらす形式主義の克服に、成員の自律的責任の重要性を指摘する (1990:348-368)。近年の学長リーダーシップ論は、教育研究のような専門的活動すら行政責任に包摂し、官僚制モデルとしても素朴な主張である。

5　経営と教学の区分——シェアド・ガバナンスは死んだか

学長リーダーシップ論は、経営による教育の包摂、シェアド・ガバナンスを変更する志向を持っている。アメリカでもシェアド・ガバナンスは動揺しており、この点も検討しておこう。アメリカの大学理事会団体であるAGB (Association of Governing Boards of Universities and Colleges) の名誉会長R.イングラムは、大学運営ハンドブックで、「シェアド・ガバナンスの概念はアメリカ高等教育の特徴であるが、理事会が単独で主要な決定を行うという幻想を持っている理事には理解が難しい」 (Ingram 1993:95) と述べている。第2次世界大戦後の高等教育の拡大と理事会の素人支配が限界をきたし、ファカルティの権限が漸進的に拡大したこと、社会の民主化の拡大を背景に、親代わり政策の破綻と学生の参加などが重なりあい、構成員間で、理事会、学長、教授団、学生がそれぞれ適切に責任を分かち合い、協力した行動を取ることが定式化されてきた (Hines 2000:113-114)。その象徴は、1966年にAAUP声明 "Statement on Governance of College and Universities" を、AGB と ACE (American Council of Education) が認知したことである。

しかし、高等教育の競争関係が拡大する中で、その後シェアド・ガバナンスも見直された。1996年にAGBのCommission on the Academic Presidencyは、"Renewing Statement on Governance of College and Universities" を公表し、

市場への適応のためにシェアド・ガバナンスを変える必要があると主張した。委員会は、学長の権限を強める行動を取ることを勧告し、妨げになる非生産的なファカルティの権力を削減すること、理事会がリスクを取っても改革を進める学長を選出することを勧告した。委員会の報告書を受けて、1998年11月にAGBは、"AGB Statement on Institutional Governance"を公表し、アメリカ高等教育の管理運営は多様であるが、市民による理事会の存在は他国から区別される特質であること、AAUP声明から30年が経ち、大きな変化が生じてきたこと、AGBは、声明を推奨（commended）したが、是認（endorse）したのではないなどと述べ、「大学の究極の責任は理事会にある」と強調した。声明は、シェアド・ガバナンスという言葉を全く使わず、大きな転換を図ったことがわかる。90年代には、州政府が州立大学のパフォーマンスに強い関心を持ち、理事会の役割を強める理事会行動主義を取った。この声明は象徴的である（Hines 2000:113-114）。もちろん、シェアド・ガバナンスへの批判は、それ以前からあった。Kerr（1984）は、学長リーダーシップの強化がアメリカ高等教育において最も切実な課題であるとしていた。こうした議論を背景に、Fisher & Koch（1996:16-17）は、学長のリーダーシップの回復を主張した。

このように、アメリカにおいても90年代に分権型大学運営は修正を加えられてきているのであるが、責任と権限を学長・理事会に集約し、教員を研究と教育に専心させるような単純な議論ではないし、実のところ、シェアド・ガバナンスが廃棄されたのでもない。1998年のAGB声明も、歴史的に高等教育のガバナンスは、理事会、アドミニストレーター、フルタイムの教員によって担われてきた事を認めつつ、ノンテニュア教員や学生など、他の利害関係者が増加しており、こうした人々の声にも配慮したルールを作るべきであるとしている。

その後、AGBは、"AGB Statement on Board Accountability"（2007年1月）を公表し、非営利の組織への圧力が増加し、利益相反の問題などが生起している環境に対応して理事会の応答責任（accountability）を定義した。理事会は機関の使命を推進し、誠実さと質を促進する信託された責任を有し、公共的利益を尊重し、アメリカ高等教育を形成してきた永続的な諸価値——自己統

治、自律性、学問の自由と適正手続き、シェアド・ガバナンス、教育の質、透明性、財政的誠実さへの応答責任があるとしている。この内容は、2010年1月にAGBが1998年声明を改訂した"Statement on Board Responsibility for Institutional Governance"にも引き継がれた。シェアド・ガバナンスは再度復活しているのである。AAUPの事務局長ゲーリー・ローズは、ガバナンスにおける教員の特別な役割と共同責任の強調などAAUPと共通の基盤があると声明を評価している[14]。

このように、シェアド・ガバナンスは揺れてはいるが依然としてアメリカ高等教育の指針である。ACEが出版したMortimer & Sathre (2007) は、第7章を「シェアド・ガバナンスの擁護」にあてている。

6 教育マネジメントの構築

では、シェアド・ガバナンスを日本でも構築することで、教育マネジメントを効果的に達成しうるだろうか。学長への集権化も疑問だが、教員集団も、マネジメントの主体たりうるか、現状では大いに問題がある。

理由の第1は、欧米圏の大学では、運営参加は大学教員の業務の一部であり、専門職の責務であるが、日本においては雑務とされがちだということである。たとえば、アメリカの新任教員向けハンドブックは、ファカルティの仕事の3要素を、Teaching(教育)、Scholarship(学術活動)、Service(社会活動)とし、大学内の活動(Institutional Service)について、「遅かれ早かれすべての教員は学部、カレッジ、全学レベルの委員や議長を頼まれる。委員会は結局仕事としてくるのである。あなたが従う義務は、大学と教員の明白な契約から派生する。教員は自由を与えられ、‥この自由と引き換えに集団的目的を追求する上で大学を助けることが期待されている」(Lucas & Murry,Jr 2007:185-194) と述べている。Austin & McDaniels (2006) が整理した大学教員の専門性には、「組織市民性 (Institutional Citizenship)」が明確に位置づいている[15]。しかし、日本はそうではない。

第2に、教育マネジメント構築の志向において、大学教員の専門性を技術

的合理性にとどめる志向は、官僚組織モデルの反映であるが、大学教員研究や大学教員自身の中にも、教育と研究に専心することを本体とし、管理運営の負担を問題視する言説が見られる。自らの組織を担うエトスの欠落は、自治団体として構成員が運営を支えることが当然視されてきた欧米市民社会の伝統との落差を感じさせるが、それだけではない。組織市民性に欠けるということは、市民社会の担い手として成長させるべき学生の指導に、当の大学教員が力を持たないことも意味する。

　第3に、エトスの欠落は、制度上の欠陥に反映し、もしくは欠陥に支えられている。国際的な文書における大学教員の職務は、ユネスコ「高等教育の教育職員の地位に関する勧告」(1997年11月第29回総会採択)で規定され、高等教育機関の教育職員に対して、学問の自由(Ⅵ-A-27)、教育を行う権利(Ⅵ-A-28)、研究を行う権利(Ⅵ-A-29)と並び、管理的業務に加わる権利と機会(Ⅵ-B-31)を明記している。ユネスコ「21世紀に向けての高等教育世界宣言」(1998年10月　ユネスコ高等教育世界会議採択)は、高等教育機関の自治と管理機関への教員の参加を機関の使命を達成するために位置づけている(第13条)。これらの権利は、専門職としての義務と責任から派生するものでもある。「高等教育の教育職員の地位に関する勧告」の諸権利は、「高等教育の教育職員の権利および自由」の章の条項であるが、続く第7章「義務と責任(Duties and responsibilities of higher-education teaching personnel)」は、学問の自由について、学術的義務と調和する行使する責任を持つこと(Ⅶ-33)、高等教育機関の自律的管理に要請される適切な義務を負うこと(Ⅶ-34-l)と述べている。

　一方、日本においては、大学教員の職務は、「専攻分野における教育上、研究上又は実務上の特に優れた知識、能力及び実績を有する者であって、学生を教授し、その研究を指導し、又は研究に従事する」(教授の場合、学校教育法第92条)とされ、管理運営を位置づけていない。また、大学設置基準の教員資格も専攻分野の研究業績と教育能力を資格としているのみである(第14-17条)。ちなみに、これらの規定は、幅広い知識や教養も定めておらず、皮肉に言えば、狭い専門のタコつぼ的な研究と教育に従事することを法制的に裏付けているともいえる。唯一、大学基準協会「大学基準」(1994年5月17

日改訂）が、教員の責務として、「自律的社会としての大学の主要な構成員として、教育研究にかかわる管理活動に関与する責任を主体的に分担することが必要である」としていたが、なぜか、この規定は消え、現在は、管理運営・財政について、学長等の管理職の権限と責任の明確化を強調している。

　第4に、学問の自由の制度的保障としての大学自治の理解の問題がある。学問の自由の制度的保障と見る以上、大学自治は団体自治一般ではなく、教育研究者の自治であり、教学事項と人事権は教授会に帰属するとするのが、憲法学の通説的理解である[16]。教育活動は、教員の学問の自由の一部として定式化され、教員個人が担当する授業の目標設定、成績評価などを教員集団として検討する際に、教員個人の教育の自由と組織としての教育活動との対抗関係が発生し、さまざまな葛藤をもたらしてきた。事柄は、全学自治対学部自治という対立構造だけではない。憲法第23条は、市民的自由のカタログに属する条項の中に置かれているため、ユネスコ文書に見られるように、専門家としての責任に基づく内在的制約を持った職能的自由であることが明確になっていない。市民的自由とは、他者の自由を侵さない限り何の制約もなく、自由の行使それ自体に価値があるとみなされるからである。日本学術会議学術と社会常置委員会（2005）は、学問の自由と自治を社会から負託されたものとみなす見解を表明していたが、その後十分な展開を見なかった。アメリカにおいても、学問の自由について、大学教員の職能的自由と憲法的自由の系譜があることが指摘されている（松田 1998）。しかし、学問の自由を比較行政的視角から検討した高柳信一は、専門職能上の自由として考察しながら、ドイツにおける特権的自由としての学問の自由を問題とし、市民的自由と同質と見るべきとした（高柳 1983:41）。職能的自由としての学問の自由と負託自治としての大学自治の把握は、比較憲法史的考察を含めた課題である。ここでは、憲法制定議会における、教育の自由についての内在的制約理解を紹介しておこう。田中耕太郎文部大臣は、「教授としての活動に関しましての条理上の制限があると云ふやうに存じて居ります」（貴族院帝国憲法改正案特別委員会、昭和21年9月18日）と端的に述べていた。この説明は、大学以外の教育機関の教育の自由を差別化する意味もあり、国民の教育権論からは無

視され続けてきたが、教育活動が教員個人の絶対的な自由の領域に属さないことは、傾聴に値する。教授会自治と大学教員の教育マネジメントへの参加は、これらの理論的根源を見直すことで再構築され、教授会自治か学長リーダーシップかという対抗関係を克服した像が描かれるであろう。

注

1　本章は「教育マネジメントと学長リーダーシップ論」『高等教育研究』第17集(2014年)を収録した。
2　マネジメントは、「特定の目的を達成するために機能集団、特に近代的な組織を運営して行く活動を指」(大澤 2012) し、ガバナンスは、「一般的にものごとを管理・運営して行くための諸ルールの体系」(猪口他 2000) と定義されるが、方法を含む定義もある(大澤 2012)。米澤(2011:5)は、マネジメントにガバナンスを包括している。
3　「慣習法」とは、法源のひとつであり(法の適用に関する通則法第3条)。教育のような自律的な活動のルールは、すべてが明文化できない性質を持っており、慣習法の持つ意味は大きい。
4　最近、「教学」を「教育」と同義に使用する例がある。しかし、教学とは、教育と学問とを総称した用語として使われ、国体明徴のために設置された教学刷新審議会(1936年)に由来する。正確な用語の使用が求められる。
5　たとえば、国立大学法人化により、教育公務員特例法の適用はなくなり、「人事に関する大学の自治を守るための教授会という構図はなくなり」とされるが、教授会の教員人事権は、教育公務員特例法によって創設されたものではなく、学問の自由の制度的保障として位置づけられるものである。学問の自由にとって教員の身分保障は、ポポロ事件最高裁判決(1963年)で述べられ、名城大学教授解雇事件名古屋地裁判決(1961年)、八代学院大学助教授解雇仮処分事件神戸地裁判決(1976年)など私立大学にも適用される判例がある。また、憲法学説上もこれを支持する意見が圧倒的に多い。高等教育行政の専門家が参加せず、基礎的な事実を踏まえないのは残念である。
6　「伊藤次官・ルーミス会談」『戦後教育資料』VI-71。
7　日本語で書かれた文献では、この複雑な管理運営の在り方について十分説明したものはまだないが、羽田(2007a)、江原(2010:220-228)参照。
8　マネジメントとは、組織の機能を最大限発揮させる作用であり、組織の形態(閉鎖系か開放系か)、規模等によって異なり、マネジメントを効果的に推進するための権限配分も異なる。この常識、たとえば、アメリカビジネススクールのベストセラー教科書であるDaft(2001=2002)がいまだに理解されていない。そのメンタリティについては第1章参照。
9　また、この答申は、「いわば市場化の改革手法のみでは、教育の質の向上について十分な成果を期待することはできない」(pp.5-6)と述べ、規制緩和路線を反省す

10　官庁であれ企業組織であれ、組織の持つ弊害は縦割り構造によるタコツボ化であることを想起すれば、このことは良く了解される。

11　このことは、「タフな東大生」を育成するための秋入学制度という大学執行部の方針が、国際化への適合という「準拠枠」に沿って合理性が主張され、代替的選択肢の比較衡量を加えた部局の議論を経て修正されたプロセスによく表れている。

12　こうしたメンタリティは、階層性に由来する決定論的なものではない。これを強化しているのは、教員研究者が自己の価値観とコンピンテンシーを形成する学士課程教育・大学院教育の訓練である。学士課程教育から大学院に至るまで、入試選抜は学科など専門の一分野ごとに行われ、大学院教育においても、関連領域や他分野の知識を深める機会はきわめて少ない。日本の大学教員のインブリーディングは高く、こうした背景を持つ教員集団は、専門分野内の経験と文化に閉ざされ、全体的思考を獲得できていない。

13　そもそもは、学長リーダーシップ論の発信源は官僚、企業人及び付随する学者と学長たちである。日本の行政学は、行政法学をベースに組み立てられ、官僚組織の学問としての性格がいまだに強いが、アメリカの行政理論は、組織運営理論の一分野として公共行政が位置づいている。したがって、公共行政論においても、バーナード、サイモンら意思決定論が活用されている。日本においても、西尾勝『行政学の基礎概念』（東京大学出版会、1990年）、宇都宮深志・新川達郎『行政と執行の理論』（東海大学出版会、1991年）、今村都南雄『行政学の基礎理論』（三嶺書房、1997年）など彼らの理論が摂取されているが、大学ガバナンスを論じる際、理論動向を参照した形跡はない。

14　http://agb.org/comment-agb-statement-institutional-governance-gary-rhoades-general-secretary-aaup（2014年1月10日アクセス）

15　『諸外国の大学教授職の資格制度に関する実態調査』（研究代表者羽田貴史、文部科学省先導的大学改革推進委託事業報告書、2011年6月）における加藤かおり（イギリス）、大場淳（フランス）などの論稿を参照のこと。

16　渋谷秀樹『憲法』（有斐閣、2007年）、松田浩「学問の自由」『新基本法コンメンタール　憲法』（芹沢斉他編、日本評論社、2011年）、芦部信喜『憲法　第5版』（岩波書店、2011年）、野中俊彦他『憲法Ⅰ第5版』（有斐閣、2012年）、辻村みよ子『憲法〔第4版〕』（日本評論社、2012年）、大石眞『憲法講義Ⅱ〔第2版〕』（有斐閣、2012年）、など、通説は圧倒的に教授会を人事自主権の主体と位置づけている。

参考文献

有倉遼吉・天城勲、1958、『教育関係法Ⅱ』日本評論社。
猪口孝他編、2000、『政治学事典』弘文堂。
江原武一、2010、『転換期日本の大学改革　アメリカとの比較』東信堂。
大澤真幸他、2012、『現代社会学事典』弘文堂。

北野利信、1989、「リーダーシップ論の新しい展開―リーダーシップという名の暗箱」『現代経営学④　現代経営学説の系譜』(大澤豊他編、有斐閣)。
鈴木勲、2011、『逐条　学校教育法』(第7次改訂版)、学陽書房。
高柳信一、1983、『学問の自由』岩波書店。
中央教育審議会、2008、「学士課程教育の構築に向けて」。
――2012、「新たな未来を築くための大学教育の質的転換に向けて～生涯学び続け、主体的に考える力を育成する大学へ～」。
中央教育審議会大学分科会組織運営部会、2013、「大学のガバナンス改革の推進について(素案)」。
土屋守章・二村敏子、1989、『現代経営学④　現代経営学説の系譜』有斐閣。
西尾勝、1990、『行政学の基礎概念』東京大学出版会。
日本学術会議学術と社会常置委員会、2005、「現代社会における学問の自由」。
羽田貴史、1987、「戦後教育改革と教育・研究の自由」『教育学研究』54-4。
――1999、『戦後大学改革』玉川大学出版部。
――2007a、「アメリカの大学理事会素描」『私学高等教育研究叢書1　私大経営システムの分析』日本私立大学協会附置私学高等教育研究所。
――2007b、「大学組織とガバナンスの変容―戦後日本型高等教育の着地点―」『COE研究シリーズ27　大学の組織変容に関する調査研究』広島大学高等教育研究開発センター。
――2013a、「大学組織改革の何が問題か」『IDE現代の高等教育』550。
――2013b、「大学教育における大学教員の役割と課題　アルカディ学報534」『教育学術新聞』(平成25年10月9日)。
羽田貴史・金井徹、2010、「国立大学長の選考制度に関する研究―選挙制度の定着と学長像―」『日本教育行政学会年報』36。
古野博明、1987、「『教育研究報告及資料1　昭和21 (1946)年11月~12月下旬の教育基本法立法過程』北海道教育大学旭川分校教育学研究室。
松田浩、1998、「合衆国における『二つの学問の自由』について」『一橋論叢』120巻-1号。
米澤彰純、2011、『リーディングス日本の高等教育7　大学のマネジメント　市場と組織』玉川大学出版部。

Austin, E. Ann & McDaniels, Melisa, 2006, "Preparing the Professoriate of the Future : Graduate Student Socialization", *Higher Education Handbook of Theory and Research*, Vol. XXI, Springer.
Barnard, I. Chester, 1938, *The Functions of the Executive*, Harvard University Press. (=1956、田杉競監訳『経営者の役割：その職能と組織』ダイヤモンド社)。
――1948, *Organization and Management: Selected Papers*, Harvard University Press. (=1990、飯野春樹監訳『組織と管理経営者の役割』文眞堂)。
Becher, T. & Kogan,. M., 1992, Process and Structure in Higher Education, 2nd, Routledge.

Daft, L. Richard, 2001, *Essentials of Organizations Theory & Design*, 3rd, Soth Western College Publishing.(=2002、高木晴夫訳『戦略と意思決定を支える組織の経営学』ダイヤモンド社)。

Fisher, L. James & Koch, V. James, 1996, *Presidential Leadership Making a Difference*, American Council on Education,Oryx Press.

Hines,R.Edward, 2010,"The Governance of HigherEducation". *Higher Education: Handbook of Theory and Research*,Vol.15, Springer.

Kerr, Clark, 1984, *Presidents make a difference: strengthening leadership in colleges and universities : a report of the Commission on Strengthening Presidential Leadership*, AGB.

Kouzes, M. James & Posner X. Barry, 2003, *Academic Administrator's Guide to Exemplary Leadership*, John Wiley & Sones, Inc.(=2010、高木直二訳『大学経営　起死回生のリーダーシップ』東洋経済新報社)。

Lucas, C. J. & Murry Jr, J. W., 2007, *New Faculty :A Practical Guide for Academic Beginners*. 2nd, Palgrave Macmillan.

March, G. James, Simon, A. Herbert, 1958, *Organizations*, Wiley & Sons, Inc.(土屋守章訳、1977、『オーガニゼーションズ』ダイヤモンド社)。

Mortimer, P. Kenneth & Sathre, O'brien Colleen, 2007, *The Art and Politics of Academic Governance:relations among boards,presidents,and faculty,ACE/praeger Series on higher Education*, Greenwood Publishing Group.

Senge, M. Peter, 2006, *The Fifth Discipline: The Art and Practice of the Learning Organizaitons*, Crown Business.(=2011、枝廣淳子他訳『学習する組織』英治出版)。

Simon, A. Herbert, 1945, *Administrative Behavior: A study of Decision-Making Processes in Administrative Organizations,* Macmllian.(=1965、松田武彦他訳『経営行動』ダイヤモンド社)。

―― 1996, *The Science of the Artificial*, 3rd, Massachusettsefts Technology.(=2010、稲葉元吉・吉原直樹訳『システムの科学』パーソナルメディアンド社)。

第11章　国立大学長の選考制度──誰を、どう選んできたか[1]

1　問題の設定

　学長のリーダーシップ強化は、長く大学運営改革のイシューとなってきた。この文脈に沿って、国立大学長の選考方法が論議の対象となり、選挙による選考への懐疑が示されてきた。選挙は人気取りに堕すか、規模の大きい学部が有利になりがちで、経営能力のある人材が学長に選出されないといった問題を含むとされてきた。国立大学法人制度において教育公務員特例法が適用除外となり、学外者を含む学長選考会議による選考が制度化されたのは、その帰結である。
　ところで、学長の選考制度と、そのもとで選出された学長の属性などを含む実証的研究はほとんど存在せず、選挙が経営能力のある学長を選考する妨げになっているということも論証されていない。戦前の学長選挙制は、大学自治の重要な論争点であり、それなりの研究蓄積もある。しかし、戦後新制大学における学長選挙制の制度化のプロセスや、学長選考を対象とした研究は、特定の年度を限定した検討であり、動態が把握されておらず、現状を規定する要因について掘り下げられていない[2]。
　本研究では、戦後国立大学の学長選考制度の全体像を明らかにし、どのような学長が選出されてきたのかを検討し、その意味について考察を行う。

2　戦前の学長選考制度

　日本の大学長の原型は帝国大学総長である。その役割は帝国大学の管理運

営全般に責任を持ち、帝国大学の状況を監視し、改革案を文部省に提出し、評議会の議長となるほか、法科大学長として、私立法律学校の監督権も有する。その職務は「文部大臣ノ命ヲ承ケ」行うことになっている。つまり、帝国大学長は、大学に対する文部大臣の管理権を行使する役割を持っていた。その職が誰に対して責任を持つかは任命権によって明確になる。大日本帝国憲法の下で、官吏の任命権は天皇に帰属した。総長は勅任官であり(帝国大学職員官等、1886年3月、勅令第9号)、形式とはいえ任命権は天皇に属する。帝国大学教授の任命も同様である。

周知のように、戸水事件と澤柳事件を契機に、帝国大学に総長選挙制が成立した。総長選挙は慣習法として強固なものになり、大正期には総長候補者選挙制度が帝国大学全体に普及していた。だが、1938年7月、荒木文相が総長選挙の廃止を含む改革を提起したことで選挙制は危機に瀕した。帝国大学の交渉によって、投票を選挙でなく推薦と表現したほかは、ほとんど実体を変えずに継続した。

しかし、臨時教育会議でも選挙制は議論になったものの、天皇大権との抵触が懸念されて法制化は実現しなかったように、顕教としての天皇大権との関係が問われる時には、密教としての選挙は公然化できず、帝国大学の特権としてのみ維持されたのである[3]。とはいえ、帝国大学の選挙制は、戦後につながる基盤となったという点で重要である。その特徴は次のようである。

第1に、予選委員会によって候補者をあらかじめ絞る方法(東京・大阪・九州)と、候補者の選定を行わず、数回の選挙によって確定する方法(京都・東北・北海道)2つのパターンがあった。これは戦後にも引き継がれる。

第2に、総長・教授は共通して被選挙権者であるが、東京帝国大学は、「被選人ハ大学ノ内外ヲ問ハス広ク適任者ヲ求ムルコト」とし、予選委員会の選定者に限定しないほか、九州帝国大学・大阪帝国大学は、兼任教授や「学識声望閲歴卓越な者」、北海道帝国大学は名誉教授も対象とし、内部昇進だけを総長に想定していなかった。制度としては外部にも開いていた。

第3に、選挙権者は、すべて教授であり、教授会自治が徹底していた。

第4に、投票を繰り返しても優劣がつかない時は、年長者を当選者とする

方法(東京、京都、東北、大阪)と教授就任順で決定し、就任の順序によるが順序が同じ時は年齢順(九州)、教授就任の順序によるが同じ時は年齢順、年齢も同じ時は抽選(北海道)で決定するなどの方法を採っていた。

第5に、任期は5年(東京、再任なし)、4年(京都、九州、北海道、大阪、いずれも再任あり)、3年(東北、再任あり)と多様であった。

3　戦後の学長選考

(1) 新制大学発足時の学長選考

戦後の学長選考は、教育公務員特例法(以下、教特法)によって大学管理機関(協議会)が責任を持つことになったが、これは国立大学管理法案が成立しなかったためで、暫定的なものであった。しかし、教育刷新委員会建議「大学の自由及び自治の確立について」(1948年4月9日)及び「大学法試案要綱について」(同年11月12日)は、学長選考を大学の定める方法での選定としており、教特法成立後の国立大学管理法案(1951年3月7日)は、教員人事を国家公務員法及び教育公務員特例法によるとした。つまり、形式は暫定措置ではあったが、戦後教育立法時には、大学管理機関による学長選考は日本側の共通合意であった。

しかし、教特法そのものは選考の方法を特定せず、多様な選考方法がありえた。帝国大学のように旧制大学が単独で新制大学となった大学は、従前どおり大学において学長を選考したが、1949年の時点では新制国立大学は自主審査権がなく、学長も大学設置委員会の審議を経て、文部大臣が任命した。したがって、1953年の自主審査権獲得後、各国立大学が取った選考方法が、それ以前の学長選考とどう違うかが問題となる[4]。まず、新制大学発足時点で選考された学長の傾向は次の通り。

①旧制大学(帝国大学・東京工業大学・一橋大学)は、東北を除いて内部昇格であり、総長がそのまま継続した例(北海道、東京、東京工業、京都、大阪)も多い。東北は山形高等学校長高橋里美を総長にしたが、直前に法学部長で退職しており、実質内部昇格と思われる。

母校の学長になったケースは、北大・東京・京都・一橋の4つであり、後発帝国大学は学長をインブリーディングするまでに至っていなかった。

②旧制大学を含んだ新制大学（新潟・千葉・金沢・岡山・長崎・熊本・神戸・東京教育・広島及び群馬）では、内部昇格（新潟・岡山・熊本・神戸）と外部招聘（千葉・金沢・広島）とに分かれ、東京教育大のように内部対立が激しく、文部官僚が着任した例もある。熊本のように、外部招聘が内部昇格に結果としてなった例もあり、内部昇格が共通した強い行動様式にまでなっていなかった。

③以上のグループに属さない純然たる新制大学では、内部昇格したケースが21あった。しかし、外部招聘を意図しながら候補者が受諾しなかった結果でもある。また、適任者がすぐ得られず、発足時は事務取扱をおいたケースが12ある（岩手、茨城、東京医科歯科、富山、福井、山梨、静岡、滋賀、鳥取、広島、熊本、大分）。このグループでは、学長難があった。このことも、選挙が定着した理由のひとつであろう。

④女子師範を含む師範系や専門学校長については、文部省の人事ルートに組み込まれていた。お茶の水のように文部省の方針が強く働いた例もあれば、岩手、福島、滋賀、和歌山のケースを見ても、専門学校長と督学官を経てのキャリアコースが成立していたと思われる。つまり、大学への選考権移譲は、「専門職としての校長」キャリアを解体したともいえるのである。

(2) 新制大学の完成年度と学長選考

1953年に新制大学は完成年度を迎え、学長選考についても自主的に選考可能となり、学長選考規程を制定し選考を実施した。ただし、選考規程は全く大学の自由で制定されたのではなく、行政指導があった。1952年4月22日に文部省は「国立大学学長選考に関する要項（案）」をまとめ、各大学に提示したらしい[5]。要項案では、推薦制と選挙制とがあり、推薦委員会を設置するか否かで、それぞれA、Bに分かれる計4案からなっていたとされる。また、国立大学協会も同年11月末に「国立大学長の選考と任期について」を作成し、参考資料として各大学に供した[6]。新制大学の多くはこれらの案を参考に学長選考規程を制定したと考えられる。

各大学の選考規程は、後に大学管理運営改善協議会『国立大学管理運営状況調査(中間集計)』(1961年11月11日)[7]で整理されており、それに基づくと次のような特徴を持つ(一部、各大学の年史で補った)。

　①京都・神戸・東京芸術のように、当該大学にのみ候補者を限定する例は8校、内外を問わないのが44校であり、学外者も対象となっていた。なお、金沢・九州のように該当する者が内部にいない場合には、その他も資格とするなど学外者の位置づけにも幅がある。

　②大学教授の経験を要件とするのは7校、45校は問わない規定であった。①も含め、制度そのものは大学外からも学長になりうることになっており、閉鎖的であったわけではない。この点は、戦前から引き継いでいる。

　③推薦委員会などを設け、候補者を限定している大学は31校で、多段階選挙制より多い。協議会その他の委員会により予備選挙を行い、選挙候補者を絞った上で選挙を行うタイプ(東京・九州・一橋・熊本・新潟・金沢・神戸・奈良女子など)は、東京帝国大学のパターンを継承している。有資格者による多段階選挙(京都・東京工業・東京教育)であるが、選挙人による投票(福島)による例もある。後に見るように中央教育審議会での議論をはじめ、学長選考制度改革に決まって登場するのは、多段階選挙制度の見直しであるが、実態はそれに近くなっており、言い換えれば見直し論はそれほどドラスチックなものではない。

　④選挙権者に事務系職員を含めるなど教員以外の参加を認めるものは8校であり、選挙資格は戦前より拡大した。京都のように教授のみとしているところもあるが、多くは助教授・講師まで拡大し、予選には助手・事務官・技官の代表が参加(東京学芸、九州)、事務系職員の一部に選挙資格を与える例(一橋、九州)があった。一橋は候補者選定に学生の総意を反映させることを規定していた。参加の拡大は1960年代の大学紛争の争点であったが、戦後改革期から行われていたのである。

　⑤一部の地方国立大学では、学長が一学部に偏ることを避けるため、最終候補者の条件として、有効投票の過半数の得票かつ、学部毎に3分の1以上(滋賀、和歌山、香川)や4分の1以上(宇都宮)の得票が必要とされた[8]。これらの

大学は経済専門学校と師範学校からなるいわゆるEE大学であり、部局間の対立を調整する方策と思われる。ただし、この条件を設けることに関して文部省は否定的であり、学部増設などを契機として後に廃止となった[9]。

4　中央教育審議会での学長選考をめぐる論議

(1) 中教審での議論

　以上、戦後の選考制度は戦前のパターンを引き継ぎ、外部からの招聘も可能にしており、教授会自治に限定された戦前の学長選考制度より参加は拡大していた。こうした学長選考の在り方について、政策的な議論が行われたのは、1960年代に入ってからであり、その背景には、安保反対運動の過激化があった。文部省は、羽田事件参加学生の処分を各大学へ通達したが、実効がなく、大学教官も反対運動に加わる事態となり、学生管理の観点から、大学運営が問題視されるようになったのである。また、1961年5月から1964年にかけて、北海道教育大学札幌分校主事の選考をめぐり、事務系職員・助手の参加について文部省が問題視して発令拒否するなど、大学管理者を大学の選考によって発令するルールは動揺していた。中教審の論議は、このルールを改めて再構築する意味があった[10]。

　1960年5月2日、中教審へ「大学教育の改善について」が諮問されたが、ほぼ同時期、国立大学事務局長会議(同年6月27日)で、複数の事務局長から管理運営の検討が必要であるとの意見が出され、関東甲信越地区国立大学事務局長会議が中心になって検討を進め、1962年2月6日に、『部外秘　国立大学管理運営に関する検討事項について(報告)』[11]がまとめられた。

　また、1960年12月には、日高第四郎を会長とする大学管理運営改善協議会が設置され[12]、『国立大学の管理運営状況調査(中間集計)』(1961年11月11日)[13]が作成された。中教審の議論は、これらの検討結果をもとに、大学管理運営の要として学長権限の強化と選考制度の見直しを意図するものであり、学長選考をめぐる本格的な論争となった。主な論点は次のようである。

　第1に、学長選考は、大学自治の単位に関わって論じられた。第16特別委

員会第12回(1962年1月8日)で、「大学自治というのは教授会にあるのか、あるいは大学自身にあるのか、こういうような問題が非常に重要な問題であると考えまして、この問題をまずご審議いただいたらどうか」(主査　森戸辰男)[14]と整理があったように、学長の責任と選考方法を通じて、大学全体と学部とのいずれが自治の主体なのかを明確にしようとしたのである。学生処分は学校教育法第13条第2項によって学長の権限ではあるが、実態は教授会の議が必要であり、学生処分はできない。木下一雄副主査が、「学長にその人を得ていれば、教授会が必ず学長の意図に反するような決議は出てこないと思います」と述べたように、学長の権限強化は、全学的な大学自治の根幹であり、選考方法の改革は、それを支える手段であった。

　第2の論点は、政府に対する学長の責任であり、文部大臣の拒否権も論議された。高坂正顕委員のように拒否権に消極的な意見はむしろ少数派であったが、具体策の案出も非常に困難であり、議論を重ね、第18回の特別委員会(同年4月16日)では、ほぼ中間報告の体裁を備えた「秘　大学の管理運営について」をもとに議論を行っている[15]。

　その骨格は、全学の総括的な最高の責任者を学長、学部の責任者を学部長とし、評議会及び教授会は諮問機関であることを明確にし、優秀な学長を得るために適正な選考、任命の方法と選考、任命に当たる者の権限を明らかにする必要があるとしている。具体的には、「評議会で複数の学長適格者を選び、それについて学内で投票を行い、その結果に基づいて評議会が学長候補者を決め、学長がこれを文部大臣に申し出ることとする。投票者は教授とする」とするもので、多段階選挙の廃止、教授以外の投票権者の排除を内容としていた。また、学長候補者に対する文部大臣の拒否権も含んでいた。

(2) 各方面の反響と修正

　中教審の学長選考改革案が報道されると、大学団体・学術団体から批判が強まった。特に、池田首相が参議院選挙に際し、大学管理制度の検討を公約としたことは、大学を政治の道具にするものとして反発を強めた。とりわけ活発な活動を行ったのは国立大学協会であった。国大協第1常置委員会がま

とめた『大学の管理運営に関する中間報告』は、学長の選考方法は各大学が自主的に定めること、選挙人は教授・助教授・常勤講師に限ることとし、助手や職員の選挙権を廃止するものの、文部大臣の任命権は形式的なもので拒否権を持たないことを内容とし、中央教育審議会の案を全面的に否定した。第16特別委員会の主要メンバーである森戸、茅誠司はこの報告書の線によって答申の修正を図る。彼らは国大協メンバーなのだから当然であろう。修正結果は、第33回の委員会 (1962年9月17日) [16] に提出された。委員会での最大の争点は文部大臣の拒否権にあり、細川潤一郎など強く主張する委員もおり、第34回 (同年9月24日)、第35回 (同年10月1日) と論争が続くが、森戸が会長・副会長・主査・副主査でまとめることになった[17]。

その結果は、第36回委員会 (同年10月8日) で、「大学の管理運営について (中間報告案)」として報告された。修正点は、①学長の選考を必要な場合は助教授、講師まで広げた、②学長の権限が強すぎたので修正、③学部長の選考について学長が差し戻せることを削除、④大臣の拒否権は法律的には表現しない、⑤教員の不利益処分の審査での文部大臣の再発議は削除、⑥人事に関する中央機関は設けないことである。この内容は、最終答申にそのまま盛り込まれた。答申は、各大学で行われていた選挙方式をそのまま追認し、制度改革は行わないことにしたのである。

5 1970年代以降の学長選考

中教審答申が学長選挙方式を確認したことで、学長選挙の見直しは政策的な論議から後退した。たとえば、1969年の「当面する大学教育の課題に対応するための方策について」答申は、大学紛争という時期もあるが、大学管理機関の指導性強化を提言し、選考については触れなかった。また、九州大学長事務取扱井上正治の発令拒否に関する民事訴訟判決 (東京地裁1973.5.1) は、教特法第10条の文部大臣の任命権は明白に違法でない限り大学の申し出に拘束されるとし、学長選挙制は、判例としても確定したのである。

ただし、選挙への参加拡大の論点は残っていた。大学紛争を契機とした大

学運営民主化の具体化のひとつは、学長をはじめとする管理者の選考への参加拡大であり、各国立大学では、助手、事務職員、学生の意志を学長選考過程にいかに取り入れるかを検討した。こうした学長選考規程改正の動向に対して文部省は、「最近における国立大学の学長選挙の現状と問題点」[18]を示した。それによると、1971年3月時点で、選挙権者に助手を含める大学は26校に増加し、事務職員を含める大学は8校、学長選考への学生の関与を認める大学は4校であった。文部省は、助手、事務職員、学生の参加に否定的姿勢を示し、選挙権を教授会構成員に限定するよう強い行政指導を行った。

また、学生・職員が参加したケースへの発令時には、選考規程の是正を条件として求めた。こうした文部省の指導を受け、1977年には東京学芸大学で事務職員の選挙権がなくなるなど修正が進み[19]、1998年には新制大学発足時から行われていた一橋大学で事務職員と学生・院生の参加条項が削除された。

参加拡大は抑制されたが、教授会自治の範囲にあった学長選挙は、以上のような屈折を経ながらも、教員自治に拡大して定着していった。学長選考が再度政策的に論じられるのは、大学審議会答申『大学運営の円滑化について』(1995年9月)であるが、当時の枠組みを大きく変えるものではなかった。

しかし、その8年後に国立大学法人制度とともに導入された選考方式は、それまで形成されてきた学長選考制度を根本から変革し、中教審で検討されてきた学長の役割・選考方式と全く異なるドラスチックなものであった。

6　選出された学長の実態

次に、選挙制度のもとでどのような国立大学長が選出されてきたかを、出身大学、就任直前のキャリア、選出学部について検討する。前出したように発足時の新制国立大学は、文部省異動官職に位置づけられるなどの特質を持っていた。選挙を経て選ばれた学長の特徴を検討する。対象としたのは、国立大学が自主審査権を獲得した直後の1960年から約10年単位で6つの時期であり、比較の意味で国立大学法人の時期を含んでいる。1960年、1970

年は『国立大学長』[20]（国立公文書館）を、1980年、1987年[21]、2000年は『文部省幹部職員名鑑』（文教ニュース社）を、2009年は主に各国立大学のウェブサイトを用い、補足的に『研究者人材データーベースJREC-IN』を用いた[22]。

(1) 学長の出身大学

戦後の国立大学長の多くは、国立大学教員の停年期にあたる60歳台前半に選出され[23]、そのほとんどは国立大学出身者である。出身大学とは、学長が卒業した学部の属する大学を意味する。傾向としては、当初の供給源は帝国大学であったが、一貫して出身大学の拡大が見られる。1960年では、全国立大学長の約8割が帝国大学出身者によって占められていたが、2009年では5割程度となった。1987年に東京帝国大学が29名と増加したが、80年代の新設単科大学の学長に、キィ・パーソンとして着任したためと思われる。また、旧制大学以外の出身者も増加し、国立大学長の出身大学は多様化傾向にあるといえる。

表11-2　学長の出身大学

1960	1970	1980	1987	2000	2009
東京帝 25 京都帝 14 東北帝 6 九州帝 6 東京商 3 以下略	東京帝 25 京都帝 13 東北帝 7 九州帝 6 東文理 8 広文理 3 以下略	東京帝 18 京都帝 13 東北帝 8 九州帝 8 東文理 8 広文理 5 以下略 （私立1）	東京帝 29 京都帝 9 九州帝 9 東北帝 8 北海帝 6 東文理 4 以下略 （私立1）	東京 15 京都 13 北大 8 東北 8 九州 5 東工 5 以下略 （私立4）	東京 10 京都 8 九州 5 東北 4 名大 3 東工 3 以下略 （私立3）
65大学	72大学	93大学	96大学	99大学	75大学

(2) 学長就任直前のキャリア——内部昇格か外部招聘か

次に、学長の内部昇格数と外部招聘数について検討する。内部昇格とは、当該大学の現職教員が学長に採用されることを指し、外部招聘とは、他大学から学長になるケース、大学以外の機関から学長になるケース、そして停年退職後に選考され学長になるケース[24]を含む。

1960年は65大学のうち内部昇格32校、外部招聘33校と、拮抗状態にあったが、1970年以降一貫して内部昇格が増加し、1970年は42校、1980年は61校、1987年は69校[25]となり、2000年には99大学のうち内部昇格81校となり、約8割の大学が学内から学長を選出するようになった。法人化によって学長のリーダーシップや外部招聘の必要が説かれるようになった2009年においても、86大学のうち73校の内部昇格が確認でき8割以上を占める[26]。選考制度は変化したが、学内の同僚を選出する傾向はむしろ強まった。

(3) 学長自給率とその大学

内部昇格と同時に進行してきたのは自給率の上昇である。「自給」の意味は、当該大学の卒業者が教員となり、学長となることを指している。その大学の教員が学長になる内部昇進よりも一層インブリーディングが強いことを示す。学長を自給した大学数と割合を**表11-3**に示した。自給率は1960年から1987年にかけて停滞するものの、その後急速に増加し、2009年には40％に達した。1987年以前、学長を自給していたのは戦前に大学院を設置して研究者養成を行った旧制大学と、商船、水産、外国語といった専門領域が特殊で、自前で再生産を行う一部の大学のみであった。しかし、2000年以降は、新制大学卒業者や新制大学院修了者が停年期を迎え、学長候補者としてようやく旧帝国大学、旧官立大学以外の国立大学出身者が登場するようになった。こうしたことも、国立大学全体の自給率を高める要因となったと思われる。

とはいえ、同一大学で学士から博士号取得までを過ごし母校の学長となる者のほとんどは旧帝国大学、旧官立大学出身者に限られており、博士課程を持たない大学の卒業生は、研究大学の大学院を経て母校に就職している。例えば、秋田大学吉村昇学長は、秋田大学鉱山学部卒業、同大鉱山学研究科修

表11-3　学長自給数とその割合「（　）内は％」

年	1960	1970	1980	1987	2000	2009
自給数	10 (15.4)	12 (16.7)	16 (17.2)	15 (15.6)	28 (28.2)	30 (40.0)
データ	65	72	93	96	99	75

士課程修了、名古屋大学大学院で博士号(工学)取得、海外留学、秋田大学に就職、工学資源学部長を経て学長となっている。吉村のように、在職大学において学士や修士を取得し、博士号を旧制大学で取得した学長は12名に達する。博士段階を含めると旧帝国大学や旧官立大学による占拠が依然として続いているとも言えるが、内部昇格と自給率の増加をあわせて考えると、学長職において自校出身者・自校教員によるインブリーディングが進み、複数の大学で教員を経験する多様性がなくなってきたと言うべきだろう。

(4) 学部別学長選出期待値と学長の選出学部の推移

選挙制度がもたらす弊害の1つとして想定されるのは、選挙権者の多い部局に有利なため、部局の利害代表化しがちで、必ずしも、有能な人材が選出されるといえないことである。ところで、すべての大学に同じ種類の学部があるわけではなく、単科大学の場合は1学部しかないのだから、出身学部別の比率では、学長選出の偏りを把握することはできない。そこで、学部数を基礎に、学長が選出される期待値を算出した。すなわち、ある学部が学長を選出する確率は学部数の逆数であり、その値を全国立大学の学部種類ごとに合計したものが学長の輩出期待数となる。**表11-4**に、期待値及び輩出数を示す。太字は期待値より多く学長になった学部、下線は少ない学部を、それ以外はほぼ期待値であることを意味する(『全国学校総覧』の各年版をもとに作成)。表が示すように、医、工、理、教育、農(1987年のみ0)、経済の各学部が多くの学長を輩出するという傾向は戦後一貫している。理科系の学部が上位を占めるのは選挙母体に大きく関係すると考えられる。とりわけ、新設の医科大学が設置された1970年から1980年の間に医学部出身の学長が2倍以上に増加している。医学部は一貫して、実際の輩出数が期待値を2倍から3倍程度上回っている。単科の医科大学が統合され期待値が低下した2009年においても医学部の輩出数が多いのは、統合時に医科大学の選挙権者が優遇されたことによると考えられる[27]。

また、工学部は2000年に急激に増加したが、2009年はやや低下した。農学部、経済学部は一貫してほぼ期待値に近い輩出数を示している。一方で、

表11-4　学部別選出期待値／輩出数

1960年		1970年		1980年	
期待値	輩出数	期待値	輩出数	期待値	輩出数
教育 20.5	医学 10	教育 18.5	医学 11	教育 18.4	医学 28
工学 9.9	工学 10	工学 10.5	工学 10	工学 13.1	工学 13
農学 6.4	理学 9	農学 6.4	理学 9	医学 12.3	教育 13
経済 4.4	教育 7	経済 4.5	教育 8	農学 5.6	理学 8
医学 4.1	農学 5	医学 4.1	農学 8	経済 4.5	農学 8
文理 3.8	経済 4	理学 3.7	経済 6	理学 4.1	経済 4
理学 2.7	商学 2	文理 2.6	文学 3	文学 3.1	法学 3
(以下略)	(以下略)	文学 2.6	法学 3	(以下略)	(以下略)
		(以下略)	(以下略)		

1987年		2000年		2009年	
期待値	輩出数	期待値	輩出数	期待値	輩出数
教育 20.3	医学 30	教育 20.5	医学 25	教育 19.1	医学 24
工学 14.0	教育 19	医学 16.3	工学 22	工学 12.6	工学 16
医学 13.0	工学 15	工学 14.0	教育 15	医学 9.9	教育 10
農学 5.6	理学 9	農学 5.4	農学 8	農学 5.0	農学 7
理学 5.1	経済 4	経済 4.7	理学 3	文学 4.6	理学 3
経済 4.9	水産 2	理学 4.3	経済 3	理学 4.3	経済 3
文学 3.7	文学 2	文学 3.6	教養 3	経済 3.7	商学 3
商学 2.3	商船 2	法学 2.6	文学 2	法学 2.4	(以下略)
(以下略)	(以下略)	商学 2.3	商船 2	(以下略)	
		(以下略)	外語 2		
			(以下略)		

　教育学部の輩出数は一貫して期待値を大きく下回っている[28]。1980年から2000年にかけて増加したのは、単科教育大学増設の影響である[29]。

　以上のように、輩出数と期待値との関係は、単科大学の増設と統合を経験した医学部と2000年の工学部を除いて戦後ほぼ一貫して安定的に推移している。このことは、各国立大学において固定化された学部間力学が存在し、そうした状況は法人化以後も変化していないということができる。

(5) 選出された学長層の特徴

　以上の検討結果を総括すると、学長の出身大学は東京帝国大学をはじめとする帝国大学から各国立大学へと多様化し、自校出身者を学長に選考する傾向が進行してきた。また、学長就任直前のキャリアは内部昇格が大多数を占

めるようになり、その傾向は法人化以後も変化していない。経営能力の高い外部者を学長に招聘することが、国立大学法人制度発足時に喧伝されたが、実際の行動は、当該大学の同僚からの選抜という傾向を引き継いでいる。

学長の選出学部の傾向も学部バランスはあまり変わっていない。60年代から70年代にかけて学長選挙へ助手が参加し、助手の多い医学部・病院が有利と囁かれたが、当初から医学部は優位にあったともいえる。工学部の優位は、選挙制度改革のあった時期ではなく、選挙方式の変化とは考えにくい。

7 結論と今後の課題

戦前の帝国大学に起源を持つ選挙制度による学長選考は、1953年の自主審査権獲得後、各国立大学に普及し、法人化前まで維持されてきた。戦後の学長選考制度の論点は、多段階選挙や学長候補者に対する文部大臣の拒否権の可否、選考への参加者の範囲であった。とりわけ学長選考への参加をめぐっては、多くの新制大学で教授のみから助教授、講師を含むものへと拡大し、大学紛争を経て助手の参加が拡大した。一方で、文部省の行政指導により、事務職員、学生の参加は拡大しなかった。

こうした教員集団を中心とする選挙制度の下で選出される学長は、自校出身者で内部昇格によるという傾向を強めてきた。新制大学発足時、多くの国立大学では、外部から招かれた帝国大学出身学長、つまり大学のシンボルとしての学長を求められた。しかし、自主審査権獲得後の選挙制度の下、自校大学の事情に深く精通する同僚性のシンボルとしての学長が増加してきたのである。

このことが大学運営にもたらしてきた影響については、ケース・スタディを含めた検討が必要であり、現時点では確定的に語ることはできない。しかしながら、自校出身者の増加と内部昇格の進行は、自校大学の事情には精通するが、多様な大学の経験を欠き、国立大学全体を俯瞰する視点の弱い学長を誕生させてきた可能性を指摘することができる。そして、法人化以後も内部昇格が進行しているのは、権限の強化された学長を外部から招聘するより

は、「信頼できる」同僚を選考しようとする意図が働いているとも考えられよう。

注

1 本章は金井徹との共著「国立大学長の選考制度に関する研究－選挙制度の定義と学長像」『日本教育行政学会年報』No36（2010年）を収録したものである。了解された金井氏に感謝する。
2 　最近のものとして川嶋太津夫「国立大学の法人化と学長職の変容」『国立大学法人化後の財務・経営に関する研究　国立大学財務・経営センター研究報告』第10号、2002年。
3 『厳秘　帝国大学内規集』（東京帝国大学庶務課、1938年8月）は、荒木改革案への対策を練るため、6帝国大学の内規を蒐集編纂したもので、「本内規集ハ其ノ性質上厳秘ニ取扱ハレ度シ」とされ、各大学の年史にも使われていない。
4 　ただし、実際には、1949年2月25日学校教育局長談話「学長及び学部長の腹案について」によって、関係学校による協議で候補者を提出するよう求めたらしい（『岡山大学20年史』1969年、p.57）。各大学は学長候補者を提示したが、大学によっては学内対立で候補者を提示できず、文部省が提示した例もある。
5 『愛知教育大学史』1975年、p.184。『福島大学50年史』1999年、p.31。
6 『国立大学協会五十年史』2000年、p.25。
7 　同報告書は、中教審第16特別委員会で報告されている。『中央教育審議会第16特別委員会配付資料（第1回〜第10回）』（国立公文書館）。
8 『香川大学五十年史』2000年、『宇都宮大学四十年史』1990年、和歌山大学『十年の歩み』1959年、『滋賀大学史』1989年を参照。
9 『宇都宮大学四十年史』1990年、p.65。
10 　分校主事の後援会費流用に始まるこの事件は複雑であり、選考問題にとどまらない内容を持っているが、経緯を説明したものとして、家永三郎「大学の自治と大学教員の人事権」『法律時報』1964年7月号がある。
11 　検討メンバーは、東京大学事務局長進藤小一郎ほか21大学事務局長、検討事項は、学長その他の大学管理機関の権限明確化であり、学長の選考方法については意見併記、結論はなく、文部大臣の拒否権も結論がなかった。選挙の方法については検討されていない（『中央教育審議会第16特別委員会配布資料（第1回〜第10回）』）。
12 　1960年9月1日、文部大臣裁定で大学管理運営改善協議会が設置された。中間報告までほぼ月1〜2回の割合で22回検討し、中間報告を作成した（「大学管理運営改善協議会の審議経過について」1962年6月30日）。
13 『中央教育審議会第16特別委員会配布資料（第1回〜第10回）』。
14 「中央教育審議会第16特別委員会速記録（第12回）」（1962年1月8日）。
15 「中央教育審議会第16特別委員会速記録（第18回）」（1962年4月16日）。
16 「中央教育審議会第16特別委員会速記録（第33回）」（1962年9月17日）。

17 第35回委員会の議事録はなく、議事概要による(『中央教育審議会第16特別委員会議事概要（1961.1〜1962.10)』)。
18 『大学資料』第38号、1971年。
19 『東京学芸大学50年史』1999年、p. 217。なお、70年代に進行した学長・学部長選挙への学生・職員参加とその修正に関しては、日教組大学部教職員研究集会でよくレポートされているが、80年代後半はほとんど見られず、修正がこの時期に進んだと思われる。
20 『国立大学長』の学長履歴は個人情報に関わる問題と、資料の欠損により入手できなかったものがある。1960年の学長履歴は弘前、宇都宮、東京工業、富山、山梨、信州、島根、福岡教育を除いた65大学の学長履歴を用いた。1970年の学長履歴は京都学芸、京都工芸を除いた72大学の学長履歴を用いた(ただし、年齢については全大学判明)。
21 1990年度の『文部省幹部職員名鑑』は入手できなかったため、1987年度のものを用いた。データ母数は、1980年93、1987年96、2000年99である。
22 2009年の学長履歴は11月1日時点のものを使用しているが、大学ウェブサイトの情報量にバラつきがあるため、検討項目によりデータの母数が異なる。
23 学長就任時の平均年齢は1960年62.5、1970年64.1、1980年62.2、1987年61.8、2000年62.4、2009年62.6である。
24 停年退職前後の大学教員が学内行政に積極的に関与しているとは考えられず、学内の不祥事による前学長辞任(2009年の京都教育)などの突発的な学内事情の結果としての選出と考えられるため、停年退職後のケースも外部招聘とした。
25 例外事例として、1980年に9校、1987年に1校、単科医科大学の創設準備室長がそのまま学長となるケースがあり、このケースは内部・外部のどちらにも算入しないこととした。
26 外部招聘のレア・ケースとして、鹿屋体育大学は国立大学として初の学長全国公募を行い早稲田大学スポーツ科学研究科長であった福永哲夫氏を学長として選出した。
27 伊藤洋「山梨大学・山梨医科大学の統合について」『大学の統合・連携-大学組織改革の新たな試み-』広島大学高等教育研究開発センター、2003年。
28 原因としては、単科の教育大学や研究大学以外の教育学部に博士課程が殆ど存在しないため、学長候補者足りうる者の母数が少ないことと、各国立大学における教育学部の選挙母体の規模が小さいことと関係すると考えられる。
29 1978年設置の上越・兵庫教育大学は、それぞれ筑波大学から学長を招聘した。1981年設置の鳴門教育大学の1987年時点での学長は大阪大学人間科学部から招聘された。

第12章　国立大学事務職員論から「大学人」論へ[1]

1　国立大学時代の職員イメージ

　かつての国立大学職員は、規則づくめで教育や研究の支援者というよりも、管理者・監視者というイメージが強かった。もちろん、職員すべてがそういうわけではない。個人的体験からも、出し忘れた書類をカバーしてくれたり、科研費や外国人研究員の申請にいろいろ手配してくれて、教育研究をサポートしてくれたりするありがたさは骨身にしみている。へぼな教授より大所高所から組織の在り方を助言してくれる職員もたくさんおられた。事務手続きを無視しがちなわがままな教員としては、文句を言えばわが身に跳ね返ってくる立場として、口を閉ざした方がよいかも知れない。

　とはいえ、職員の行動様式には国家行政組織の中に織り込まれた組織原理が強く刷り込まれている。どう作り替えていくかは、大学の死命にかかわるともいえる。

　大学の事務組織や職員の在り方については、1998年の大学審議会答申までは、ほとんど取り上げられなかった。しかし、98答申でも、「事務職員は、教育研究の支援をして、その充実・高度化を図る上で不可欠の存在である。…教育研究の支援体制の充実という点では、技術職員の充実も重要な課題である」と述べ、大学において創造される新たな価値である教育・研究は、もっぱら教員が扱い、職員は教育・研究・大学運営の支援者、国際交流など新たな専門業務の担い手とされている。「我々の仕事は先生方がやりやすいようにすることだ」と割り切る職員もいるが、若い職員にはすっきりした回答ではない。最初に勤めた福島大学で、よく同世代の職員と飲んだが、真面目に

第 12 章　国立大学事務職員論から「大学人」論へ　243

職員の在り方を議論すると、教員の支援者としての位置にあることは認めつつ、完全には納得できない。「僕らは先生方の従属物ですか？」と問われた時には、「僕だって女房の従属物だ」と答えるしかなかった。

　職員の中には系列格差があるのはそのためかもしれない。教員固有の業務から遠い庶務・経理系列は職員の専売特許で、教育・研究支援である学生・教務系列より上位に扱われている。2000年代初めの国立大学課長職の60％は、庶務・経理系列であった（野村 2004）。大阪大学の事例では、課長職80のうち、本省人事が42％、総務系38％、経理系20％で独占されている。教務系係長ポストは21％あるのに、課長補佐72名のうち教務系係長から昇進したのは1名だから、何らかのバイアスがあると見てもおかしくない（平成20年度全国大学高専教職員組合教研集会報告「事務の業務系列による昇任格差について」）。

　その結果、国立大学時代の事務局長の業務経験の幅は狭く、野村論文によれば、1981年の事務局長で係長経験、つまり現場経験のあるものは99人中3人、大学の経験があっても、庶務・経理系列が84％であった。そもそも高専を含めて高等教育機関の経験があるものは20％以下なのである。

　また、忘れてならないのは、国立大学職員の給与・待遇の悪さであり、2007年度の事務職員の対国家公務員指数は86.7（文科省発表）である。国立大学は戦前の旧制高等教育機関を統合して発足したが、学校間には給与面で大きな格差があった。たとえば広島文理科大学の教員1名当たり俸給額は4,916円だが、広島高等工業専門学校は1,737円であった。戦後は、国家公務員の一般職の給与に関する法律で同じ給与表を適用されるようになったが、どのランクの給与を受け取るかは、課長・係長などのポストによって決まる。特別会計の級別定数全体が戦前の格差を引き継ぎ、高位の定数が少ないので、初任給は同じだがその後の昇進は全く別になる。文部省もかなり努力して、ラインにこだわらないスタッフ的な専門員などを旧大蔵省と折衝して拡大したが、今に至るまで追いついていない（係・課長職は基準があるので、職員全体が増えないと増やせない）。

　かなり前になるが、同期で採用され、他省庁を選んだ友人に、数年後ソフ

トボール大会でばったり会って給与額を教えたらあまりに低く、「何かやって処分されたのか?」と心配されたという話がある。待遇改善に取り組む教職員組合が、公務員の受験会場で国立大学職員と公務員との給与比較のビラを配って、当時の文部省が大慌てしたという伝説的な話が残っているほどである。

2　国立大学法人に移行して

　国立大学法人になって何が変わったのか。法人化後、採用は全国7地区別の統一採用試験と大学での面接によって行うことになった。おおまかには、受付(4月)→試験(5月)→発表(6月)→大学訪問(7月)→大学で面接(7月)→内定(8月)となる。

　職員の人事権は学長に帰属し、内部昇格が基本となり、2004年度以降は異動官職はブロック内部で行うことになった。就職不況もあって倍率は高く、競争率はほぼ30倍(2008年度は32,803人受験し、6,073人合格、1,015人採用)、同年度就職予定者の人気企業第303位であったのが、2009年度予定者では83位、2010年度予定者では73位に躍り出て、前年81位だったTBSを抜いてしまった(エン・ジャパン社調べ)。なお60位は野村証券、85位はパナソニック電工(松下電工)、経済成長を支えた重厚産業より上位とは、不思議な気がする[2]。

　また、幹部候補確保で自校出身者を取るようになり、ある総合研究大学では、30名前後の新採用の半分は自校出身者である。さらに、評価・企画、キャリア指導、産学連携、国際化戦略、入試戦略など、新たな業務への外部者採用も広がり、課長職も内部昇進が50%、部長も20%を越えるようになった。

　問題はこれからである。大学職員は団塊の世代が1つのピークを作っており、ある総合研究大学では、1946-1950年生まれは151人、1951-55年生まれは111人、1956-60年生まれは70人で急激に減少する(多くの国立大学は同じ構成ではないかと思う)。言い換えれば、団塊の世代が退職しているここ数年間で、トータルなライフデザインを提示して優秀な職員を採用し、新しい組織の基

行1職員総数　724名　課長以上45人(54歳)　補佐・専門員60(55歳)
係長・専門職員251(49歳)　主任・係員368(36歳)
＊国立大学時代のデータ

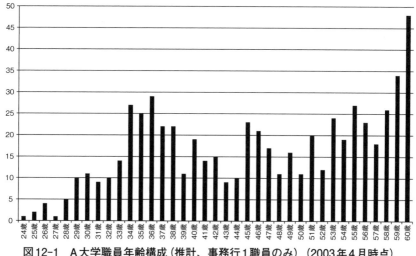

図12-1　A大学職員年齢構成（推計、事務行1職員のみ）（2003年4月時点）

盤を作るチャンスなのである。

　しかし、採用後、事務職員の配置・訓練・昇進を通じて能力開発をどのように行うか—すなわち、キャリア・パス制度をどう構築するかという議論や検討は始まってはいるが、ビジョンはまだはっきりしない。たとえば、2008年10月に開かれた中国・四国地区国立大学長会議で、事務職員のキャリア・パス制度について議論になったが、制度構築していたのは、1大学のみで3大学が構築中、6大学は検討予定ないし検討の予定もない状況であった。国立大学法人制度のもとでの職員の在り方はまだ模索中である。

　現実ははるかに速く進んでいる。国立大学法人職員の特徴の1つは、女性職員の比率が高いことであり、2008年では新採用の35.9％は女性で、国家公務員Ⅱ種の平均24.7％より高い。出産・育児を背負う女性を幹部職員に登用し、活躍できる環境整備が、キャリア・パスの視点に重要である。内部昇進が拡大したのはよいが、異動をどう組み込むかが改めて問題になっている。

　大学職員のキャリア・パスのパターンとしては、《異動昇進：公立大学；

プロパー職員不在、ただし公立大学法人化によりプロパー職員採用開始の事例》、《内部昇進：私立大学；インブリーデング大、ただし複数学校設置法人や学校法人によって流動性異なる》、《階層的異動昇進＋内部昇進：国立大学》の3つがある。

　国立大学は急速に内部昇進型に移行しているが、内部昇進型も異動昇進型もそれぞれ問題を抱える。適切な流動性がなければ組織はよどみ、組織の縄張りが強くなる。皮肉な表現になるが、国際交流は進むが、「国境よりも、部局の壁、係の机の壁は厚い」。幹部として位置づけられている課長職は、内部昇進が急速に増えた結果として、異動のパイが縮小していく。また、他大学の内部昇進者を他大学が引き受けるのか、大学によってはフラット化・グループ化など事務組織改革に取り組んでいるが、あまり独自化が進むと、それを構築してきた職員を出したがらないし、異動が難しくなる。現に、外部からの人材採用分野にしても、大学の事情を理解するのに時間がかかり、慣れたころ転出するのでは意味がないから、内部で養成したいという意見が強い。しかし、国立大学法人といっても規模に差がある。大規模大学では年間30人を超えるが、単科大学では人件費削減もあってゼロの年もある。大規模大学では、職場とポスト数が多いから、大学内での異動昇進が可能だが、それは小規模大学での人事停滞へ波及する。現在、次期中期計画策定に向けた検討事項になっている。自分の大学にとっての利益だけでなく、国立大学全体の問題であるが、学長団体としての国立大学協会のスタンスははっきりしない。

3　大学職員論の登場と疑問

　ところで、問題のもう一つは、大学職員論である。98答申のころから、国立大学事務職員の在り方が論じられ、大学管理運営関係者や実務家のほかに、アカデミックなテーマとしてアメリカの学生支援職員や国際比較研究も行われるようになった。最近も『IDE』（2008年4月号、No.499）が特集を組んでいる。その主張は大きく3つあり、①事務の複雑化・高度化に対応するた

めに事務職員の能力の高度化が必要(専門家職員像、山本眞一)、②定型的な事務の執行者から企画と意思決定を行う職員(企画職員像、大江淳良)、③教員に代わり大学運営に責任を持つ職員(経営職員像、本間政雄)である。

　大学職員に関する各種の研究会・学会・団体が叢生し、桜美林大学大学院大学アドミニストレーション専攻、東京大学大学院大学経営・政策コースも設置され、大学院レベルの教育訓練まで含めた職能向上が主張されている。もちろん、職員の資質・能力向上は国立大学の運営にとって不可欠だが、これらの議論には鵜呑みにはできないものがある。

　第1に、産学連携に伴う知的財産業務など、従来の職員では対処できない専門性を必要とする業務もあるが、全分野で専門化が起きているわけではない。私立大学の人事課長もしくは事務局長対象であるが、宮村留理子が2002年に行った調査では、入試、就職関係では「情報を収集する力」「情報を分析する力」、教務・学生関係では「相手の立場や気持ちを適切に感じ取る力」「問題点を見つけて解決方法を見出す力」がそれぞれ1、2位となり、「特定の専門的な知識」が一番求められているのは、情報、図書関係という特殊な分野である(宮村2003)。国立大学職員対象では、全国大学高専教職員組合調査(2007年11月職員調査〔組合員24％、非組合員75％〕、54大学12高専2,048人回答)があり、法人化後求められる能力として、1位「企画力」(58.4％)、2位「問題・課題解決能力」(54.4％)、3位「課題発見・分析能力」(46.2％)、4位「情報収集及び処理能力」(45.6％)と回答している。これらの能力は、特定の知識・技能に還元できるものではなく、従来も現在も問われているのは、基本的な判断力・常識力、ジェネラリストの部分であると考えてよいだろう。

　もちろん、大学教育に関する知識はあるには越したことはなく、そうした知識が情報収集・分析、課題発見・解決能力に結びつくことは間違いない。しかし、それは単なる専門知識ではない。大体、事務の高度化がどの部門で起きているのか、どのような質のものかはなはだ疑問である。たとえば、評価、知的財産、病院運営、国際連携など新たな業務が国立大学に生まれていることは確かであるが、冷静な分析が必要である。国立大学は運営費交付金の削減があるため、人件費管理の手法に関心が集中しており、たとえば、国

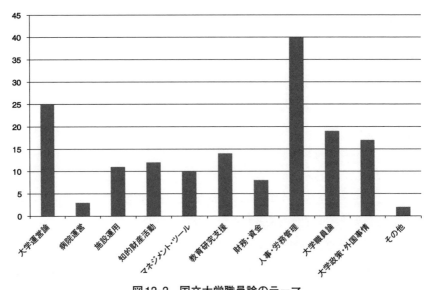

図12-2　国立大学職員論のテーマ
(『大学マネジメント』2006.4〜08.10の記事分類；167件)

立大学職員によってつくられている国立大学マネジメント研究会機関紙『大学マネジメント』の掲載記事を分類してみると、圧倒的に多いのは「人事・労務管理」である(図12-2)。

　しかし、どんな組織も経営革新は、その組織が生み出す価値(自動車産業なら優れた自動車開発と販売・メンテナンスなど一連のサービス体系)の最大化を支えるものであり、人事・労務管理が独自な価値を生み出すものではない。教育研究支援に関する記事が1割に満たず、知財を含めても2割以下という数字が示すように、「事務の高度化」は大学の生み出す価値とは関係なくうたわれているのである。

　また、専門化が進んでも、ジェネラリストは育たないことは指摘しておきたい。専門化は人間を賢くするとは限らず、むしろ視野を狭くする。身もふたもないが、大学教員の専門主義を引き合いに出すまでもないだろう。こうした問題点が語られないのは、教員集団の専門文化に対抗するために専門主義を主張し、一方、こうした主張をする研究者側は、知識化・専門化によっ

て成功を収めてきた自己の世界像が投射されているからではないだろうか。

　第2に、職員サイドから語られる職員論には、「教員を雑務から解放し、教育研究に専念」させ、「教員の本務は教育研究と医療であり、大学の経営ではない」とする主張もある。これはあまりに視野の狭い「大学職員＝大学教員論」であり、日本だけで語られているのではないだろうか。ユネスコ「高等教育の教育職員の地位に関する勧告」(Recommendation concerning the Status of Higher Education Teaching Personnel, 11.Nov.1997)は、「高等教育の教育職員は、その能力によって、いかなる種類の差別も受けることなく、管理的業務に加わる権利と機会、関係する学術社会の他の分野の参加の権利を尊重しながらも、自己の所属する機関をふくむ高等教育機関の機能を批判する権利と機会を持つべきであり、かつまた、当該高等教育機関内の学術団体の代議員の過半数を選出する権利を持たねばならない」と明確に述べている。

　また、「21世紀に向けての高等教育世界宣言」(World Declaration on Higher Education For the Twenty-First Century: Vision and Action and Framework for Priority Action for Change and Development in Higher Education, 9. Oct. 1998)は、「経営の究極の目標は、質の高い教育、養成および研究、そして地域社会へのサービスを保障することによって、機関の使命を高めることでなければならない。‥‥高等教育における指導性は、このように重要な社会的責任であり、しかも高等教育のすべての当事者、特に教員及び学生との対話を通して十分に強化することができる。高等教育機関の管理機関への教員の参加は、これら管理機関の規模を合理的な範囲に保つ必要性を考慮しながら、現在の機関の取り決めの枠内で考慮されなければならない」と述べており、管理運営の教員参加は、国を越えて共通規範である。なぜなら、学問の自由と自治は、大学の本質的属性だからである。大学教員にはさまざまな特権があるが、その特権は勉強ができるから認められるものではなく、学問研究の自律性に基づく専門家としての責任なのである。高等教育の普及した国で、運営を教員が担わない大学はない。

　日本の大学は教授会自治（部局自治）が強く、非効率の原因としてたびたび批判され、学長リーダーシップがアンチ・テーゼとして主張されてきた。特

に、法人化によって、迅速な意思決定が強調され、同僚的な管理運営、ボトムアップは忌避される傾向が強い。しかし、学長権限が強く、法人化後の大学運営モデルと見られがちなアメリカでも、理事会・学長・教員・学生など利害関係者の参画による大学運営（シェアド・ガバナンス shared governance）は、現在も共通理解である。カナダでは、教員の権利・義務は労働協約によって定められるが、たとえば、アルバータ大学の労働協約は、教員の責任として、「a) 授業、大学院生への指導と学生への助言を含む教育プログラムへの参加 b) 研究（創造的な活動や思慮深い探究の遂行もしくは準備）への参加、研究成果の普及 c) 教員の専門分野への奉仕、大学運営、ファカルティとデパートメントの運営への参加、専門性にもとづいた知識を公衆に普及すること」を明確にしており、他の大学も例外ではない。

　大学教員の参加が不効率をもたらしているという例証もない。20年にわたってハーバード大学の学長を務めたデレク・ボックは、「企業的大学は早く動かねばならないと言われている。我々が生きている変化の早い商業世界において、機会を失わず進むためには教授会の議論を待つことはできない。(しかし)実際には、この見方を支える証拠はほとんどない。商業的活動で、歴史を調べると、せっかちな大学管理者による独断的決定が浪費であった事例を容易に見つけることができる。すなわち、あさはかなインターネット起業、大げさなスポーツなどのように、教授会による遅延よりもはるかに損害を与えている」("Academic Values and the Lure of Profit", *Chronicle of Higher Education*, Apr. 4, 2003, B7-B9) と述べている。部局中心の教授会自治論も問題だが、教員の参加を否定する職員論も歪んでいる。

　問題なのは、大学教員の中にも、教育と研究に没頭できるのなら、管理運営への参加を忌避したいという人がいないわけではないことだ。大学教員としての社会的責任を自覚せず、いつまでも院生研究者気分で研究活動だけやっていればよいというのでは、家の手伝いをしなくてもよいから、勉強していなさいと言われていただろう受験生とメンタリティにおいて変わりない。

　第3に、こうした職員論は、職員の文化・行動様式が、大学管理者としての教員とポジ・ネガ関係にあることが視野に入っていない。大学管理者とし

ての教員は、《組織創造的＝自分の思考様式に合わせた組織を作る＝既存の組織を使いこなせない＝リスクを回避せず最適解を求める→管理職の交代のたびに組織がかわり混乱》、《業務創造的＝規則に縛られず活動を思いつくのがよい管理者と誤解＝実務経験が乏しく、知識も少ないので、実現可能性やリスクを比較衡量せずに思いつきの具体化を指示・命令》という特徴があり、研究活動の行動様式が刻印されている。

　一方、教員のネガとしての職員像は、《規則遵守的》、《業務非創造的》である。教員にありすぎるものが職員になく、職員にありすぎるものが教員にないのである。この枠組みで職員の専門性を高めると、学長・副学長の思いつきを具体化するのがよい職員ということになる。とたんに頻出するのは、なんとかプランと銘打って、資源投入や得られる成果の比較衡量もなく、マスコミ受けさえ狙って打ち出される大仰な計画である（しかも、計画の具体化に必要な教育・研究についての知見を持っているわけではないから、思いつきの計画に引っ張り込まれて空疎な議論につき合うのは教員であり、たまったものではない）。職員論以前に、意思決定を担う大学管理者の在り方が問題である。大江は、「学校法人の構成員のなかで最も教育訓練が不足しているのは、トップ・マネジメントである」と指摘しており、妥当である。

　大学管理者としての教員像を見直さない職員論は、「学長と同じように思いつく職員」を理想形とすることになる。必要なのは、教員と職員を区分した大学職員論ではなく、まず大学管理運営論であり、教員／職員を含めた新しい職員像である。この点は、まさに「教職協働論」が重要である。

　ところが、流布する大学職員論は、こうした問題点を全くといってよいほど扱わない。これは第4の特徴である。意思決定に責任を持つ学長・副学長と中間管理職以下とが区別されないで一般的に専門性向上が主張されている。こうした議論は、企業の入社式でレトリックとして語られるのはよいだろうが、組織論として見ると大きな欠陥がある。特に、大学における新たな価値創造である教育・研究を支える技術職員、教務・学生系職員、非常勤職員はほとんど触れられていないか視野にないことは興味深い。ある大規模研究大学の場合、事務職員（旧行（一））の40％は事務局、20％強が附属病院・研究所・

附属学校に配置され、40％が学部に配属されているが、平均して1部局20名以下であり、教育・研究の現場は圧倒的に日々雇用職員、時間雇用職員が支えている（常勤職員は1,000名程度のこの大学で、日々雇用と時間雇用は3,600名に達する。ただし、RAやTAも含まれる）。

　教育研究の質を高める職員論なら、当然、こうした職員の専門性を問題にすべきなのである。だが、教育・研究支援職員を対象にした研究（大場 2009）もあるが、多くは経営管理の立場が中心であり、関心はそこにはないのかもしれない。

　第5に、現行の国立大学法人の制度的欠陥を視野に入れない職員論である。現在の国立大学法人は主務省が遠隔操作でコントロールする独立行政法人の1類型であり、財務的観点が際立って強い（この点は、「再論・国立大学法人制度」『東北大学高等教育開発推進センター紀要』第4号、2009年3月〔本書第8章〕参照）。この制度の枠組みを前提に専門化を図っても管理統制が進むだけで、教育研究の質的向上に寄与するとはいえない。

　こうした点を見ると、教職協働ではなく、教員を排除して職員による大学運営を主張するなど、大学職員論といっても、私立大学職員を中心に組み立てられてきた職員論と、国立大学職員論とは、異質な部分があることが分かる。すべてとは言わないが、国立大学職員論がこうした傾向を持つのは、国立大学法人化が旧来の国立大学職員にもたらしたインパクトによって職員論が語られはじめたことと関係がある。国立大学時代には、異動官職は、文部科学大臣の人事権の下にあり、能力や業績を問わず庇護されていた。高等教育政策は、「本省」で決定され、その情報にいち早く接するから、能力を問われなくとも大過なく仕事をこなすことができた。事務局長が「本省」の情報をもとに大学運営の要となり、学長以上の役割を果たす大学もあった。しかし、法人化はこうした構造を壊した。部長職以上の職はもはや無条件で異動官職には開かれない。内部昇進が基本となり、国立大学職員とは何かが、改めて、旧来の国立大学幹部職員層に突きつけられたのであり、そのアイデンティティ探しが、国立大学職員論を勃興させる一要因だといえよう。

　しかし、冒頭述べたように、旧来の国立大学幹部職員層は、大学における

価値創造の生産現場、教育と研究が生み出される現場の経験と想像力を欠いている。だから、基底には旧来の行政管理手法とメンタリティをもとに大学職員論を構築せざるをえないのである。国立大学職員論が真の意味で大学職員論となり、さらに大学教員論を含めて、大学論になるには、まだまだ乗り抜けなければならない課題があると指摘しておきたい。

4 教職協働が実効性を持つには

　どのようにして職員の専門性を高め、一般的能力も育てるのか。それぞれの大学で開講されている授業はもっと活用されてよい。大学院での研究・学習は業務を相対化し、情報収集・分析能力を大きく高めるから、大学当局はもっと組織的な教育の機会を増やすべきだ。ただし、大学教員は学生に対して、自分の望む研究者の「型」にはめがちであるから、大学院での訓練は何かしらの専門性を高めるが、視野を狭め、一般的能力を減退させるかも知れない。

　教職協働は、こうした局面でキィ概念になりうる。しかし、委員会や業務現場で教員と職員が顔を揃えたからといって協働になるわけではない。広島大学はかなり早い時期から委員会に職員を正規のメンバーに加えた大学であり、法人化の制度設計も、異動官職ではない職員を加えた。だが、官僚組織は能力の階層構造を作り出し、情報によって支配し職員を鋳型にはめ、職員は上司の意向や規則を気にせざるをえない。一方、教員の強みは、相対的に階層構造から自由であることで、教授や学部長の意向を気にして口を閉ざす教員はあまりいない（と期待したい）。企画力、情報収集・分析力、仕事を見通す力など、今職員に求められている一般的能力は、上意下達の階層構造から解き放たれ、学長の意向さえも相対化して、目的に沿って情報と知識を動員し、最適の解答を目指す活動を通じて培われるものである。教職協働はOJTとしてこうした能力を育てることが可能かもしれない。それには、学長を含めたリーダー層が、意識的に階層構造を壊して再構成する視点を持つことが重要である。

また、大学が危機にあり、階層的な秩序で解決できない大問題に直面することは新しい教職員像を作り出すチャンスである。そこでは、あらゆる権威が意味を持たず、人間の「素」がむき出しになる。私が働いた2つの職場、福島大学と広島大学は、規模は違うが教職員間にある種の共通マインドがあった。広島大学では委員会の任期が終わると忘年会を一緒にやった。福島大学は、かつて学長の大学運営をめぐって危機的な状況があり、それを乗り越えて部局間の対立も克服された。広島大学は統合移転という大事業を40年かけて実現した。教職協働は知識によってもたらされるのではない。へぼな専門知識が意味を持たない場面こそ、一般的能力がためされるのである。

注
1　本章は、「国立大学事務職員論から「大学人」論へ」『大学教育学会誌』31-1（2009年）をもとに一部加筆・修正を加えた。データが古く、今日ではそぐわない点もあることはご容赦願いたい。
2　最近では、各種のランキングで公務員は上位を占めるが、国立大学法人の名前は見当たらず、転職人気ランキング（Doda調べ）の300位内にもない。

参考文献
宮村瑠璃子、2003、「大学事務職員の専門職化に関する全国私立大学調査結果報告」大場淳・山野井敦徳編『高等教育研究叢書74　大学職員研究序論』広島大学高等教育研究開発センター。
野村正人、2004、「国立大学事務職員のキャリア構造」（広島大学教育学研究科平成15年度修士論文）。
大場淳、2009、『高等教育研究業書105　大学職員の開発－専門職化をめぐって』（平成17～19年度科学研究費成果報告書）広島大学高等教育研究開発センター。

第13章　高等教育研究と大学職員論の課題[1]

1　課題の設定

　近年、急速に勃興してきた高等教育研究のテーマのひとつに「大学職員論」がある。タイヒラー(2003:35)が指摘するように、高等教育研究は、研究者と実践家とが入り混じり、研究論文と実践報告との区別も曖昧な分野である。「大学職員論」は、その担い手が、教員研究者と職員双方にまたがり、高等教育研究の特質が表われたテーマといえる。

　ところで、研究活動は、対象の性格・構造、諸要素の関係・規定要因を明らかにし、一般化することで、変動の方向を推測し、現状についての評価を可能にする認識行為であり、基本的に没価値的である。一方、実践活動は、研究活動の成果などを利用してあらかじめ設定された目的を実現する行為であり、基本的に価値的である。2つの活動は、認識と実践をともに含み、同質性もあるが、追求する価値は異なる。

　異なりながらも、認識(研究)を踏まえた実践と、実践(現実)に寄与する研究とが相互に影響しあうことで高等教育研究は活性化し、また究極的には高等教育と社会の発展に寄与するものと想定されてきた。反面、研究と実践との価値がしばしば混用され、研究としては実証性が不十分な言説が、実践的な価値を背景に流通する傾向がないともいえない[2]。大学職員論が、高等教育研究の一領域として発展するためにも、レビューを通じた解剖と課題の剔抉は不可欠の課題である。なお、資料や取り扱う基礎知識の関係で、本論は主に国立大学職員を対象にする[3]。

2　大学職員論の前史

(1) 大学制度の成立と大学職員

　日本の大学の歴史において、あまり表面には出ないが、管理運営や教育・研究以外の業務を担う職員は当然存在していた。たとえば、東京開成学校には、「生徒ヲ監察」する監事、「学校長ノ指示ニ随ヒ校中ノ雑務ヲ掌トル」書記が置かれ、このほかにも吏員が置かれることになっていた（東京帝国大学 1932:286）。省庁所管の学校を統合して成立した帝国大学には、「総長ノ命ヲ承ケ庶務会計ヲ掌理」する書記官1名（奏任官）、「庶務会計ニ従事」する書記52名（判任官）を置くことにしていた（明治26年8月、勅令第83号帝国大学官制）。書記官は戦後の国立大学では事務局長に相当する。帝国大学の職員はこれだけではない。大学雇として、事務雇員（会計掛、庶務掛）、教務雇員（助手、寄宿舎掛、学生掛、図書掛、教務掛）、事務傭人（校内取締、給仕、小使い）、教務傭人（喇叭手、植物園園丁、学術器械磨職工）など多様な職種が置かれていた（明治28年6月6日、会計課長通牒、官立学校及図書館経費科目解疏）。これらの人々は、歴史の表面には現れてこないが、大学の業務を陰ひなたで支える存在であった。明治38年の東京帝国大学には、教官が302名、書記官・書記が51名に対し（東京大学 1986）、予算上ではあるが、台湾演習林や医科大学医院を含め、401名の雇員・傭人がいたのである（『明治38年度文部省所管帝国大学各目明細書』）。

　官吏としての書記官・書記と大学雇いの雇員・傭人との待遇の格差は大きなものがあった。明治38年の書記官の年俸は1,400円で教授の平均年俸1,150円をしのぎ、書記も平均月俸27円（年額324円）で助教授の平均年俸360円に迫っていたが、雇員は平均年額162円に過ぎなかった。また、庶務・会計を主業務とする書記・書記官は、文部本省、帝国大学及び官立高等教育機関間を異動した。戦後の国立大学を通じて庶務・会計系列が事務職の主流とされ、異動官職と大学雇いとの構造的な格差が存在する国立大学事務職員の源流がここにあるといってもよいであろう。

　これら戦前の大学職員について、その在り方が論じられることはもとより、研究的にも取り上げられた事例は管見の限りではほとんどない。そもそも組

織的に、大学職員の養成や、その専門性が問われた形跡もほとんどない。わずかな例外として、東京美術学校に設置された文部省図書館職員教習所(大正10年)、東京商科大学に設置された経理講習所(大正13年)を挙げるのみである。経理講習所は、高等教育拡張計画による官立高等教育機関の増加のため、学校会計担当者を養成する臨時措置であり、その卒業生たちは同窓会(文経会)を結成し、『文経会雑誌』を創刊し、会計実務の実践交流を行っていた(羽田 2008a)。

　また、昭和期には、厳しくなる経済・財政状況のもとで、増加した官立学校の効率的運営を図るため、文部大臣官房会計課は『経理資料』[4]を刊行し、財務運用に必要な情報を提供したが、文経会メンバーなど会計担当者が各種の論文や報告を投稿し、学校会計職員の職能形成を図る重要なツールとなっていた。会計担当実務者で執筆された『経済的経理の実例及計画』(昭和3年)は、戦前期の自主的な職能向上活動の成果でもあった。

　このように、戦前における大学職員の意識的養成事例は皆無ではないが、大学職員の専門性向上は組織的なものではなかったし、政策としても成立していなかった。これは、大学に限ったことではなく、戦前の官僚制において、業務の専門性向上が課題となり、取り組まれた事例はあまり見られない。その理由は、戦前官僚制の組織原理そのものに求められよう。周知のように M. ウェーバーは、合法的支配の形態として官僚制を措定し、合法的支配の根源を、知識・専門性による支配に求めた。伊藤(1980、第2章)は、ウェーバーの官僚制論をベースに、日本型官僚制の特質を検討し、西欧型官僚制が、職業倫理を共有する集団の一員としての行政職員によって構成されているのに対し、日本は関連する事務によって組織され、職業集団に対比して権限集団と呼ぶことができると指摘する。官僚制の構成員は、所掌する業務の専門性によって選抜されるのではなく、一般常識や法規の基礎知識を問う高等文官試験によって選抜されたのちは、各省庁の業務に従事しながら、各省庁のルールに相応した「専門性」を修得していく。こうした知識体系は、省庁組織に付随した特質を持ち、業務の在り方を根本的に変革するような専門的知識は要求されない。各種の通達・内規や省庁間で発生する文書のやり取りを通じ

て省庁の意図と行政事務について詳細な知識は持つが、業務の意味や目的適合性について問うことがなく、規則遵守的な、かつての国立大学事務職員の行動様式は、日本型官僚制の土壌の上に育ってきたのである。

(2) 戦後大学改革と大学職員

戦後、政治・行政改革によって、身分制的官僚制は公務員法制に置き換えられた。また、大学行政に関しては、GHQ民間情報教育局によって大学行政官協議会が開催され、アメリカの大学管理運営の紹介が行われた（羽田 2005:31）。学生管理の機能が強かった戦前の学生部・学生課に代わり、Student Personnel Service（SPS）の概念が導入され、学生部が大学組織の大きな比重を占めるに至った。しかし、これらの改革は、大学職員の在り方に大きな影響を及ぼしたとはいえない。

第1に、大学雇いの職員層と文部省及び大学間を異動する職員層の格差構造は再生・存続した。国立大学は国家行政組織法第8条1項の「文教施設」であり、文部大臣の所轄に属し、その管理権に服し、学長をはじめとする教職員の任命権は文部大臣に属していた。事務職員（行政職）の採用・任命など人事権は、「人事に関する権限の委任等に関する規程」（文部省訓令）によって、課長補佐以下の大学採用の職員についてのみ学長に委任された。大学採用の職員が課長になるためには、どんなに仕事ができても、本省転任試験を受けるか、課長補佐で課長登用試験を受けるしかなかった。

第2に、課長職以上は、異動と昇進がセットになったキャリア・パターンに組み込まれ、2~3年で国立大学・短大・高専や文部省所管の施設を異動するのが常態であった。異動官職の職員は大学職員であるとともに文部省職員である二重性を帯びることになった。大学と文部省の方針との対立や葛藤が生じると利害関係の調整に苦しむことになる。しばしば文部省を「本省」と呼ぶ職員がいるが、それは国立大学が出先機関であり、「本省」から出向してきているという意識の表れでもあった。

第3に、学校教育法、教育公務員特例法によって、大学管理機関による学長・部局長の選考制度、重要事項を審議する教授会の権限強化など、学部を基礎

にした意思決定機構が成立したが、事務機構はこれとは別系統として組織された。事務局及び学部の事務組織編成は文部大臣の権限に属し、大学が任意に編成できなかった（昭和39年4月1日文部省令第11号、国立学校設置法施行規則第28条第2、3項、同第29条第2項）。また、事務機構の長は事務局長であり、「学長の監督の下に…事務局の事務」を掌理するものとされた（同施行規則、第28条第6、7項）。事務局長は学長の補助執行者として、その監督に服するが、事務局の部長及び課長が上司の命を受けて事務を処理する（同条第8項）のと異なり、事務局長は学長の命を受けて事務を掌理するのではない[5]。国立大学は事務局長以下の事務組織と、学長―評議会―学部長・教授会との二元構造を制度化したのである。

　第4に、国立大学の学部事務組織の長は事務長であり、課長補佐相当職であった。つまり、大学採用職員のトップは事務長ないし事務局の課長補佐であり、異動官職である課長以上は事務局に所属して大学の事務を所掌するのであり、本省―事務局（しばしば「大学本部」と俗称された）―部局という事務職員の階層構造が成立した。さらに、教育支援に従事する教室系教務職員、部局図書室職員など教育研究に直結する職員は、予算定員とは別に校費を財源として雇用される定員外職員（非常勤職員）が多く、実験や研究支援に従事する技官（一般職の職員の給与に関する法律の行政職俸給表（二）が適用され、行2と通称された）を含め、国立大学の職員組織は縦割りで階層的な構造を取った。

　第5に、この二元・階層構造のもとでは意思決定も二元化する。学長を頂点とする意思決定過程に、職員は文部省からの情報や指示を通じて間接的に影響を及ぼすしかないが、事務組織については学長の権限も全面的には及ばないのである。バーンバウムは、大学運営を教員文化と官僚文化の二重支配と定式化したが（Birnbaum 1988=1992）、日本の国立大学においては、組織における二元構造によって強化していたのである。

(3) 大学自治論と大学職員

　この二元構造の解消の試みがあった時期もある。60年代の大学紛争は、教授会自治の限界を露呈し、各大学では管理運営制度に焦点を当てた改革案

が策定された。共通する方向は、学生・職員の大学運営参加であり、全構成自治論である。「東京大学当局と東京大学職員組合との確認書」(1969年3月5日)は、教授会自治に代わって、「職員、院生、学生も大学の構成員として固有の権利を持ち、それぞれの役割において大学の自治を形成する」ことをうたったが、職員参加には原理的問題があった。

　構成員自治には、参加主体が自立し、自己決定を行う存在であることが本質的な与件として求められる。しかし、職員の場合には、ハイアラーキーの下で上司の命令に対する服従義務を負っており、幹部職員は文部省の方針を体現する役割を持ち、構成員自治の主体になりうるかという問題点がある。

　たとえば、確認書以降、管理運営組織を検討した東京大学改革委員会管理運営組織に関する作業グループ報告 (1971年3月29日) は、「大学の一構成要素としての職員の立場」から大学運営に参加する場合、職務命令系統と労働組合とが職員に不当な干渉を及ぼす問題を指摘し、干渉を起こさないような調整が必要であると指摘していた。また、一橋大学評議会「総点検作業第1次報告」(1969年9月16日)は、職員を大学自治の担い手として認める必要性を認めつつ、職制のもとで管理者と被管理者という関係に置かれる二重性を持つと指摘し、被管理者としての側面における職員の意思を総括する組織として教職員組合の役割を重視している。

　しかし、教職員組合は職員団体として労働条件など給与・待遇について、大学管理者との集団的交渉権の担い手であることが本質的な役割であり、大学運営全般に関与して管理主体になることは、その存在と矛盾する。また、ユニオン・ショップでない限り、非組合員の意見は反映できない (榊 1983:82)。大学運営への職員参加論は原理的な問題への解答を見いだせないまま、70年代に沈静化していく。

　もっとも、公務員法制や行政組織法に規制された国立大学とは異なり、私立大学においては、教授会自治を克服し、職員を大学運営の主体とする条件があった。その1例が、日本福祉大学であり、70年代に職員自ら包括的な大学職員論を展開し (玉置ほか 1971)、30年にわたる事務局建設の理論的基礎となった (篠田 2004)。

3　90年代の大学職員論

(1) 大学職員論の新たな勃興

　80年代には私立大学の若手職員が高等教育について議論するボランタリーな団体（FMICS）があったが、大学職員論が新たに登場したのは、90年代であった。1994年に京都で結成された高等教育研究会は、90年代の大綱化と18歳人口減少への危機感を背景に発足し、1996年からは『大学創造別冊　大学職員ジャーナル』（2010年現在12号）を創刊し、大学職員が独立したイシューとなったことを示した。間もなく私立大学職員を中心に、「プロフェッショナルとしての大学行政管理職員の確立を目指して、…『大学行政・管理』の多様な領域を理論的かつ実践的に研究する」大学行政管理学会が創設された（1997年11月）。この学会は、管理職である事務職員を正会員資格（規約第4条）とし、国公私立大学の設置形態を越えて大学職員の在り方を追求する志向性を持つものであった。さらに、1998年大学審議会答申は、国立大学の独立行政法人化騒動の中で、トータルな大学改革像を示すとともに、過去の答申に類を見ないほど事務機構と大学職員の在り方を問い、専門的力量の向上を説いた。そして、大学職員論は、国立大学職員をも対象に展開するようになった。

(2) 国立大学職員論とその特質

　国立大学職員論が展開されたのは、98答申の時期から、筑波大学大学研究センターが開催した一連の公開研究会が大きなきっかけであった（筑波大学大学研究センター 1999、2001、2003）。その後IDEなどの雑誌でもたびたび特集が組まれるようになった。この職員論は、論者によって差異はあるが、私立大学職員論を国立大学の領域に展開しただけにはとどまらない。国立大学職員論を大略整理すれば、①職員が教授会支配のもとで低位に置かれ、「ジム」とも蔑称されてきたと問題視、②大学の自己責任が拡大し、経営能力の向上が必要になったが教授会による意思決定プロセスが制約になっていること、③教員は経営のプロではなく、経営管理の専門家として、職員が大学経

営の中心になるべきこと、④業務が高度化し、職員の専門性向上が重要なこと、⑤教員自治と対抗できるだけの専門性を職員が身につけること、といった内容となっている（山本2001:273-274、本間2005:28-29）。98答申は、1995年の大学審議会答申『大学運営の円滑化について』を引き継ぎ、既存の意思決定機構を前提に、学長を中心とする全学的な運営体制の整備を提言するもので、事務組織は教学組織との機能分担を明確にし、学長・学部長等への支援と、国際交流など専門業務について事務組織への権限付与を内容としていた。国立大学職員論は、職員の役割を大学運営支援にのみ位置づけるのではなく、教員に代わって副学長など大学運営の中核に位置づけるものであり、98答申の枠組みをはみ出し、批判をも含むものであった。

(3) 国立大学職員論の問題点

　大学運営の規模拡大が進行し、とりわけ国立大学法人化という組織改革のもとで、国立大学職員の専門性や役割が拡大するのは当然であるが、経営職員論とでもいうべき国立大学職員論には、見落とされた論点がある。

　第1に、国立大学が付属機関として自律性が制約されていた組織構造が等閑視され、「教員支配と職員」という構図が過剰に強調されている。確かに、カリキュラムや教員人事などについては、教授会の権限が強かったが、概算要求を伴う組織改組などは、大学単独で意思決定はできず、自律性は低かった。事務組織は実質事務局長が統括し、学長の権限も及ばなかったことは、前に述べたとおりである。団体自治が不十分な事実が語られず（不十分だったからこそ、法人化によって自律性を拡大することが必要とされたはずである）、二元的構造にも触れずに職員の位置を語るのは一面的である[6]。

　第2に、経営の定義にもよるが、教育と研究に関する事項が、教員研究者の責任によって行われ、教育と研究に関する経営的側面も教授会・評議会など教員の代表によって決定されることは、特段おかしなことではない。諸外国でも管理運営は、事項によって、学長・理事会・教員・学生がそれぞれ関与するシェアド・ガバナンス（羽田2007）が共通理解になっている。国立大学に限らず、大学職員論は大学経営の高度化論とセットになって展開されるが、

教学事項も経営管理によって統括するかのような主張も見られ、教学と経営の関係をどう見ているのか不明である。

　第3に、国立・私立を問わず、大学職員論は専門化を万能処方箋のように論じ、専門官僚制の構築を過大評価している。近代官僚制には、集権化、縦割りとセクショナリズム、専門主義による特権化など、組織固有の弊害があり、その克服が長年の課題となってきた。大学職員論の主張は、機関レベルにおける専門官僚制の構築による大学運営にほかならず、官僚制のもたらす問題が全く視野に入っていない。大学官僚制は官僚制の例外として機能するものではない[7]。

　第4に、上に述べたことに関連するが、大学職員の役割や専門性の具体的内容は、運営組織の構造、権限配分、職階と職務内容、採用・昇進・研修などの人事制度によって定まるものであり、大学職員論は、これらを一体に論じることで初めて職員固有の役割を確定できる。職員の権限拡大や専門性向上をア・プリオリに語っても、それは部分解に過ぎず、全体構造は見えない。特に、理事会・学長・委員会などを含む大学運営の全体構造が明確にされなければ、職員の役割も明らかにならない。

　第5に、大学に限らずあらゆる組織にとって重要なのは、新たな価値を生み出す生産現場の在り方である。大学においては教育研究活動の質的変化に対応し、活動が営まれる学部・学科・研究所・学内共同利用施設が、教員組織ではなく教職員組織として機能し、この組織にふさわしい職員の在り方が職員論として展開されなければならない。国際交流、産学連携、キャリア支援、学生・学習支援など新たな活動領域や、研究経費の肥大化や研究組織の規模が高まることによる研究支援領域の拡大、e-ラーニングなど教育活動の組織性が強まり、徒弟制かつ手工業的な教員組織から、Rhoadesのいう「バーチャルな組み立てライン」(Rhoades 2008:18) に即応した組織に変容していくことで、職員の役割は質的に転換を迫られている。だが、一方では、学部の職員はパート化し、役割の拡大とのジレンマにある。しかし、大学職員論は経営に焦点化し、教育研究の現場を担う部局職員についてほとんど扱っていない。

4 大学職員論の諸相

　大学職員論はすべてこうした特徴を持つわけではない。孫福弘は上に述べた問題点も視野に入れた職員論を展開していた。

　第1には、教員の排他独占に代わって職員の排他独占を主張する大学職員論とは一線を画していた。彼は、大学管理運営が教員自治になっていることを批判し、70年代の学生参加・職員参加の意味についても触れつつ、教育職員と事務職員の二分法に加えて、新たに行政管理職員（経営管理職員）を設け、大学経営の専門家育成の受け皿とすることを主張していた（孫福 1998）。この行政管理職員は、教員集団と対抗的に想定されるのではなく、「新しい職種には『教員』『職員』のどちらからも、また大学の外部からでも、能力に応じて就任が可能とするのが大原則」であり、教員のパートタイムによっている学部長、図書館長、教務部長などの上級管理職のポストの多くは、行政管理職による専任職とすべきという。これは、ポスト（職）と職種とを混同しているのではないかとも思うが、各種の副学長職に、教員・職員・大学人以外いずれからも採用する外国大学のイメージに近い。

　第2に、職員像の変容の背後には、大学運営面だけでなく、教育と研究の変化があることを視野に入れていた。すなわち、教育においては知識伝達型から学習型に、研究においては書斎型個人作業から共同作業型・プロジェクト型に、それぞれ移行することで、従来の教員・職員の二分法ではカバーできない新しい業務が発生すると指摘し、「学術専門職員」という新たな職種が必要と指摘する（孫福 2001）。

　第3に、専門職化がもたらす閉鎖性の危険性も視野に入れ、これらの職員像を「開放型プロフェッショナリズム」（孫福 1998）と述べ、また、狭い専門家である「スペシャリスト」と区別し、ゼネラリストの視野の広さとスペシャリストの知識の深さを併せ持つ「プロフェッショナル」として職員像を想定していたのである（孫福 2005）。

　70年代から始まる日本福祉大学での取り組みから精力的に大学職員論を展開してきたのは篠田道夫である（篠田 2004）。その職員論は、理事会（経営

と教授会(教学)の二元構造を前提に、両者の政策統合機能を果たす事務局の役割と、学習支援、IT・遠隔教育、社会人教育の展開など教育・研究分野での新たな職員の役割の双方を位置づけ、日本福祉大学の職員像を「新しい価値を作り出す『開発(企画・創造)型』へ転換」(篠田 2004:33)するために、人事考課・育成制度を全般に論じている。教員と職員の対抗関係を前提とする職員の権利獲得とは捉えていなかった。

このように、大学職員論は経営職員論に限らず、多様な視点を持って論じられていた。たとえば、筑波大学の1998年公開研究会で、大南正瑛は、立命館大学の事例に即し、大学運営の原動力の筆頭は、全学運営協議会、常任理事会、学部長・理事制、学友会など「全学の合意を取るということが大学運営の非常に重要なエッセンス」であるとし、さらに、夢のある志をもった創意工夫と達成感の全学的共有、学生を大学自治の担い手と位置づけること、総長をはじめとする政策的リーダーシップを列挙する講演を行っている(筑波大学大学研究センター 1999:103)。

大学運営におけるコンセンサスの重要性などが指摘されながら、これらの視点が国立大学職員像には反映せず、「教員支配」に代わる経営職員論として展開したのはなぜであろうか。

その理由には、国立大学法人化によって職員人事権も国立大学に帰属し、従来の異動官職の存在意義が問われたことがあげられよう。国立大学の二元的構造は、「本省」、国立大学・文教施設間の異動による幹部職員の昇進メカニズムを成立させ、このルートの中で流通する情報によって国立大学の方針に影響を与えることができた。国立大学法人化は、この仕組みを解体し、内部昇進を原則とすることで、幹部職員層の異動・昇進メカニズムを不安定にした。合意や利害関係者の参画、大学運営の原理や全体構造から演繹され、それを支える大学職員像ではなく、教員に代わる専門性の高い経営職員像という突出した部分解が大学職員の単一解のように喧伝された最大の理由は、法人化の下での幹部職員の存在理由探しにあったといえる[8]。

5 大学職員論と高等教育研究

(1) 大学職員論における高等教育研究

　大学職員論は、まだ経験を土台に語られ、大学管理運営研究、官僚制研究、専門職論など関連する領域の成果を学んでいない。また、研究も、専門性の向上による経営強化という枠組みに縛られがちで、大学職員の組織形態に関する領域、採用・昇進・キャリアステージなど大学職員そのものに関する領域の実証的・理論的研究がまだ不十分である[9]。大学職員論を支える高等教育研究の深化が期待される。

　領域のうちでも、諸外国の大学職員や事務組織の情報収集は、急速に進んだ。山本(1998)や、特に大場(2004、2005、2006、2009)の精力的な活動によって全体像が描かれたほか、アメリカ、イギリス、フランス、ドイツ、中国、韓国の制度や実態に関する研究が行われた。アメリカの学生支援組織・支援職員・養成教育(保坂 2000、2001、2003)、学習支援(小貫 2005、2009)、大学院による養成(馬越 2005、高野 2009)などの研究も行われている。

　しかし、雇用・昇進制度や大学運営の方法も異なる外国の諸制度が直ちに日本に導入できるものでもなく、日本の大学職員に関する実証的研究が深化して初めて外国研究も意味を持つ。この点で急がれるのは、日本を対象にした研究の発展である。

　たとえば、人事制度の在り方を考察するためには、従来の国立大学幹部職員のキャリア・パスの実態や機能の検討が不可欠である。国立大学職員のキャリア・パスについて、山本(2001:269)は、「文部省にとって有能なアドミニストレーターを各大学から見出す上で大きな役割を果たし…文部省の官僚制への親和性を高め、また国の政策の裏の意図まで深く理解するだけの能力を彼らに身につけさせる点でもうまく働いてきた」と評価したが、国立大学にとって有意義かどうかという評価ではない。国立大学法人は、原則として内部昇進に移行したが、どのようなキャリア・パスが職員のモチベーションを高め、職能形成に寄与するかはまだ不明なのである。研究の使命はスローガンではなく実証である。わずかな研究として、林(2007)が『文部省幹部名鑑』

に基づいて国立大学法人職員のキャリア・パス分析を試みているが、課長・部長の職階ごとに、内部昇進、文部省採用などの構成を並べているだけで、個人のキャリアを時系列に沿って分析しているものではない。猪股・木原 (1998) は、ローゼンバウムなどホワイトカラーのキャリア形成の成果を踏まえつつ、大学学報の人事異動記録によるキャリア分析を行い、野村 (2004) は『文部省幹部名鑑』データを駆使して国立大学事務局長・課長職のキャリア形成を明らかにした。いうまでもなく、社会科学では人材形成や職務分析に関する膨大な蓄積がある。大学職員研究は、こうした研究成果と方法を学び、高等教育研究の成果によって基盤を固めていくことが必要である。

　しかし、単に方法論を転用するだけでは不十分である。ホワイトカラーのキャリア形成研究は、ブルーカラー・専門職のキャリア形成研究に比べ遅れた。専門職・技能職は、労働過程において要求される技術・技能が明確で、労働組織の編成や雇用・職能・昇進体系が労働の性質によって規定されるために把握しやすいが、ホワイトカラーはそうではない。大学職員も同様である。この構造に切り込む研究が必要である。

　職員の専門性向上テーゼも、より深められるべきである。そもそも、すべての職員に専門的能力が求められているとも認識されていない。各種の調査では、職員に求められている専門的能力は情報処理・財務など特定の分野に限られ、職員には「企画力」、「情報収集力」、「情報分析力」、「問題解決能力」など特定の知識・技能に還元できず専門的知識を土台にした、より統合的・一般的な能力が期待されている (宮村 2004、大学行政管理学会「大学人事」研究グループ 2004、全国大学高専教職員組合調査 2007)。「大学人事」研究グループ (2004) の調査によれば、私立大学においては、企業内育成型人事制度に加えて専門職制度を実施する意見は 2004 年度で 46% あるが、5 年前に比べて減少している。同グループ (2004、2009) による私立大学職員の人事制度事例 13 のうち、職能資格制度を設けているのは日本福祉大学だけであり、それも職階に対応した能力設定になっており、業務分野に対応した設計ではない。調査では、専門的業務はアウト・ソーシングでよいとする意見もある。そうした意見を生みだす業務や組織の特性を明らかにすることが重要である。異動・昇進の

人事制度が制約要因であろうし、業務に求められる専門性と職員個人に求められる能力とはリニアに対応するわけではないことにも留意すべきであろう。古典的専門職とは異なり、大学職員は単独で仕事を行うわけではなく、業務は教員や多様な雇用形態の職員、外部委託を含めて組織によって担われる。職員の専門性は、業務、組織及び人事制度の在り方から演繹されるもので、その逆ではない。

　この点で、業務そのものの分析・検討の立ち遅れも克服しなければならない。とりわけ、財務・会計や政策決定・実施など大学運営の実態面の研究は資料的制約や政策決定過程の不透明さによって十分な蓄積がない。政策決定を情報収集・分析・決定のように続く一連の合理的な過程と考えるのは誤りであり、関連する集団の利害衝突と調整の過程でもある。国家レベルの政策決定過程はともかく、個別機関単位の決定過程は隠蔽されがちで、非合理的な場合さえある。政策決定が学内外の関係者の人間関係や利害関係、政府関係者との水面下の交渉で行われる場合、どこに職務の専門性が成立する余地があるであろうか。

　たとえば、私立大学の抱える最大の問題は、深刻な学生定員割れであるが、18歳人口が縮減する人口動態が明確でありながら、80年代後期計画の定員規模をはるかに上回る学生増が個別大学の意思決定として行われ、大学の存続にかかわる定員割れを作り出してしまったことは、普通なら経営責任を問われることであろうが、そうした指摘も分析もない。職員の専門性を構築するとすれば、こうした政策及び経営の失敗事例の分析を経ながら抽出されることが不可欠であり、過去に目をつぶって、美しい経営手法（多くはその効果が説明されていない）を濫造することではない。

　また、大学運営を規律する制度は、法令や行政規則のように明文化されたものだけではなく、大学の内部文書や関連省庁との往復文書において実体化することが多く、公表は忌避され、研究者がもっとも接近しにくいものである。高等教育研究者の多くが社会学の訓練を受け、行政・法制度や会計学の知識に欠けるとはいえ、ベールに閉ざされている大学運営の実態を明らかにする研究がなければ、職員の専門性を支える知識も形成されないであろう。

(2) 高等教育研究における大学職員論

　大学職員研究は、高等教育研究にとっても重要なパーツである。Clark (1983=1994) は、高等教育の組織構造を、事業組織体を連結するシステム（中央政府、州・地域・地方政府）、事業組織体（複数キャンパス、機関）、専門分野レベル（講座―施設、デパートメント）に階層化して捉え、各レベルにおいて統合する権威が異なるとした。Becher & Kogan (1980) は、中央権力―機関―基本単位（デパートメントなど）の下位に個人を置き、教育・研究スタッフ、行政管理者、補助労働者、学生を要素とし、各レベルが依拠する規範形態と運営形態を図式化した[10]。大学運営は機関レベルの問題であるが、高等教育機関は各レベルが異なる規範によって統合され、各レベル間の葛藤をも含みながら機能する存在であり、大学職員研究は、大学教員・学生と並ぶ個人単位の構成要素がようやく俎上に乗ったことを意味する。

　しかし、職員は他の2つと異なった性格を持っている。教員は、教育研究者としてその役割・機能は明確であり、職階や年齢、専門分野、雇用形態にかかわらず一義的な定義が可能であり、同質性がある。学生も社会人や留学生といった違いはあれ、学習者としての同質性がある。これに対して職員は、大学の意思決定に関与し、職制上職員に対して指揮命令を行う経営管理層もいれば、組織の末端において単純作業に従事する職員も含まれる。これらを大学職員と一括するのは、企業の役員と平社員を総称して会社員と定義するようなものである。ましてや、人事権を持つ理事・副学長クラスから中間管理職である課長補佐レベルまで含めて経営職員というのでは、労使関係の視点から見るとイデオロギッシュでさえある。

　また、教員と職員のボーダレス化が言われるが[11]、そうであれば、大学職員の役割・機能は、教員との相互関係によって決定されるのであり、教職員研究として行われなければ実相は把握できない。多様性のある職員という存在を、職員管理者層を対象にした質問紙調査だけで議論することに大きな限界があるとも言える。こうした論点をクリアする大学職員研究が進むことで、高等教育研究に新たな領域としての職員論が確立していくことであろう。

注

1　本章は「高等教育研究と大学職員論の課題」『高等教育研究』13（2010年）を収録した。
2　中村（2007）は、高等教育研究における「社会学的想像力」の障害要因として、＜誇大ターム＞と＜通俗化された経験主義＞を指摘しているが、安易な実践論に基づく研究は「社会的想像力」を不要とする。なぜなら結論はあらかじめ決まっているのだから。
3　国立大学職員論については、多少論点の重複もあるが、羽田（2009）も参照されたい。
4　『経理資料』は、文部大臣官房会計課によって、昭和3年刊行された『標準物価調解説』がもとであり、昭和5年から定期刊行物となった。
5　興味深いことに学部の事務長は学部長の命令の下に事務処理することになっていた（同規則第29条第4項）。小中高校の校長は、教諭に対して任命権を持たず、「校務を掌り、所属職員を監督する」（旧学校教育法第28条第3項）権限を持ち、教諭に対して職務上の上司とされた。類推適用すれば、学長は事務局長に対する職務上の上司といえるが、小・中学校の校長は、旧地方教育委員会の組織及び運営に関する法律第36条によって、所属職員の任免その他の進退に関する意見具申権を有していたので、学長の事務局長に対する権限は、校長の教諭に対するそれよりはるかに弱かったのである。
6　国立大学職員論は、旧国立大学幹部職員経験者によって語られることが多いが、なぜか、先に指摘した国立大学の二元構造や階層構造に全く触れることがない。
　　また、大学の組織改組が実現する場合には、学長をはじめとする大学執行部、職員、学部教授会の連携が不可欠であり、さらに文部省とも共通理解が図られていなければ困難である。現実の大学運営は、教員対職員という対立関係だけではなく営まれてきたのである。部局においてはカリキュラム編成・実施に教務系職員との協力なしには円滑に機能しないし、評価制度の設計・実施には大学運営の実務知識の豊富な職員の力が欠かせない。最近、教職協働が大学職員論に登場しているが、教職協働ははるか前から行われてきたことであり、今更主張されることが不思議でならない。
7　たとえば、Gilbert（1959）は、官僚制の弊害を克服する統制として、＜内在的＞－＜外在的＞、＜制度的＞－＜非制度的＞の4つのカテゴリーを提示している。教員による委員会組織は、官僚組織内の統制による「内在的・制度的統制」の一類型ともいえる。論者によっては、教員による委員会組織は、非能率で無責任組織と評価するかもしれない。しかし、「教員の責任において」意思決定することで、縦割り構造の官僚組織において、リスクを回避しがちな上司のもとで自由に発言できない職員を保護する意味もある。これは、個別大学で法人化移行に関連する一連の作業の中で筆者が痛感したことである。教員は部局的な利害には敏感であるが、階層的な行動様式からは比較的自由である。大学職員論は官僚制論の課題を共有する必要がある。

第 13 章　高等教育研究と大学職員論の課題　271

8　国立大学職員論の具体化として組織された「国立大学マネジメント研究会」（2005年発足）は、会員資格を必ずしも国立大学職員に限定せず、役員のごく一部に公立・私立大学関係者を含むものの、その目的は「国立大学のマネジメントを担う役員及び教職員の能力の向上」（会則第3条）であり、大学行政管理学会とは異なり、設置形態の枠組みに限定された国立大学の業界団体であり、この事情を反映している。なお、2013年に大学マネジメント研究会と改称した。

9　大学行政管理学会は、研究者によって組織された学会が、主として研究成果の発表と評価・認知の機能を持つのに対し、研究グループを設けて研究活動を行い、学会が研究組織主体でもある。その成果は、職員を対象とする継続的な意識調査であり、掲載論文も年々水準が向上している。

10　羽田（2004）参照。システムの解説は塚原（2009）参照。

11　もっとも、大場（2009:7）は、海外の文献からボーダレス化が進行していることは共通理解になっていないと指摘する。過去も、実験・実習において技官が実質指導的役割を果たすことは普通であり、ボーダレス化は新しい現象ではないとも言える。これも実証がないのに言説だけが肥大化している一例かもしれない。

参考文献

猪股歳之・木原京、1998、「公共部門における人材形成―大学事務職員の昇進を事例として―」『東北大学教育学部研究年報』第46集。

馬越徹、2005、『大学事務職員の職能開発のための専門職大学院に関する事例研究―日・米・韓の比較―』（平成15-16年度科学研究費補助金研究成果報告書）。

大場淳・山野井敦徳、2003、『高等教育研究叢書74　大学職員研究序説』広島大学高等教育研究開発センター。

大場淳、2004、『高等教育研究叢書79　諸外国の大学職員《米国・英国編》』広島大学高等教育研究開発センター。

――2005、「大学職員論」有本章・羽田貴史・山野井敦徳『高等教育概論』ミネルヴァ書房。

――2006、『高等教育研究叢書87　諸外国の大学職員《フランス・ドイツ・中国・韓国編》』広島大学高等教育研究開発センター。

――2009、『高等教育研究叢書105　大学職員の開発―専門職化をめぐって―』広島大学高等教育研究開発センター。

小貫有紀子、2005、「米国大学における学習支援職員の発展についての研究―ユニバーサル段階における職務の専門職分化―」『大学行政管理学会誌』第9号。

――2009、「米国高等教育における学生支援の変革―学習志向のインパクト―」（広島大学教育学研究科博士論文、未公刊）。

伊藤大一、1980、『現代日本官僚制の分析』東京大学出版会。

榊達雄、1983、「大学の自治と大学構成者論」『講座　日本の大学改革5』青木書店。

篠田道夫、2004、『大学職員論』地域科学研究会。

大学行政管理学会「大学人事」研究グループ、2004、『大学人事研究―大学職員人事制度の分析と事例―』NPO法人学校経理研究会。
——2009、『大学人事研究Ⅱ―変貌する大学人事―教員評価の実状と経営人材の育成』NPO法人学校経理研究会。
タイヒラー，ウーリッヒ、2003、「比較の視点から見た高等教育改革」『高等教育研究叢書75　第30回(2002年度)研究員集会の記録―』広島大学高等教育研究開発センター。
高野篤子、2009、「米国修士課程レベルの『高等教育プログラム』に関する一考察」『大学行政管理学会誌』第12号。
玉置弘道ほか、1971、「大学職論―大学職員の大学自治への参加について―」『日本福祉大学論叢』第4号（篠田2004所収）。
塚原修一、2009、『リーディングス日本の教育と社会12　高等教育』日本図書センター。
筑波大学大学研究センター、1999、『大学研究』第19号（筑波大学大学研究センター第31回公開研究会）。
——2001、『大学研究』第22号（第1回筑波大学大学研究センター短期集中公開研究会報告、同第2回短期集中公開研究会報告）。
——2003、『大学研究』第28号（第5回短期集中公開研究会報告）。
東京帝国大学、1932、『東京帝国大学五十年史』上。
東京大学、1986、『東京大学百年史　資料3』。
中村高康、2007、「高等教育研究と社会的想像力―高等教育社会学における理論と方法の今日的課題」『高等教育研究』第10集。
野村正人、2004、「国立大学事務職員のキャリア構造」（平成15年度広島大学教育学研究科修士論文、未公刊）。
羽田貴史、2004、「大学組織の変容と質的保証に関する考察」『COE研究シリーズ8』広島大学高等教育研究開発センター。
——2005、「大学管理運営論」有本章・羽田貴史・山野井敦徳『高等教育概論』ミネルヴァ書房。
——2007、「アメリカの大学理事会素描」『私学高等教育研究叢書1　私大経営システムの分析』私学高等教育研究所。
——2008a、「東京商科大学経理事務講習所と文経会」『東北大学史料館だより』No.8。
——2008b、「高等教育の市場化における大学団体の役割と課題」（平成17～19年度科学研究費報告書）。
——2009、「国立大学事務職員論から「大学人」論へ」『大学教育学会誌』31-1。
林透、2007、「国立大学法人職員のキャリアパスと能力開発に関する一考察」『大学行政管理学会誌』第11号。
保坂雅子、2000、「アメリカの大学におけるスタッフ・デベロップメントの諸相―Student Affairsを中心に―」（平成12年度広島大学大学院教育学研究科修士論文、未公刊）。

――2001、「アメリカの学生担当職員養成教育の性格―標準化への取り組みによる―」『広島大学大学院教育学研究科紀要（第3部）』第50号。
――2003、「学生支援組織―アメリカの事例を中心に」大場・山野井2003。
本間政雄、2005、「国立大学法人職員への期待」『IDE現代の高等教育』No.469。
孫福弘、1998、「大学経営のイノベーション」『大学と教育』No.22。
――2001、「大学経営人材の養成をめざして」『大学研究』第22号。
――2005、「プロフェッショナルとしての大学職員」山本真一・村上義紀・野田邦弘『新時代の大学経営人材　アドミニストレーター養成を考える』ジアース教育新社。
宮村留理子、2004、「大学職員の役割と能力形成―私立大学職員調査を手がかりとして―」『高等教育研究』第7集。
山本眞一、1998、「大学の管理運営と事務職員―管理運営論への新たな視点―」『高等教育研究』第1集。
――2001、「高等教育政策と大学運営―大学経営人材養成の観点から―」筑波大学大学研究センター2001。
全国大学高専教職員組合、2007、「事務職員アンケート集計表」。

Birnbaum, Robert, 1988, *How Colleges work? the cybernetics of academic organization and leadership*, Jossey-Bass.（=1992、髙橋靖直訳『大学経営とリーダーシップ』玉川大学出版部）。
Becher, Tony & Kogan, Maurice, 1980, *Process and Structure in Higher Education*, Heinemann Educational Books.
Clark, Burton, R., 1983, *The Higher Education System:Academic Organization in Cross-National Perspective*, University of California Press（=1994、有本章訳『高等教育システム』東信堂）。
Gilbert, C. E., 1959, The Framework of Administrative Responsibility, *The Journal of Politics*, 21(3).
Rhoades, Gary, 2009、「米国流学術資本主義は日本のためになるのか？：課題、費用、選択」羽田2008b。

＊大学職員論に関する文献収集については、篠田道夫氏から多大な協力を得た。記して謝する。

第14章　ガバナンスにおける大学団体の役割[1]

1　高等教育における中間団体の重要性

(1) 社会における中間団体

　高等教育の市場化は、機関間の競争による質の向上を生み出すと信じられ、政府の失敗を克服する手段として主張されてきた。しかし、市場においては、供給者と消費者が単独で商品の生産・流通・購入を行い、競争をしているわけではないし、競争だけが質の向上をもたらすわけではない。市場と政府は単純な対抗関係にあるわけではなく、供給者も単純な競争関係ではなく、協調、連携など多様な関係を取り結び、個別企業を越えた利益の維持・追求、さらには市場経済システムの形成に大きな力を発揮している。

　すなわち、圧力団体・利益団体など多様な定義の仕方があるが、政府と個別機関の中間にあって、個別機関の全体利益を反映し、情報交換、政策形成やロビーイング活動を行う中間団体が重要なのである。中間団体の役割・機能は、政治学において実証的な政策決定・政治過程分析における圧力・利益団体研究として位置づけられた。政治過程に集団が位置づくことによって、多元的国家論、圧力団体論が登場し、集団は政治研究の重要な分析単位となった (Ball & Milland 1986=1997)。日本でも、政治学はじめ、かなりの研究蓄積がある (日本政治学会1953、1960、石田 1961、田口 1969、村松・伊藤・辻中 1986、辻中 1988、2002、2004、2014、2016、辻中・森 2010)。

　また、中間団体は、社会契約説によって成り立つ近代市民社会において、民主主義を実質化する重要な装置である。樋口 (1989、1994) は、市民革命を経たフランスとアメリカの民主主義形態を比較する Tocqueville (1888=1987)

を基軸に、近代民主国家を、個人と国家権力が直接対峙する「ルソー＝ジャコバン型国家」と、多様な中間団体が個人とともに社会を構成する「トクヴィル＝アメリカ型国家像」を近代個人主義社会の二類型として析出した。アメリカがデモクラシーのモデルかどうかは、トランプ出現後疑わしいが、中間団体の存在とその役割が、間接民主制のもとでの民主主義の実質化に大きな意味を持つことは明らかであろう。

(2) 高等教育における中間団体

ところで、政治学が主に対象にしてきたのは、利益配分に強くかかわる企業団体・労働団体であり、教育関係団体は管見の限りでは、ほとんど見られない。村松・伊藤・辻中(1986)では、教育団体を教育政策のイシューに対応して、①公立校長会、②私学団体、③日教組の3つに区分しているものの、政策形成過程に組み込まれ一翼を担う一方、利益分配や調整、ロビーイングを行う高等教育団体の役割がすべて包括されているともいえない。

政治学のアプローチは、圧力団体ないし利益団体としての機能・役割分析に焦点が置かれ、大学団体を研究するには、その機能をカバーするものではない。多くの大学団体の役割には、調査研究、情報交換の機能があり、同業者団体としての自主規制機能も持っている。こうした役割は、政治学のアプローチでは浮かびあがらない。

また、対象は政府付属機関ではあるが、国立大学財務・経営センターが国際シンポジウムを開催するなど(独立行政法人国立大学財務・経営センター 2011)、多少関心は広がっている[2]。国立大学法人化が象徴するように、日本の改革は機関レベルに目が向きがちであるが、市場的競争の問題も明確に指摘され、大学団体の役割にも言及されるようになった(中教審答申「学士課程教育の構築」2008年12月)。大学団体は、これからその在り方が問われる。

2 諸外国における大学団体

(1) 大学団体の機能と分類

　世界の高等教育を見れば、重層的に組織された大学団体の存在と活動が目に飛び込んでくる。国立大学協会『海外の大学団体』(2007年)は、13カ国をフォローする有益な索引である。アメリカには、1918年に大学団体によって結成された全米教育審議会(ACE: American Council of Education)がある。ACEは、1,627の高等教育機関、高等教育システム、130の大学団体、さらに企業をも構成員として、高等教育界全体の利益を代弁して政策形成に寄与するメガ大学団体であり、もっとも包括的な調整団体である。

　これらの大学団体の役割・機能は、構成員や歴史、目的によってすべて同じではないが、大きく分類して、①構成員の利害調整及び利害代表、②政策提言(勧告・建議など)、③政策推進(ロビー活動など)、④他団体・機関との連携・調整、⑤高等教育に関する調査研究、⑥構成員への情報提供、⑦支援・助言(能力開発プログラムなど)、⑧自律的規制(質保証や教育のガイドライン・コードの設定)を挙げることができる。もちろん、1つの大学団体が特化した1つの機能を持つわけではない。

　また、団体の性格からは、①アクレディテーション団体、②包括団体(ACE)、③大学類型別団体(AAU、AAC&U)、④管理職団体(AGB)、⑤専門職別団体(NACUBO、AAUP、POD)、⑥機能別団体(College Board)などに区分することができる(福留2008)。

　これらのうちでもっとも重要な役割を果たすのは、大学の政策決定全体にかかわる②③④である。学士課程教育の改善・向上は、カリキュラム・教育内容の開発(履修基準の見直し、各科目の内容開発)、教育方法の開発(教材、教授技術、成績評価方法)、学習支援体制の整備、施設の整備など多岐にまたがり、教員対学生比の改善、少人数教育のための演習・講義の増設、ティーチング・ロードの適正化など個別大学における意思決定なしには実現しない。

　たとえばFD(教員の職能開発)は、専門職である教授職が自律的に負う職能義務であるとともに、機関レベルにおいては、人事や資源配分、施設整備な

どの施策を不可欠とするもので、学士課程教育に関する経営の一環として、学長などトップ・マネジメントのリーダーシップの役割が大きい。個別大学における学士課程教育の向上には、大学団体による情報交換・調査研究など高等教育セクター全体での合意と方向付けが重要な機能を果たす[3]。

アクレディテーション団体については、すでに多くの刊行物があるので(たとえば、金子1994、前田2003)、アメリカ以外の国を含め、もう少し団体の性格を説明する。

(2) 大学団体

大学類型別団体は、同種の大学によって組織された団体になりやすい。規模や性格が類似するために置かれている環境が類似し、教育や運営の課題が類似する。高等教育機関の種類は多様であり、大学とその他の高等教育機関という二元的構造をとっている国も多い。また、ヨーロッパ諸国の大学の多くは政府立ないし政府の財政支援を受けた公的機関だが、アメリカは私学セクターが大きく、日本・韓国は私学が多数を占める。

二元的構造に対応した団体を有している国もあるが(デンマーク［学長会議とユニバーシティ・カレッジ学長会議］、フィンランド［大学学長会議と専門大学学長会議］)、大局的には機関の多様性にもかかわらず、大学団体としては一元化が進行している。ドイツはすべての高等教育機関を包括し、UKは大学・ユニバーシティカレッジが正式会員のほか、ウェールズ・スコットランドの高等教育カレッジも準会員の資格を持つ。

スウェーデンは1995年に大学・学長会議とユニバーシティ・カレッジ学長会議を統合してスウェーデン高等教育協会が創設され、ノルウェーは2000年に大学会議とユニバーシティカレッジ会議を統合して、ノルウェー高等教育協会が創設された(渡邉(黒田)2008)。

総合研究大学で組織された全米大学協会(AAU: Association of American Universities)、コミュニティカレッジで組織された全米コミュニティカレッジ協会(AACC: American Association of Community Colleges)、カナダを含む大学院で組織された全米大学院審議会(CGS: Council of Graduate Schools)、学士課程

教育の教養教育の促進を目標とする全米大学・カレッジ協会（AAC&U: Association of American Colleges and Universities）も含まれよう。

アメリカは多様な高等教育機関を持ち、州立大学やカレッジの団体（NASULGC: National Association of State Universities and Land-Grant Colleges, AASCU: American Association of State Colleges and Universities）や私立大学の団体（NAICU: National Association of Independent Colleges and Universities）など、およそ50の全国的団体が存在する。同時に、認定された学位授与プログラムを持つすべての大学や高等教育団体を会員とするACE（American Council on Education）、州立・私立高等機関の理事会を会員とするAGB（Association of Governing Boards of Universities and Colleges）、州立・私立を含んで会計、財務、大学運営の専門職開発プログラムを提供するNACUBO（National Association of College and University Business Officers）など横断的な全国組織を持っている（国立大学協会2007:4）。

韓国は公立セクターと私立セクターが並存しているが、4年制大学はすべて韓国大学教育協議会（KCUE）に属している。

日本は、国立・公立・私立の設置形態別及び短期大学・高等専門学校の種類別に団体が組織され、包括的な大学組織を持たない稀な例であるといってよい。

(3) 学長団体

学長団体は、前述の類型には当てはめにくい。一般的には、その国の大学を代表する存在であり、政策形成に役割を果たしている。CVCP（Committee of Vice-Chancellors and Principals）を前身に持つ連合王国のUUK（Universities UK）、ドイツ学長会議（HRK: Hochschulrektorenkonferenz）、フランス学長会議（CPU: Conference des Presidents d' Universite）、オーストラリア学長委員会（AVCC: Australia Vice-Chancellors Committee）を改組したUA（Universities Australia）があげられる。日本では、国立大学協会（1950年7月発足）がこれにあたる。

大学自身によって自発的に組織・設置されるものが多いが（アメリカ）、政

府によって設置され、高等教育行政機構の一部であるものもある。デンマーク学長会議（1967　研究・科学技術・イノベーション省のもとに置かれ、運営財源は毎年の予算）、フランス大学長会議（1971　政令によって国民教育省に設置、議長は国民教育大臣、その後1984、高等教育法により国立高等教育機関長会議が設置）、韓国（韓国大学教育協議会 KCUE：Korean Council for University Education、韓国大学教育協議会法により1982年設置）などである。

　しかし、政府設立であってもその後法人格を持つなど（フランス、2007年に非営利社団）、政府機関としてではなく、自律的・自主的な組織として活動しており、アメリカ・イギリス・フランス・ドイツ・オーストラリア・ニュージーランド・韓国・スウェーデン・フィンランド・ノルウェー・デンマーク・中国を対象にした調査では、政府からの独立性に乏しいのはデンマークだけである。

　また、『海外の大学団体』（国立大学協会、2007年）によれば、オランダ・イタリア・カナダの学長・大学団体も非営利法人の形態をとっている。日本の場合は、公立大学協会・日本私立大学協会・日本私立大学連盟のいずれも自立的に結成された。国立大学協会も、戦前に作られた帝国大学総長会議の後継組織である国立総合大学長会議や、さらに国立大学をすべて包含した国立大学長会議とは別個に1950年7月13日に結成されたものであり、一応は自立的な団体として区分できる。

　ただし、協会発足は当時の東京大学総長南原繁のリーダーシップによって行われたもので、創設に至る組織的な議論があった形跡はない。事務局も東京大学内に置かれ、東京大学事務局長が兼務するなど組織的独立性に乏しかった。また、協会の発足式は国立大学長会議の終了後開催されるなど、性格の異なる両組織が関係性を持ちながら運営されてきた（国立大学協会　2000）。

　学長団体は、単なるボランタリーな組織ではなく、各国の高等教育政策に強力に位置づけられている。韓国大学教育協議会は、政府の高等教育政策に対する提言を法制上の権限を持ち、大学評価や政策研究、教職員の専門性開発プログラムなどを実施し、高等教育行政の一部を担っている。フランス大学長会議は、国民教育大臣が議長となる諮問機関であったが、2007年には

国民教育省から分離され、議長も大学長となり、国民教育大臣への諮問と建議を役割としている。

　法律によって高等教育行政に位置づけられていなくとも、学長団体は強力なリーダーシップを発揮してきた。UAは、オーストラリア高等教育の頂上団体として自らを位置づけ、権利の主張・擁護、分析、サービスの提供を主要な活動としている。UUKは、ロビー活動を通じ、授業料自由化政策に寄与した。

(4) 専門職団体

　大学内部の職務・役割に対応した専門職団体は、個別機関ないし同質的機関の利益を代弁しやすい学長・大学団体とは異なり、機関を超えた専門性を追求する横断的性格を持つ。アメリカでは、大学理事会協会 (AGB: Association of Governing Boards of Universities and Colleges) は、34,000以上の理事会メンバーが加盟し、理事としての役割を果たせるよう各種の専門性開発プログラムを提供し、助言を与え、高等教育の利害関係者との連携を強めることを目的としている。

　同様な団体に、全米大学実務者協会 (NACUBO: National Association of College and University Business Officers)、全米学生担当職員協会 (NASPA: National Association of Student Personnel Administrators) などがあり、イギリスを中心に組織された大学行政管理者協会 (AUA: The Association of University Administrators) もある。

　ファカルティ・デベロップメントについても、全米高等教育専門・組織開発ネットワーク (POD: The Professional and Organizational Development Network in Higher Education、1976年設立)、カナダ高等教育教授・学習協会 (STLHE: The Society for Teaching and Learning in Higher Education、1981年設立)、イギリス教育開発協会 (SEDA: Staff and Educational Development Association、1993年設立)、オーストラレーシア高等教育研究開発協会 (HERDSA: Higher Education Research and Development Society of Australasia、1972年設立) など全国組織が形成されている。これらの専門職団体は、業務に関するコードの作成や資格の策定など

専門人材の養成機能も果たしている。

(5) 国際組織としての大学団体[4]

これらの団体は、国境を越え、国際的な組織を形成している。地域的な団体として、2001年にヨーロッパ大学協会と欧州連合学長会議が統合したヨーロッパ大学協会 (EUA: European University Association) は、46カ国、850の大学が加盟し、調査研究、勧告、評価などの活動を行っている（東北大学は、2009年に、アジアの大学ではじめてEUAの評価を受けた）。外にも、アフリカ大学協会 (Association of African Universities、1967年創設、45カ国199大学加盟)、環太平洋大学協会 (Association of Pacific Rim Universities、1997年創設、環太平洋地域16カ国46の研究大学) などの地域大学協会がある。

世界的な組織としては、1950年にユネスコのもとに結成された国際大学協会 (IAU: International Association of Universities) はもっとも古いものの1つであり、1964年結成の世界大学長会議 (IAUP: International Association of University Presidents)、国際大学行政管理者会議 (IMUA: International Meeting of University Administrators、1981年結成) も開催されている。

これらの団体は、市場化のみを直接の契機として生まれたのではなく、同業者規制の拡大、専門職の利益保護、ロビーイングなど多様な政治的役割を担うために自生的に結成されたり、政府の手によって設立されたりといった多様な起源を持ち、それぞれの国・地域の高等教育ガバナンスに大きな役割を果たしている。

3　大学・学長団体の役割・機能

(1) 役割

大学・学長団体の役割は、歴史的状況の中で変化してきた。たとえば、AAU (Association of American Universities、1900年創設) は、カナダを含む62の研究大学によって組織され、アメリカにおいて影響力のある団体のひとつだが、第二次世界大戦直後までは、アクレディテーション機関としての役割を

果たしてきた(福留 2008)。連邦政府が研究資金の提供など役割を強めるのに対応して、連邦の政策への対応が役割として拡大し、アクレディテーション団体の勃興もあり、アクレディテーションの役割は消失した。

一方、韓国大学教育協議会の大きな役割は大学評価である。こうした差異は、歴史的に作られてきた他の中間団体・調整機関の存在と相互関係によって、大学・学長団体の果たす機能が決定されることによるものである。

大きな変化は、代表的な学長団体であったイギリスのCVCP(Committee of Vice-Chancellors and Principals of the Universities of the United Kingdom、1918創設)が、2000年にUniversities UKへの改組・改称を行い、オーストラリアのAVCC(Australian Vice-Chancellors Committee)が2006年にUniversities Australiaと改組・改称を行ったことである。

その最大の理由は、学長団体ではなく、大学全体を代表する団体として、大学の利益を擁護し、その業務を支援するためである。UAの改組を提案したAVCCに対するレビュー(Phillips KPA, *Australian Vice-Chancellor's Committee Review of the AVCC 2006*, Aug.2006)は、AVCCが学長のフォーラムではなく、高等教育業界全体の長期的利益を効果的に推進し、事業体の競争力を強化するための、最高団体(peak body)に再生されることを提言した。改組はその結果である(杉本 2008)。

北欧・フランスなどの事例からも、各国における高等教育の機能強化方策のひとつとして、大学・学長団体がより組織性を強め、高等教育機関全体の利害を反映し、再編する方向をとっているといえる。これらの団体は自律的な性格を持っているから、政府のイニシャチブに基づいているとはいえないものの、高等教育ガバナンスの方向としては、高等教育政策関係者に広く共有されていると思われる。

(2) 活動

大学・学長団体の活動は、対外的には、①政府や政策決定者との交渉(ロビーイング)、②外部社会との連携、③高等教育関係団体を含む人々との情報交換・交流などであり、内部的には、④高等教育に関する調査研究、⑤会員機関へ

の情報提供・議論と交流、⑥政策提言、⑦各種の能力開発プログラムなどを通じた会員機関への支援など多岐にわたる。

これらのうち、もっとも大きな機能はロビーイングであり、韓国大学教育協議会のように法律で設置され、高等教育政策に対する政府と大学との調整機能を付与されているものもある。

学士課程教育の向上において注目すべき活動は、④調査研究や⑤情報提供、を基礎にした⑥政策提言(submission)、各種の能力開発プログラムである。これらの活動は、高等教育の広範な領域にわたっているが、重点が置かれているのは、教育内容・学生の学習・生活である。

たとえば、AAC&U(学士課程の教養教育の促進・発展、理念の共有を目的に1915年リベラルアーツカレッジなど179機関が参加し、70年代にはロビー活動よりリベラル教育の推進のための活動に焦点化した)は、「来るべき時代へすべての学生を備えさせること」、「共生のために学生を教育すること」、「卓越性を創出すること」、「学生個人の質に責任をとること」を目標に多彩なプログラムを展開し、基幹的プログラムである Liberal Education and America's Promise (LEAP)は、College Learning for the New Global Century (2007)を公表し、学士課程教育の目的・学習成果・主要原理についての提言をまとめている。

イギリスのUUKは教育の質保証と強化をその活動のコアに位置づけ、学生生活政策委員会(Student Experience Policy Committee)を設置し、大学進学準備教育、継続教育を含み、雇用可能性の形成や質保証、学生の学習・生活全般を扱っている。SEPCは、National Audit Officeや教育省(DfES)、HEFCE、学生組合などと連携して活動し、その成果は、Universities UK management guidelines Managing meningococcal disease (septicaemia or meningitis) in higher education institutions (2004)などと出版され、各大学での取り組みの指針となっている(http://www.universitiesuk.ac.uk/studentexperience/)。取り扱う問題は具体的であり、実際の解決の方向まで示す形で公表されている。

このようなガイドラインの設定は、UA(AVCC時代を含む)も行っており、業界団体としての自主規制によって大学と学生の責任を定め、各大学の努力を促進している。ガイドラインは、「大学及び非大学間の単位互換連携」(Policy

Guidelines on Cross-Sector Qualification Linkages, May 2001)、「コンテンツ、大学のITシステムとインターネット」(Content, University IT System and Internet, Oct.2001)「オーストラリア大学における教育提供の基本方針」(Universities and their Students: Principles for the Provision of Education by Australian Universities, Aug. 2005)がある。

　これらのガイドラインは法律と異なり、強制力は有しないが、AUQAの行うオーディットにおいては、各機関の質保証システム・活動の状況を点検する際の視点として"External Referencepoints"（外部参照点）が設定され、これらの行動倫理規定やガイドラインも明示され、公的な参照規準として機能している（杉本2008）。

(3) 主要な課題

　諸外国の大学・学長団体の代表性は強化され、その役割は拡大しているが、大きなジレンマを抱えつつある。UUKに関してLocke (2007, Intermediary Bodoies in UK Higher Education Governance, with particular reference to Universities UK, 国際シンポジウム「高等教育の市場化における大学団体の役割と課題」基調講演、2007年8月7日）は、UUKがポリテクが昇格した大学も含めて拡大したことで、高等教育機関全体を代表する組織を形成し、政府との関係における調整力を拡大させたと評価する一方、政策変更にはあまり大きな影響力を行使せず、政策の方向に沿ったコンセンサスの形成やダメージを緩和するにとどまったのではないかと指摘している。特に、近年は組織としてよりも主要なメンバー個人の影響力による政策への関与が行われていると述べている。

　とりわけ、評価による資源配分など近年の政策は、機関間の違いを際立たせ、UUK内部に独自な行動をとるグループを発生させている。オクスフォード・ケンブリッジを含む20の研究大学からなるラッセル・グループ（1994発足 http://www.russellgroup.ac.uk/）、1992年以前の大学でやや小さい研究志向大学による1994Group（1994発足 http://www.1994group.ac.uk/aboutus.php）、1992年以降の大学からなるCMU (Campaigning for Mainstream Universities) があり、2006年には、3つのグループに属しない大学で構成されるUniversity Alliance

が発足した。こうしたグループの発足は、UUKの対応できる政策イシューが縮小することを意味し、いかにしてUUKが調整力を持ちうるかどうかが課題になっている (Locke 2007=2008)。

　UAも、1994年に、オーストラリア国立大学、シドニー大学、メルボルン大学など研究大学8つからなるGroup of Eightが発足し、独自な活動を始め、1999年には法人組織になった。このグループは高等教育の規制緩和に関する政策に関して、他大学とは異なった意見を持っており、UAの統一性を維持できるかどうかが今後大きな課題となるだろう。大学・学長団体は、高等教育機関の多様性を促進しながら、高等教育の共通性を維持するというジレンマを含む課題を乗り越えなければならない。

　大学・学長団体が持つもうひとつの大きな課題は、高等教育が社会に貢献する上で、経済的価値の産出以外の多様な社会的価値を擁護する同盟者を大学の外に求めることであり、大学の内部においては、教育研究活動の担い手である学科レベルの活動が、大学の社会的使命達成に貢献できるような運営を作り上げることである。これは政府自身の課題でもあるが、政府自身は大学のパフォーマンスを方向づけられるが、大学そのものを経営できるわけではない。競争的環境のもとでの個別大学の自律的活動の総和が、高等教育の公共性を実現するわけではない以上、大学・学長団体の調整力に期待が寄せられるのは当然であろう。

4　日本における大学団体の現状

　それでは、日本の事情はどうであろうか。大学団体の全容を把握することは難しい。中間団体調査に使用される『全国各種団体名鑑』(株式会社シバ、2001年版)では、日本私立大学連盟、日本私立大学協会、日本私立医科大学協会、日本私立短期大学協会、私立大学通信教育協会、全国教職課程研究連絡協議会、関連工学教育協会、専修学校教育振興会、全国専修学校各種学校総連合会、東京都専修学校各種学校協会、大阪府専修学校各種学校連合会の12団体が掲載されているのみである。ウェブ検索だけでも、国立大学協会、

公立大学協会、公立短期大学協会、日本私立歯科大学協会、日本私立看護系大学協会、日本私立薬科大学協会、私立大学情報教育協会、私立大学図書館協会、私立大学通信教育協会立大学連盟などがあり、日本において高等教育の中間団体も決して量的に少ないものではないと思われる[5]。これらの団体は、専任スタッフ事務局機能を有し、恒常的な活動を行っているものから、実質は年に1回の会議を開催し、情報交換を行うにすぎないものもあると思われる。

　日本の大学団体の最大の問題は、設置形態別に組織され、高等教育全体を包摂した組織化が行われていないこと、したがって、日本の大学全体の代表性に欠け、各団体の圧力団体としての役割が個別機関や、セクターを越えて高等教育全体の発展につながるとはいえないことである。私見の限りでは、設置形態を超えた組織には、国公私立大学団体国際交流担当委員会協議会（JACUIE)、日本看護系大学協議会、法科大学院協会、全国獣医学関係代表者協議会を数えるに過ぎない。私立大学においてさえ、1946年12月に設置された日本私立大学連合が、日本私立大学協会と名称変更後（1948年3月)、日本私立大学連盟が結成され（1951年)、2つの団体を持つことになっていった。その後、1984年に日本私立大学協会、日本私立大学連盟、日本私立大学振興協会が加盟する日本私立大学団体連合会が結成されたが、主に政府への交渉など対外的活動に重きが置かれ、各種の活動は依然として団体単位で行われている。

　国立大学協会は、早くから一本化されていたが、元岐阜大学長黒木登志夫氏が『落下傘学者奮闘記』（2009年）で「学長の遺言状」として述べたように、課題が多い。もともと協会のスタートは、1950年7月13日だが、事務局を東京大学に置き、東京大学事務局長が事務局長を兼務するなど、大学団体というよりは、学長の親睦を兼ねた協議体の性格が強かった。

　また、日本の教育行政は、審議会への諮問・答申・建議による政策形成が手法の一つになっており、常設の審議会は、戦後の中央教育審議会までなかったから、学校長会議への諮問と意見聴取が、大きな役割を果たしていた。大正10年には、帝国大学総長会議が開催され、さまざまな事項について文部

省と帝国大学との協議が行われていた。そして帝国大学評議会は、法制上、文部大臣の諮問に応える責任を持っていたから、帝国大学総長会議は、自律的な大学の集まりというよりは、文部省と国立大学との一体的関係を確認するものであった。戦後の国立大学協会結成式は、文部省が招集した国立大学学長会議の案内文で連絡されており、出自は独立した大学団体の結成ではなかったのである。こうした組織の出自がもたらすハビトゥスが克服されていないともいえよう。

5　学部長の会議体

　大学団体ではないが、類似した重要な役割を持つのは国立大学における各種の学部長会議類である。これら会議体は、名称や活動そのものが今まで知られていないし、持ち回りの会議体であるため、資料も体系的に整備されていないが、専門教育に関する情報交換、組織改組に関する議論の舞台となり、学部長レベルの職能開発の役割も果たしていると思われる。『文教速報』(官庁通信社、週3回発行)への掲載記事をもとに調査すると総計66組織を数える。すなわち、①教養・共通教育系：国立大学一般教育担当部局協議会など5組織、②人文・社会科学系：国立8大学文学部長会議など7組織、③工学系：8大学工学部長会議など5組織、④理学系：国立10大学理学部長会議など5組織、⑤医学系：国立大学医学部長病院長会議など11組織、⑥農学系：国立大農学系学部長会議など11組織、⑦教育系：全国国立大学教育学部長会議など5組織、⑧その他：夜間主コース設置大学学部長会議など3組織、⑨研究所・共同利用施設等：文部科学省所轄研究所等所長会議など15組織、である。このほかに、関東地区工学部長会議、九州地区9大学工学部長会議のように、地区別の会議を持つものもあり、国立大図書館協議会のような図書館関係、全国国立大学学生関係部長協議会のような学生支援関係の会議や、国立大学医学部・医科系大学事務協議会、国立単科大事務局長会議、中国・四国地区国立大学庶務部(課)長会議のような各種の管理職会議を含めると、その総数は数百に上るのではないかと思われる[6]。

学部長会議の数と領域は広範にわたっているが、特徴のひとつは、その階層化された構造にある。たとえば、旧帝国大学に広島大学・筑波大・東京工業大学を加えた国立10大学理学部長会議、国立22大学理学部長会議（国立大学には理学部が32あるので、10大学を除いた理学部）、国立大学理学部長会議という3つの会議があるが、一見して明らかなように、これは大学の設置別権威をもとにしている。10大学理学部長会議は年に2回開催されるのが常で、2003年度を例に取ると第99回国立10大学理学部長会議が、5月22～23日に名古屋市で開催された。秋には、10月16日に第100回国立10大学理学部長会議が東京で開催、同じ日に国立22大学理学部長会議が東京で開催され、翌17日に筑波大学・埼玉大学の当番で第21回国立大学理学部長会議が開催されている。ホテルも同じところから、1日目は2つの会議体に分かれ、2日目に合同したのである。つまり、権威のある会議のあとにすべての理学部長会議が開かれた。

　もともと、学部長会議は決定機関ではなく、置かれている共通の状況を理解する情報交換が主な機能であるが、文部科学省関係者が出席して意見交換することで、高等教育政策の方向を共有し、各大学の選択を決定づける役割も果たすことがある。1991年の大学設置基準大綱化以後、国立大学は教養・共通教育の改革方向として、教養部の部局化を構想していた。国立大学教養部長会議で、学部化に否定的な文部省の方針が示されたことで、大きく転換した。現状では、これらの会議は、政策実施のための共通理解の場にはなっても、政策形成の役割は果たしにくい。国公私立の農学系学部長によって組織される全国農学系学部長会議は、国公私立薬系大学（学部）学長・学部長・研究科長合同会議とともに数少ない横断的な専門学部組織であり、農学教育の発展のために憲章を設け、各種シンポジウムの開催や声明の公表などを行い、農学教育と政策に対する影響を与えようとしているが、こうした取り組みが重要である。学長団体もそうだが、こうした団体の機能が強化されるためには、学長の場合、長くて6年、部局長の場合は2年程度で入れ替わっていく現状を改める必要がある。頻繁な構成員の交代は、継続的な活動を困難にし、場当たり的で、リスク回避に傾斜しがちである。

6　専門職団体と大学団体のこれから

　大学団体の日本的特色のひとつは、大学に関する専門職団体が形成されていないことであろう。わずかに大学行政管理学会、大学マネジメント研究会が組織化されているが、ここでも注目しなければならないのは、専門職の自己向上努力が、研究を目的とする学会という形式を取るため、職能開発や自己規律のための倫理綱領策定など、専門職団体としての活動に徹しきれない。一方では、専門職団体的な志向が学会の中に入ってくるために、学会の役割・使命が揺らぐ場面も見られる。専門職団体は、業務遂行のための能力向上と、団体自身による規範制定が大きな機能を持つ。それは、すべて政府の規制を待つのではなく、高等教育の質維持と向上には自分たち自身が責任を持つということの現れである。これから、ますます大学団体の在り方が問われていくであろう。

注

1　2005年から2007年にかけ、筆者は、「高等教育ガバナンスにおける大学・専門職団体の機能に関する国際比較研究」グループの代表として、イギリス（田中正弘）、フランス（大場淳）、スウェーデン・ノルウェー・フィンランド・デンマーク（渡邊あや）、アメリカ（福留東土）、オーストラリア（杉本和弘）、中国（黄福涛）及び日本（羽田）の大学団体についての研究を行った。本稿は、これらの研究による。詳細は、報告書『高等教育ガバナンスにおける大学・専門職団体の機能に関する国際比較研究報告書　高等教育の市場化における大学団体の役割と課題』（2008年3月）を参照していただきたい。本章は、拙稿「高等教育の市場化と大学団体－研究改革と研究成果－」『高等教育の市場化における大学団体の役割と課題』、「国立大学関係団体および各種会議について」『国立大学関係団体史料目録』（2008年3月）、「大学団体の果たす役割とこれに対する支援の在り方について－教育・学習支援に関して－」（中央教育審議会大学分科会制度・教育部会学士課程教育の在り方に関する小委員会ヒアリング、2007年1月18日）、「大学団体の可能性と課題」『IDE　現代の高等教育』Vol. 538（2012/2-3月号）をまとめたものである。諸外国の事例は、2008年の報告書に拠っているので、その後の変化が把握されていないことをあらかじめおことわりする。

2　もっとも、このシンポでは、自立的な大学自体と政府の外部機関である独立行政法人とを一緒にし、大学支援機関として扱っているのは、学問的にも現実的にもきわめて問題である。

3 日本の場合でも、国立大学の各種学部長会議や単科大学長会議はこうした役割を果たしてきた。しかし、基盤となった旧制機関ごとに組織された複雑なものになっている。設置形態を越えた組織としては、国公私立大学薬学部長（科長・学長）会議があるが、レア・ケースである。
4 アメリカの大学組織を包括する組織として、1962年に結成されたフォーラムWHES (Washington Higher Education Secretariat) がある。(http://www.whes.org/members.html。2007.1.14アクセス)
5 インターネット検索には2018年7月時点のデータ。
6 これらの会議の名称と、広島大学の各学部長が参加した会議体の資料は、『国立大学関係団体資料目録』（2008年3月）参照。

参考文献

福留東土、2008、「米国の大学支援・調整団体」『高等教育ガバナンスにおける大学・専門職団体の機能に関する国際比較研究報告書　高等教育の市場化における大学団体の役割と課題』（科学研究費基盤研究 (B)、2005-2007年度、代表羽田貴史）。
樋口陽一、1989、『自由と国家　いま「憲法」の持つ意味』岩波書店。
――1994、『近代国民国家の憲法構造』東京大学出版会。
石田雄、1961、『現代組織論』岩波書店。
金子忠史、1994、『変革期のアメリカ教育〔大学編〕』東信堂。
国立大学協会、2000、『国立大学協会50年史』国立大学協会。
――2007、『海外の大学団体』国立大学協会。
独立行政法人財務・経営センター、2011、『CUFM平成22年度国際シンポジウム報告書　大学の活力を育てるもの―大学支援機関の役割と課題―』。
村松岐夫・伊藤光利・辻中豊、1986、『戦後日本の圧力団体』東洋経済新報社。
前田早苗、2003、『アメリカの大学基準成立史研究』東信堂。
日本政治学会編、1953、『戦後日本の政治過程』岩波書店。
――編、1960、『年報政治学　日本の圧力団体』岩波書店。
杉本和弘、2008、「オーストラリアの大学団体 (Universities Australia：UA) について」『高等教育ガバナンスにおける大学・専門職団体の機能に関する国際比較研究報告書　高等教育の市場化における大学団体の役割と課題』。
田口冨久治、1969、『社会集団の政治機能』未来社。
辻中豊、1988、『現代政治学叢書14　利益集団』東京大学出版会。
――編著、2002、『現代世界の市民社会・利益団体叢書1　現代日本の市民社会・利益団体』木鐸社。
――編著、2004、『現代世界の市民社会・利益団体叢書2　現代韓国の市民社会・利益団体：日韓比較による体制移行の研究』木鐸社。
――編著、2014、『現代世界の市民社会・利益団体叢書5　現代中国の市民社会・利益団体：比較の中の中国』木鐸社。

──2016、『政治変動期の圧力団体』有斐閣。
辻中豊・森裕城編著、2010、『現代市民社会叢書2　現代社会集団の政治機能―利益団体と市民社会』木鐸社。
渡邉（黒田）あや、2008、「北欧の大学団体・学長団体」『高等教育ガバナンスにおける大学・専門職団体の機能に関する国際比較研究報告書　高等教育の市場化における大学団体の役割と課題』。

Ball, Aran R. & Milland, Frances, 1986, Pressure Politics in Industrial Societies: A comparative introduction, Palgrave. (=1997、宮下輝雄監訳『圧力団体政治－東西主要国の比較分析』三嶺書房)。
Locke, William, 2007, Intermediary Bodies in UK Higher Education Governance, with particular reference to Universities UK. (=2008、羽田貴史・音野美晴訳「イギリス高等教育のガバナンスにおける中間団体―Universities UKを事例に―」『高等教育ガバナンスにおける大学・専門職団体の機能に関する国際比較研究』)。
Tocqueville, Alexis de, 1888, De la démocratie en Amérique. (=1987、井伊玄太郎訳、『アメリカの民主政治』上、中、下、講談社学術文庫)。

おわりに

　「はじめに」で述べたように、本書は、この16年間に、大学の統合再編、国立大学法人化、学長権限の強化など具体的に生起してきた組織変容やガバナンス・マネジメントの問題についての時論的分析と、大学組織の階層性と組織文化に関する調査研究など、雑多に進めてきた研究を再整理して構成したもので、一貫する理論に基づいて研究を行ってきた結果ではない。はじめから理論があるのではなく、いろいろなアプローチでの研究を通じて析出できた現象を説明できる理論を求めながら進んで来たといってよい。

　その意味で、第1章が筆者の到達点、結論であるとともに、組織とガバナンス・マネジメント研究の出発点に置きたい。言い換えれば、このテーマを読み解くためには、本書の枠組みは不十分である。今後、研究を進める上では、次のような課題があると考えられる[1]。

　第1に、日本の大学を研究する基本となる組織論の摂取であり、ガバナンス、マネジメント及びリーダーシップと統合的に捉える枠組みの創出である。組織は、2人以上の人間によって、ある目的を持った構成される。したがって、目的を実現するために、理念を共有し、資源を外部から取り入れて消費して目的を達成することが不可欠であり、ガバナンス(誰が活動を決定するのか)とマネジメント(どのように活動を行うか)、リーダーシップ(誰がイニシャチブを発揮するのか)は、組織が組織である本質的属性なのである。

　したがって、大学組織とガバナンス・マネジメントの在り方を解くためには、バーナード＝サイモン革命を経て発展してきた組織論を、高等教育研究に位置づけ、企業、官庁などの組織と比較検討できる枠組みを構築する必要がある。

第2は、より本質的なこととして、教育と研究という業務の特質が、組織と運営の形態をどのように規定するかを研究する必要がある。かつては、大学は企業のような営利組織とは本質的に異なると想定されていた。しかし、営利大学が出現し、大学政策に多くの企業人が関与することで、彼らは企業運営の経験から機能される組織論と運営論を敷衍化しようとしてきた。特段、企業人は組織運営論の専門家ではなく、彼らを政策形成に引き込んできた高等教育政策者・行政者も、それぞれ所属する組織の権限体系の下で役割の最適化を図ってきたに過ぎない。それぞれの経験から問題提起はできても、大学組織と運営を再構築できる専門性と実績を有しているわけではない。しかし、そうした言説が権力体系によって正当化されると、ア・プリオリに想定してきた大学組織と運営形態とは変容する。この変容が妥当なものかどうか、を明らかにしていく必要がある。権力のトライアングル構造としてのみ理解されがちであったClark (1983) は、教育と研究という大学の業務の特質に対応した組織構造を探求している。教育の効果的効率的推進にどのような組織と運営方法が最適か、研究の効果的効率的推進にどのような組織と運営方法が最適か、そして双方の活動はどう関連するのか、こうした基本的検討なしに、最初に「教育と研究の分離」といった命題を立てて、そこから派生するリスクを無視して、いかに実現するかという問題設定は行うべきではない。

　第3は、本書に欠けているのは、マネジメント手法の問題であり、人事マネジメント、予算マネジメント、資源獲得と配分、IR、いわゆるPDCAサイクルなど、マネジメントの具体的方法を、批判的分析の立場に立脚して探求していくことが必要である。

　第4は、組織文化の問題である。第6章で検討したように、組織運営にとって重要なのは、組織を構成する人間が行為する上での組織アイデンティティ、価値観、能力などの主体的要素である。大学教員は、組織には所属するが、学会など機関を超えた組織にも所属し、コスモポリタン的性格を持っている。彼らが、自分たちの利害にのみ関心を持ち、大学運営に関心を持たなければ、どのような組織形態や運営を行おうと、大学は効果的に機能することはない。大学職員が、組織として教育研究の実を上げることに関心を持たず、決めら

れた手順への遵守を優先するなら、どのような組織形態や運営を行おうと、大学は効果的に機能することはない。企業や官庁から理事会や経営協議会のメンバーとなり、大学運営に加わる人間が、学術的文化価値に理解を持たず、それまでに獲得した営利組織の組織文化で大学運営を行うなら、大学の公共的性格は危ういものになる。

　これらは、単なる危惧ではなく、現に高等教育の世界に出現している現象である。不思議なことに、日本の高等教育研究者は、大学の根源的役割に基づき、それを維持・発展させる研究よりは、大学を保守頑迷の組織として政財界とともに批判する立場に立ったメッセージを発することが多い[3]。最後に取り組むべきは、高等教育研究者の組織文化の解明にほかならない。

注
1　よく、論文や研究書の結びに「残された課題」と題して課題を列挙する例があるが、「残された」というからには、「明らかにしたこと」が「残されたこと」より多くなければ使ってはいけない気がする。寿司100貫頼んで10貫も食べずに「残った寿司」といわれても、「もっと食ってから言え」という気分になるのではなかろうか。以下に述べるのは、「残った」課題ではない。。
2　本書に収録しなかったが、筆者の関与したものして、計画・評価に関し、国立大学協会調査研究部(2006)、羽田(2006a、2006b)、質保証に関し、羽田・杉本・米澤(2009)、研究倫理マネジメントに関し、羽田(2018)、授業評価の利用に関し、東北大学高等教育開発推進センター(2010)、教員の資質開発マネジメントに関し、羽田(2014、2015)、ガバナンス全体に関し、羽田(2009)、戦後におけるガバナンスの歴史について羽田(2013)を参照されたい。
3　苅谷剛彦(2018)は、「大学性悪説」による問題構築について論じているが、憎悪に満ちたとでもいうべき大学外からの大学批判、財務省・官邸からの文科省、大学批判、そして高等教育研究者による沈黙は、組織文化研究の対象でもある。

参考文献
国立大学協会調査研究部、2006、『国立大学法人計画・評価ハンドブック―次期中期目標・中期計画策定のために―』国立大学協会。
羽田貴史、2006a、「大学改革における評価の機能と役割」『京都大学高等教育研究』第12号、京都大学高等教育機能開発研究センター。
──2006b、「大学評価―神話と現実―」『大学評価研究』第5号、大学基準協会。
──2009、「大学のガバナンス改革」『学校と大学のガバナンス改革』教育開発研究所。
──2013、「高等教育のガバナンスの変容」『シリーズ大学6　組織としての大学―

役割や機能をどうみるか』広田照幸ほか編、岩波書店。
──監訳、2014、『FDガイドブック』、玉川大学出版部。
──2015、『もっと知りたい大学教員の仕事　大学を理解するための12章』ナカニシヤ出版。
──2018、『PDブックレット　研究倫理マネジメントの手引き』東北大学高度教養教育・学生支援機構。
羽田貴史・杉本和弘・米澤彰純編著、2009、『高等教育質保証の国際比較』東信堂。
苅谷剛彦、2018、「『大学性悪説』による問題構築という〈問題〉─大学改革における言語技法の分析─」『50年目の「大学解体」20年後の大学再生　高等教育政策をめぐる知の貧困を超えて』(京都大学学術出版会、佐藤郁哉編著、2018年)。
東北大学高等教育開発推進センター編、2010、『学生による授業評価の現在』東北大学出版会。

Bess, James L. & Dee, Jay R., 2008, *Understanding College and University Organization Theories for Effective Policy and Practice,* Stylus Publishing.

Clark, Burton R., 1983, *The Higher Education System: Academic Organization in Cross-National Perspective*, University of California Press.

Perkins, James A., 1973, *The University as an Organization: A Report for The Carnegie Commission on Higher Education*, McGraw Hill Book Company.

Perterson, Marvin W., 2007, "The Study of Colleges and Universities as Organizations." InGumport, Patricia J. (edit),2007, Sociology of Higher Education Contributions and their contexts, Johns Hopins University Press. (=2015、伊藤彰浩・橋本鉱市・阿曽沼明裕『高等教育の社会学』玉川大学出版部)。

長いあとがき

　本書は、筆者が1994年4月に広島大学大学教育研究センター（当時）に移動してから始めた大学組織、管理運営研究の成果として執筆した論文をもとにしており、退職後初めての著作になる。

　もっとも、広島大学に移動後、一番力を入れたのは、財政制度史研究であり、潤沢な時間を使って、東京大学明治新聞雑誌文庫に通って帝国憲法成立期の大学論議を渉猟したり、『文部省往復』を精読したりして、帝国大学財政史を楽しく調べていた。

　大学組織や大学管理運営など、現代の問題を取り上げるきっかけは、1997年11月のセンター研究員集会で、国立大学協会会長の阿部謹也一橋大学学長講演で、橋本行政改革のもとでの、国立大学の法人化（エージェンシー）への圧力が詳細に語られたことである。それ以前、臨時教育審議会で国立大学法人化が論議され、1987年4月の第3次答申で将来の課題とされたことがあった。この時は、勤務していた福島大学の学長山田舜氏が、人文系国立大学長の代表としてヒアリングで意見を述べ、学内の会合でも、文部省・国大協内部の状況説明や、「文部省と国大協の統一戦線で法人化を壊す」というご自身の主張をまじかに聞いていたので、関心はあったが、行政改革推進側からの強いメッセージがなく、（これは法人化まで至らない）と内心結論づけていた。

　しかし、阿部講演を聞いて、10年前とは異なる環境と政治圧力の高さを実感し、これは研究テーマにしなければなるまい、と思ったものであった。もともと、北海道大学教育学部・教育学研究科での専攻は、教育制度・教育行政であり、大学管理運営については、それなりの土地勘は働くつもりだが、日本を対象にした研究にはさしたるものがないこともわかっていたので、英

語文献を大量に読む作業が深刻であった。福島大学でのポストは日本教育史であり、英語を使う必要性はほとんどなく、最後に、英語を使ったのは大学院の入試だったから、20年ぶりに英文を読むことになる。もともと、英語が得意なわけではない。英語論文を読み始め、2時間かかっても1ページ訳せなかったときには、めげたものだ。1行に3つも4つもわからない単語があっては・・・。

「必要は発明の母」、「艱難汝を玉にする」、「石の上にも三年」、「継続は力なり」、なんでもいいのだが、とにかくそれから20年を経て、日本人向けの格言は、自分にも通じることが分かったが、読むべき本は多いが、読みこなして、発信につなげるまで時間がかかる。本書に収録した論文でも、日本を対象にした論文は、インスピレーションが天から降ってくるが、英語文献の読み解きをベースにするものは、脳内から無理やりひねり出す感があり、あまり楽しくない。まだ、組織とガバナンスに関するパラダイムは、私に身体化されていない。20年たって、この程度である。

とはいえ、筆者だから見え、言えることがある。筆者の初期キャリアは、日本教育史の分野での仕事であり、大した訓練を受けたわけではないが、大学史の泰斗寺﨑昌男先生と日本教育史研究の先達佐藤秀夫先生と同じ学会に属し、共同研究の末端に加えさせていただき、厳格かつ博覧強記を以て知られる両先生を研究者のモデルとして仰ぎ見てきた。

そこから得られる教育史的アプローチは、テーマを説明しうる史料の収集・確定・史料批判、基本史料の確定と全体構造の中での位置づけ、分析と総合である。筆者自身、集めた史料から得られた結論に不安で、別な可能性がないことを確認するために、東京に通って数日間新聞記事を漁ったことがある。情報がないことを確認するための情報集めは、むなしいが、その吟味に耐えるものが研究である。

ところが、高等教育研究で流布される言説においては、どうも違うようだ。定型的な言説は次のようなものだ。まず、最初に「現在のトレンド（動向）がこうだ」と語られる（動向は常に重要で、同意できる。何がトレンドかは見方によっ

て違うにしても)。次に、それは、「いいか悪いかは別としても避けられない」と断定する(ここからまったく同意できない。悪いことなら避けるべきであり、そのために何とかするのが人間である。地球温暖化のように産業化がもたらす負の問題でさえ、何とかしようとしているのだ、人間は)。

そして、「日本では対応するためにこれが必要だ」と主張する(完全に同意できない。社会科学は、人間がより良き生活をする社会のためのものであり、それが人間にとって良いかどうかの評価抜きに動向に対応するための学問がありうるのか)。

しかも、こうした結論を導くために、様々な見地の文献を読み解いて比較検討した上での主張かといえばそうでもなく、自分の見解に対応しそうな特定の文献を聖典化して、企業的大学経営の推進などと主張しているのではないかと感じる時もある。

10年以上前のことだが、ある研究会で、アメリカの大学運営の研究でよく知られている研究者の講演を聞き、前年アメリカ調査で入手した文献の結論と違うので、つい横にいた研究者に感想をもらしたところ、なぜか、彼が講師にご注進し、件の講師が休み時間に、いい本があるんだって、なんていう書名？と強引に聞きに来たことがある。その方から、研究に関するアイデアや情報をいただいたことは一度もなく、むっとしたが、寺﨑・佐藤両先生の懐の深さは、研究にかかわる情報について隠したことはなく、それどころか、「羽田君、あの本読んだ？　面白いよ」とか「あの文書館にすごい資料がある」と教えてくれることであり、研究は公共的なものだから、史料文献情報を共有した上で、どのような研究をするかが真の競争だという信念を明確に持っていたことである。そういう立派な人に私淑しては、意地の悪いこともできないので、お教えした。数年後、その講師は本を活用して結論を変更したので、よかった(但し、この文献の紹介は3年も前に私が書いているのに引用もなければ謝辞もなかった)。ここで述べたいのは、高等教育研究者の言説といってもこの程度だから安易に信用してはならないという読者へのメッセージと、研究者は自分に都合のよい発表ばかりすべきではないという戒めである。

トレンドがこうだからこうしようというスタンスで学問研究をやるなら、1930年には、近代民主主義は時代遅れで、国家社会主義がこれからのトレンドと主張し、1945年以降は、資本主義は時代遅れで社会主義に取って代わられると主張し、1990年以降は、グローバリゼーションは避けられず福祉国家は時代遅れだから、新自由主義国家で乗り切ろうということになる。これを「曲学阿世」と言うのだ（高等教育研究の持つ内在的問題について、市川昭午「高等教育の理論を求めて－天野・喜多村両氏に学ぶ」『高等教育研究紀要』第19号（2004年）が、淡々と分析を行っている。高等教育研究者は、しっかり読んでいるのだろうか）。

　学問研究は、そのメカニズムの中に、メタ分析、すなわち、反省的思考と再構築を組み込んで、はじめて、無限に真理に接近する営みとなる。そのプロセスがなければ、特定の主張を根拠づけるデータや見解を、絆創膏のようにぺたぺた張ったプロパガンダの一種にしかなりえない。批判的言説を避ける研究世界は、貧弱なものにしかなりえない。英語で書かれようとドイツ語で書かれようと、日本語だろうとそれは変わらない。

　新しい研究プロジェクトを立ち上げながら、本書をまとめるには、かなりのエネルギーを消費したが、振り返ってみれば、このあとがきを書くためだったかもしれない。空手形ばかり切ってきたが、あまり売れそうもない本を待っていただいた下田勝司社長に、厚く感謝申し上げます。

初出一覧

はじめに

第1部　大学の組織
　第1章　大学組織とガバナンスをめぐる諸論点
　　　※日本高等教育学会第19回大会課題研究報告（2016年8月）をもとに加筆
　第2章　大学組織改革の何が問題か
　　　※『IDE』550（2013年5月）に加筆
　第3章　大学の組織変化と組織改革―統合・連合・連携
　　　※「縮減期の高等教育政策」『北海道大学大学院教育学研究科紀要』85号（2002年3月），『国立大学の多様な大学間連携に関する調査研究』国立大学協会政策研究所（2014年）をもとに修正加筆
　第4章　縮減期の高等教育政策―大学統合・再編に関する一考察
　　　※「縮減期の高等教育政策」『北海道大学大学院教育学研究科紀要』85号（2002年3月），「高等教育の再編成と教員養成大学・学部の統合」『教育学研究』第70巻第2号（2003年6月）をもとに修正加筆
　第5章　2010年代の大学組織改革をめぐる政策展開
　　　※書き下ろし

第2部　大学の運営
　第6章　大学組織の構造と管理運営
　　　※「大学管理運営の動向」『COE研究シリーズ27　大学の組織変容に関する調査研究』（2007年2月）をもとに，部分的な加筆
　第7章　国立大学法人制度論
　　　※「国立大学法人制度論」『大学論集』35（2005年3月）をほぼそのまま
　第8章　「再論・国立大学法人制度」『東北大学高等教育開発推進センター紀要』4（2009年3月）
　第9章　「企業的大学経営と集権的分権化」『大学論集』34（2004年3月）

第3部　大学運営の主体
　　第10章　「教育マネジメントと学長リーダーシップ論」『高等教育研究』17（2014年5月）
　　第11章　「国立大学長の選考制度に関する研究－選挙制度の定着と学長像－」『日本教育行政学会年報』No.36（2010年10月）
　　第12章　「国立大学事務職員論から「大学人」論へ」『大学教育学会誌』31-1（2009年）
　　第13章　「高等教育研究と大学職員論の課題」『高等教育研究』13（2010年5月）
　　第14章　「大学団体の可能性と課題」『IDE』538（2012年5月）及び「高等教育市場化と大学団体－研究計画と研究成果『高等教育の市場化における大学団体の役割と課題』（2008年3月、高等教育ガバナンスにおける大学・専門職団体の機能に関する国際比較研究成果報告書、研究者代表羽田貴史）」

おわりに

人名索引

[A]

Anderson, R. D.	5
Austin & McDaniels	219

[B]

Ballantine & Hammac	i, ii, 8, 13
Batedo, M. N.	10
Becher & Kogan	32, 33, 214, 269
Bess, S. & Dee, S.	10
Birnbaum, R.	9
Bok, D.	182, 186

[C]

Clark, B. R.	32, 182, 184, 269, 294
Curaj, A., Georghiou, L., Harper, C., Egron-Polak, E.	48, 71

[E]

Eastman, S. & Lang, L.	46, 48, 71, 72

[F]

Fielden, S. & Markham, L.	71

[G]

Gamage, D. T.	72
Goedegebuure, L. C. J.	71

[H]

Harman, G.	71
Harman, G. & Harman, K.	63, 71, 72, 74, 75
Harman, G. & Meek, V. L.	46, 71, 75
Hendrickson, M. R.	17
Henkel, M.	34

[J]

Jansen, D.	46, 71

[K]

Kegan, R.	21
Kouzes, M. S. & Posner, X. B.	9

[L]

Lloyd, P., Morgan, M. & Williams, R.	72
Locke, W.	284

[M]

Manning, K.	9, 10
Marginson, S.	196
Marginson, S. & Considine, M.	182, 188
Martin, S. & Samels, J. E.	46, 48, 64, 71, 72, 74, 85, 86
Massy, W.	193, 196-198
McCaffery, P.	17

[P]

Patton, D. L.	20
Peterson, M. W.	i, ii, 8
Pfeffer, J. & Salancik, G.	183
Pruvot, B. Estermann, T. & Mason, P.	48, 71

[R]

Rhoades, G.	32, 263
Riesman, D.	184
Rooney, D. & Hearn, G.	182

[S]

Slaughter, S. & Leslie, L. L.	182-184, 191

[Z]

Zekan, D. L.	86
Zemsky, R.	19

[あ]

赤松洋子	21
阿部謹也	136
天野郁夫	161
市川昭午	6, 11
井上正治	233
猪口孝	vi
江原武一	6, 7, 11, 183
大江淳良	247
大南正瑛	265
大場淳	266
岡本義朗	169
帯野久美子	21

[か]

金子元久	i, 6
苅谷剛彦	295
川島啓二	6
河田悌一	21
北城恪太郎	21
喜多村和之	64, 70, 184
木下一雄	232
黒木登志夫	286
高坂正顕	232
コーガン＝ベッチャー	214
小柴昌俊	142
小林信一	48

[さ]

桜井充	146
佐藤博明	111, 132
佐和隆光	142
篠田道夫	6, 264
杉谷祐美子	24
杉本和弘	282
杉本均	6, 11
鈴木寛	103, 111
センゲ，ピーター	216

[た]

タイヒラー，ウーリッヒ	255
高野篤子	6
高柳信一	221
田口富久治	274
田中耕太郎	208, 221
田中弘允	111, 132
田原博人	111, 132
辻中豊	274
寺﨑昌男	66
渡海紀三郎	108, 112

[な]

夏目達也	6
南原繁	279

[は]

バーンバウム，ロバート	259
濱名篤	23
樋口陽一	274
福留東士	282
藤田宙靖	137, 142
ヘンケル，メアリー	7
細川潤一郎	233
ボック，デレク	250
本間政雄	247

[ま]

牧原出	112
孫福弘	264
松下佳代	14
丸山文裕	6
宮村留理子	247
宮本みち子	24
両角亜希子	6, 183

[や]

安嶋彌	148
矢内原忠雄	178
山岸直司	23
山谷清志	151
山田礼子	11, 199
山本眞一	247, 262, 266

[わ]

渡邉（黒田）あや	277

事項索引

[0]

1994Group   284

[A]

AAC&U   283
AAU（The Association of American Universities）   18, 281
AAUP   74
AAUP 声明 "Statement on Governance of College and Universities"（1966）   217
academic capitalism   182
ACE（American Council on Education）   278
ACE 声明 "Student Personnel Point of View", 1937   20
AGB "AGB ～ Accountability"（2007 年 1 月）   11, 218
AGB "AGB ～ Governance"（1998）   11, 218
AGB "AGB Statement on Institutional Governance"   218
AGB "Statement on Board Responsibility for Institutional Governance"（2010 年 1 月）   219
AGB Commission on the Academic Presidency "Renewing Statement on Governance of College and Universities"（1996）   217
AVCC（Australian Vice-Chancellors Committee）   282

[C]

CAM（Collaborations, Alliances and Mergers）   48
Clark モデル   35
CMU（Campaigning for Mainstream Universities）   284
commercialization of higher education   182
commodification of higher education   182
CVCP（Committee of Vice-Chancellors and Principals of the Universities of the United Kingdom）   278, 282

[E]

enterprise university   182
entrepreneurial university   182

[G]

GPRA（Government Performance and Result Act,1993）制定   151
Group of Eight   285

[H]

HEDDA（Higher Education Development Association   48
Higher Education Funding Council of England: HEFCE   48
Human Resources Development Canada 15

[I]

IASAS   16, 17

事項索引　307

[J]

JACUIE　286

[K]

Kogan & Becher（1992）モデル　132

[L]

Liberal Education and America's Promise (LEAP)　283

[N]

NACUBO（National Association of College and University Business Officers）　199, 278
NAICU: National Association of Independent Colleges and Universities　278
NASULGC: National Association of State Universities and Land-Grant Colleges, AASCU: American Association of State Colleges and Universities　278
New Public Management（NPM）　161, 185

[O]

OECD　15, 47
OTFE　72, 74

[P]

PPBS　198

[R]

RCB（Responsibility Centered Budgeting または RCM, Responsibility Centered Management）　194
Reviews of National Policies for Education: University in Denmark 2005　47

[S]

self-authorship　21
"Student affairs and Services in Higher education: Global Foundations, Issues and Best Practices"　17
Student Experience in the Research University（SERU）　19
Student Personnel Service（SPS）　258

[T]

The National for Public Policy and Higher Education　18
"The Role of Student affairs and services in higher education　A practical manual for developing, implementing and assessing student affairs programs and services"　16
TQM（Total Quality Management）　198

[U]

UA（Universities Australia）　278, 282
Universitas 21　188, 199
UUK（Universities UK）　278

[V]

Value Responsibility Budgeting　197

[あ]

アカウンタビリティのための評価　171, 172
アクレディテーション団体　276
『新しい「国立大学法人」像について』（2002）　139, 142, 212
圧力団体　274
アフリカ大学協会　281
アメリカ大学理事会（AGB）　11

[い]

イギリス教育開発協会　280
1府県1大学主義原則　65
一法人複数大学（アンブレラ方式）　96
インパクトファクター　173

[う]

運営形態　33
運営のコア　187
運営費交付金　167, 175

[え]

エージェンシー　136

[お]

欧州大学協会　48
桜美林大学大学院大学アドミニストレーション専攻　247
大分・大分医科大　77
大阪府専修学校各種学校連合会　285
オーストララシア高等教育研究開発協会　280
オーストラリア学長委員会　278

[か]

改善のための評価　171, 172
開放型プロフェッショナリズム　264
開放系システム　8
科学技術・学術審議会学術分科会研究環境基盤部会『学術研究の推進体制に関する審議のまとめ－国公私立大学等を通じた共同利用・共同研究の推進－（報告）』（2008年5月27日）　57
学群・学系制度　44
『学士課程教育の再構築に向けて（審議のまとめ）』　51
学修　23
学習の社会的成果　15
『学術研究の総合的な推進方策について（最終報告）』　111
学術的価値　115
学生発達理論　20, 23
学長自給率　236
学長の選考制度　226
学長リーダーシップ論　207, 213, 217
学部事務組織　259
学問の自由　124
価値責任予算　194, 196
学校監督行政　143
金沢大学大学教育開発・支援センター　35
カナダ高等教育教授・学習協会　280
ガバナリズム　vi, 6, 22
ガバナンス　i, ii, 5-7, 207, 222, 274, 293
韓国大学教育協議会　278, 279
監査請求制度　152
監事による業務監査　152
環太平洋大学協会　281
関東地区工学部長会議　287
管理会計　175
管理職団体　276
官僚制　122, 257, 263
関連工学教育協会　285

[き]

企画立案機能　149, 150
機関　116
機関内での組織多様戦略　41

機関内の改革	44	革に関する有識者会議報告書-』	87, 89
機関内の組織的分業化と再編成	41	教員養成学部の再編・統合に関する調査	81
機関内の部局横断・学際融合型の教育	41	教員養成大学に設置される大学院に関する審査方針	80
機関の種別化	105	教員養成に関する大学・学部における教員審査内規	80
企業家的反応	187	教授会自治	259, 260
企業大学	186	教職協働論	251-253
企業的大学経営	115, 132, 183, 190, 192, 198	行政改革委員会	138
規制改革会議	167, 168	行政改革会議	136
基礎・中間・機関	10	行政改革会議最終報告	136, 156
基礎組織	116	行政改革推進会議	101
基礎単位	32	行政改革推進本部	138
機能強化	106	行政管理職員（経営管理職員）	264
機能分化	150	行政刷新会議	95
機能別分化	52, 105	業績検査	151
機能別団体	276	業績予算	194
機能別分化論	165	競争的研究資金	165
規範様式	33	共同教育課程制度	52
規模の経済	38, 72, 88, 108, 190	共同利用・共同研究拠点制度	57
九州大学・九州芸術工科大学	77	共同利用研究所	56
九州地区9大学工学部長会議	287	京都大学基礎物理学研究所	86
教育改革国民会議中間報告「教育を変える17の提案」	139		
教育関係学部設置基準要項（試案）	80	**[く]**	
教育関係共同利用制度	53	グローバル化	186
教育公務員特例法	154, 209, 222, 226, 228, 258	グローバル人材育成	14
教育再生会議	167, 168	**[け]**	
教育再生実行会議	97		
教育再生実行会議「これからの大学教育等のあり方について」	213	経営的価値	115
教育再生実行会議「第3次提言　これからの大学教育等の在り方について」	98	「経済財政運営と改革の基本方針2015」	106
教育刷新委員会建議「大学の自由及び自治の確立について」（1948年4月9日）	228	「経済財政運営と改革の基本方針2016～600兆円経済への道筋～」	106
教育組織と研究組織との分離	35, 37	「経済財政運営と改革の基本方針2017」	107
教育マネジメント	16, 18, 207	「経済財政運営と改革の基本方針2018」	109
『教員需要の減少期における教員養成・研修機能の強化に向けて-国立教員養成大学・学部、大学院、附属学校の改		「経済財政改革の基本方針2007」	100, 160
		経済財政諮問会議	95, 167, 168

『経済的経理の実例及計画』	257	国立大学協会教員養成特別委員会	83
経理講習所	257	国立大学協会教員養成特別委員会「教育系大学・学部における「新課程」の現状と今後のあり方に関する調査」	82
『経理資料』	257		
研究所	45		
		国立大学協会政策研究所	58
		国立大学協会第1常置委員会『国立大学と独立行政法人化問題について（中間報告）』	140, 153

[こ]

公益法人における財産状況監査	152	国立大学協会調査研究部	171
講座制	35, 37, 40, 44	国立大学経営力戦略	105
構成員自治	260	国立大学財務・経営センター	6
高等教育研究会	261	国立大学職員論	252, 255, 261
「高等教育の教育職員の権利および自由」	220	国立大学総合整備計画	73
「公務員型」か「非公務員型」	153	国立大学の在り方と使命に関する特別委員会	136
項目別予算	194	国立大学の教員養成系・人文社会科学系改組問題	102
公立大学管理法案	208, 211		
公立大学協会	279, 286	国立大学の構造改革	70
公立大学法人	6	国立大学の再編統合	63
公立短期大学協会	286	「国立大学の独立行政法人化問題に関する検討結果のとりまとめ」（松尾レポート）	137
国際大学協会	281		
国際大学行政管理者会議	281		
国大協第1常置委員会	232	国立大学の評議会に関する暫定措置を定める規則	209
国立学校財務センター	6		
国立学校特別会計研究会	73	『国立大学の目指すべき方向－自主行動の指針－』	87
国立学校特別会計制度	73		
国立教員養成大学・学部、大学院、附属学校の改革に関する有識者会議	87, 107	国立大学法人	6
		国立大学法人会計基準等検討会議『「国立大学法人会計基準」及び「国立大学法人会計基準注解」報告書』	140
国立10大学理学部長会議	287		
国立総合大学長会議	279		
国立大学医学部・医科系大学事務協議会	287	国立大学法人職員	245
		国立大学法人制度	102, 135, 160
国立大学医学部長病院長会議	287	「国立大学法人等の組織及び業務全般の見直しに関する視点」	102
国立大学一般教育担当部局協議会	287		
国立大学運営費交付金	165, 168	国立大学法人評価委員会	99, 100, 140, 150, 172, 174
国立大学改革プラン	97, 98		
国立大学管理法案	208, 211, 228	国立大学マネジメント研究会	248
国立大学協会	136, 279, 285	国立大学理学部長会議	288
国立大学協会「設置形態検討特別委員会・専門委員会」	139	国立大図書館協議会	287
		国立大農学系学部長会議	287
国立大学協会『海外の大学団体』	276, 279	国立単科大事務局長会議	287
		国立22大学理学部長会議	288

事項索引　311

国立の教員養成系大学・学部の在り方に関する懇談会　79
国立の教員養成系大学・学部の在り方に関する懇談会『今後の国立の教員養成系大学・学部の在り方について』(2001年11月)　64, 79
国立8大学文学部長会議　287
国家戦略会議　95
国公私立大学団体国際交流担当委員会協議会　286
国公私立薬系大学(学部)学長・学部長・研究科長合同会議　288
国庫債務負担行為制度　73
今後の国立大学の機能強化に向けての考え方　98, 100
『今後のわが国の大学改革のあり方に関する提言』　109
コンソーシアム　55
コンピテンシー　14
コンピテンシー型教養教育　14, 15

[さ]

「最近における国立大学の学長選挙の現状と問題点」　234
財政制度等審議会財政制度分科会財政構造部会　168
財団法人大学コンソーシアム京都　55
歳入責任予算　194
財務会計　175
産学官連携戦略展開事業(戦略展開プログラム)　54
産業界のニーズに対応した教育改善・充実体制整備事業　55
産業競争力会議　97

[し]

シェアド・ガバナンス　11, 124, 209, 217, 219, 250, 262
滋賀大学・滋賀医科大学　77
資源依存理論　183

島根・島根医科大　77
市民・社会的関与　15
事務局長　259
事務長　259
社会的資本　15
獣医学教育に関する基準　78
自由裁量資金　188, 197
種別化論　106
小講座制　36
情報技術人材育成のための実践教育ネットワーク形成事業　55
私立大学情報教育協会　286
私立大学職員論　261
私立大学通信教育協会　285
私立大学通信教育協会立大学連盟　286
私立大学図書館協会　286
「人材への投資に向けて～大学改革を中心に～」(伊藤元重、榊原定征、高橋進、新浪剛史)文書　107
「新時代を見据えた国立大学改革」　111
「人事に関する権限の委任等に関する規程」　258
新制大学整備計画　66

[す]

スペリングス報告　18, 23

[せ]

正課教育中心主義　16
政策群　166
政策評価　163, 166, 178
政策評価・独立行政法人評価委員会　169, 176
政府業績成果法　19
世界大学長会議　281
設置者管理・負担主義　156, 209
設置者管理主義　143
全国教職課程研究連絡協議会　285
全国国立大学学生関係部長協議会　287
全国国立大学教育学部長会議　287

全国獣医学関係代表者協議会	286	大学管理法	5
全国専修学校各種学校総連合会	285	大学管理法案起草協議会	208
全国大学コンソーシアム協議会	55	大学間連携共同教育推進事業	54
全国農学系学部長会議	288	大学基準協会「大学基準」(1994年5月17日改訂)	221
専修学校教育振興会	285		
全米学生担当職員協会	280	大学教員研究	12
全米教育審議会	276	大学教員の能力開発活動(いわゆるFD)	40
全米高等教育専門・組織開発ネットワーク	280		
		大学行政管理学会	261
全米コミュニティカレッジ協会	277	大学行政管理学会「大学人事」研究グループ	267
全米大学・カレッジ協会	278		
全米大学院審議会	277	大学共同利用機関	56
全米大学実務者協会	280	大学職員論	266
専門学校令	148	大学審議会答申『大学運営の円滑化について』(1995年9月)	212, 234, 262
専門職大学院の認証評価	151		
専門職団体	280	大学設置基準改正	50
専門職別団体	276	大学設置基準等の一部を改正する省令(2008年11月13日)	89
戦略的大学連携支援事業	54		
		『大学創造別冊 大学職員ジャーナル』	261

[そ]

		大学団体	275
総合科学技術会議	155, 167, 168	大学統合	47, 65, 70
相補型	75	大学統合のパターン	76
相補型の合併・統合	75	『大学の管理運営に関する中間報告』	233
相補的統合	72	大学の組織・運営に関する研究会	138
総務省政策評価・独立行政法人評価委員会	150	『大学の組織・運営に関する研究調査報告書』	138
組織市民性	219	大学の組織変容に関する調査研究	34
組織的社会性	40	大学評価・学位授与機構	150
		大学評価・学位授与機構国立大学教育研究評価委員会	150

[た]

		「大学法試案要綱について」(1948年11月12日)	228
大学改革支援・学位授与機構	100, 158		
大学改革実行プラン	96	大学理事会協会AGB	278, 280
大学改革タスクフォース	95	大学理事会法案	208
大学合併と買収に関するガバナンスの基準	74	大学類型別団体	276, 277
		大学令	147, 148
大学間の組織柔軟戦略	41	大学連携研究設備ネットワーク	57
大学管理運営改善協議会	231	大講座制	35
大学管理運営改善協議会『国立大学管理運営状況調査(中間集計)』(1961年11月11日)	230	『第3期教育振興基本計画について』	108
		第3期中期計画	99
		第3次臨時行政改革推進審議会最終答申	

事項索引　313

「第10次提言　高等教育部会次世代の学校指導体制実現部会　恒久的な教育財源確保チーム」(2018年5月17日) 138
第2期教育振興基本計画について（審議経過報告） 96

[ち]

地（知）の拠点整備事業（大学COC事業） 55
地（知）の拠点大学による地方創生推進事業（COC+） 55
地域単位互換制度 50
地域連携 51
地域連携プラットフォーム（仮称） 108
地方独立行政法人法 158
地方分権推進委員会 138
中央教育審議会答申(1963年1月28日、いわゆる38答申) 210
「中央省庁等改革の推進に関する方針」 136
中央レベル－機関－基礎組織－個人 33
中間組織 116
中間団体 274, 275
中期目標・計画 149, 170
中教審大学分科会組織運営部会『大学のガバナンス改革の推進について（審議まとめ）』 7, 98
中教審大学分科会組織運営部会 213
中教審大学分科会『中長期的な大学教育の在り方に関する第一次報告－大学教育の構造転換に向けて－』(2009年6月) 53
中教審答申『学士課程教育の構築に向けて』(2008年12月) 51
中教審答申『我が国の高等教育の将来像』(2005年1月28日) 52, 105, 150, 165
中国・四国地区国立大学庶務部（課）長会議 287

[つ]

筑波大学 37, 38, 265
筑波大学・図書館情報大学 77
筑波大学大学研究センター 261
『筑波大学の創設準備について－まとめ－』(1973年9月29日) 38

[て]

提言型行政仕分け 94
帝国大学 256
帝国大学総長 226
帝国大学総長会議 279
デンマーク学長会議 279

[と]

ドイツ学長会議 278
東京開成学校 256
東京商船大学・東京水産大学 75
東京大学大学院大学経営・政策コース 247
「東京大学当局と東京大学職員組合との確認書」 260
東京都専修学校各種学校協会 285
統合された企業的信念 189
同質型 75
同質型統合 75
答申『教育振興基本計画について－「教育立国」の実現に向けて－』 60
独立行政法人 136
独立行政法人改革等に関する基本的な方針について 101
独立行政法人改革等に関する分科会 101
独立行政法人会計基準研究会 169
独立行政法人制度 139
『独立行政法人整理合理化計画』 100
独立行政法人通則法 102, 142, 179
独立行政法人通則法改正 59
富山・高岡短大・富山医薬大学 77
トライアングル・モデル 10, 32

314

[な]

内閣府　142

[に]

二元・階層構造　259
21世紀COEプログラム「21世紀型高等教育システムの構築と質的保証」iv, 34, 249
21世紀に向けての高等教育世界宣言　249
日本学術会議学術と社会常置委員会　221
日本看護系大学協議会　286
日本教育行政学会研究推進委員会　6
日本経済再生本部　97
日本再興戦略 Japan is Back　98
日本再生戦略　96
日本私立医科大学協会　285
日本私立看護系大学協会　286
日本私立歯科大学協会　286
日本私立大学協会　279, 285, 286
日本私立大学振興協会　286
日本私立大学団体連合会　286
日本私立大学連盟　279, 285, 286
日本私立短期大学協会　285
日本私立薬科大学協会　286
日本福祉大学　260, 264, 267
認証評価　151, 152
認知的限界　214, 215

[は]

バーナード＝サイモン革命　9, 214, 293
白書『高等教育の未来』　47
8大学工学部長会議　287
範囲の経済　38, 72, 108, 190

[ひ]

東アジア教員養成国際コンソーシアム　56
PDCAサイクル　162, 170
評価研究　151

広島大学教育学部・学校教育学部の統合　86
広島大学高等教育研究開発センター　6, 10
広島大学理論物理研究所　86

[ふ]

フェニックス大学　186
『部外秘　国立大学管理運営に関する検討事項について（報告）』　231
部局代表制　122, 128
部局分権制　122, 128
福井大学・福井医科大　77
福祉国家政策　185
附置研究所　56
フランス学長会議　278
文化モデル　9
分権化　119, 128, 196, 198

[へ]

閉鎖組織モデル　8

[ほ]

法科大学院協会　286
包括団体　276

[ま]

マトリックスモデル　9
マネジアリズム　vi, 6
マネジメント　ii, vi, 7, 13, 34, 40, 215, 222, 293

[み]

ミッションの再定義　98, 99, 102
宮崎・宮崎医科大　77

[も]

文部科学省 168
文部科学省所轄研究所等所長会議 287
文部省「国立大学等の独立行政法人化に関する調査検討会議」 139
文部省訓令 258
文部省図書館職員教習所 257

[や]

夜間主コース設置大学学部長会議 287
山梨・山梨医科大 77

[ゆ]

ユネスコ「高等教育の教育職員の地位に関する勧告」(1997年11月第29回総会採択) 220, 249

[よ]

ヨーロッパ大学協会 281
予算執行調査 163, 166
余剰感 72

46答申 211

[ら]

ラッセル・グループ 284

[り]

リーダーシップ 7, 9, 216, 293
利益団体 274
理事会法案 208
臨時教育会議 147, 227
臨時教育審議会 137, 138
臨時行政改革推進審議会 138

[れ]

連携・連合・統合 44

[わ]

「我が国の高等教育に関する将来構想について」諮問 106
『我が国の高等教育の将来像(審議の概要)』 150

著者紹介

羽田　貴史（はた　たかし）
　広島大学名誉教授・東北大学名誉教授。
北海道大学大学院教育学研究科博士課程中途退学、福島大学教育学部助手、講師、助教授、広島大学大学教育研究センター助教授、教授、高等教育研究開発センター教授、東北大学高等教育開発推進センター教授、高度教養教育・学生支援機構教授、同副機構長、同大学教育支援センター、キャリア支援センター長、学際融合教育推進センター長を経て2018年3月退職。
　この間、国立大学協会教員養成特別委員会専門委員、調査研究部研究員、調査企画会議委員、日本私立大学協会附置私学高等教育研究所研究員、大学基準協会高等教育のあり方に関する研究会委員、公立大学のあり方に関する委員会委員、公正研究推進協会（APRIN）理事などを歴任。
　主な業績に、（単著）『PDブックレット　研究倫理マネジメントの手引き』（東北大学高度教養教育・学生支援機構、2018年）、（編著）『グローバル社会における高度教養教育を求めて』（東北大学出版会、2018年）、（編著）『もっと知りたい大学教員の仕事　大学を理解するための12章』（ナカニシヤ出版、2015年）、（企画・編著）『高等教育ライブラリ9　研究倫理の確立を目指して－国際動向と日本の課題－』（東北大学出版会、2015年）、（監訳）『FDガイドブック』（玉川大学出版部、2014年）、（企画・編著）『大学教員の能力―形成から開発へ―』（東北大学出版会、2013年）、（分担執筆）『新通史　日本の科学技術』第3巻（原書房、2011年）、（共編著）『ファカルティ・ディベロップメントを超えて　日本・アメリカ・カナダ・イギリス・オーストラリアの国際比較』（東北大学出版会、2009年）、（共編著）『高等教育質保証の国際比較』（東信堂、2009年）、（共編著）『大学と社会』（放送大学教育振興会、2008年）、（単著）『戦後大学改革』（玉川大学出版部、1999年）など。

高等教育研究論集　第1巻
大学の組織とガバナンス
2019年3月30日　初　版第1刷発行　〔検印省略〕

定価はカバーに表示してあります。

著者©羽田貴史／発行者　下田勝司　　印刷・製本／中央精版印刷

東京都文京区向丘1-20-6　郵便振替00110-6-37828
〒113-0023　TEL 03-3818-5521（代）　FAX 03-3818-5514
発行所　株式会社　東信堂
Published by TOSHINDO PUBLISHING CO., LTD.
1-20-6, Mukougaoka, Bunkyo-ku, Tokyo, 113-0023, Japan
E-Mail：tk203444@fsinet.or.jp　http://www.toshindo-pub.com

ISBN978-4-7989-1536-4 C3037　　©Takashi Hata

東信堂

転換期を読み解く——潮木守一時評・書評集	潮木守一	二六〇〇円
大学再生への具体像	潮木守一	二四〇〇円
大学の組織とガバナンス——高等教育研究論集1【第二版】	羽田貴史	三五〇〇円
リベラル・アーツの源泉を訪ねて	絹川正吉	三二〇〇円
「大学の死」、そして復活	絹川正吉	二八〇〇円
大学教育の思想——学士課程教育のデザイン	絹川正吉	二八〇〇円
大学教育の在り方を問う	渡辺恵子	四二〇〇円
北大 教養教育のすべて	山田宣夫	二三〇〇円
国立大学職員の人事システム——管理職への昇進と能力開発	大﨑仁	二六〇〇円
エクセレンスの共有を目指して	細川敏幸 編著 安藤厚 編著 小笠原正明 編著	三六〇〇円
国立大学法人の形成	天野郁夫	三六〇〇円
国立大学・法人化の行方——自立と格差のはざまで	天野郁夫	二六〇〇円
教育と比較の眼	江原武一	二〇〇〇円
大学は社会の希望か——大学改革の実態からその先を読む	江原武一	三六〇〇円
転換期日本の大学改革——アメリカとの比較	江原武一 編著 杉本均 編著	三六〇〇円
大学の管理運営改革——日本の行方と諸外国の動向	新藤豊久	三六〇〇円
大学経営とマネジメント	篠田道夫	二五〇〇円
中長期計画の実質化によるマネジメント改革	篠田道夫	三四〇〇円
大学戦略経営論	篠田道夫	三六〇〇円
戦略経営III大学事例集	篠田道夫	三六〇〇円
戦略経営の核心	篠田道夫	三六〇〇円
大学戦略経営論	篠田道夫	三四〇〇円
カレッジ（アン）バウンド	J・J・セリンゴ 著 船守美穂 訳	三四〇〇円
米国高等教育の現状と近未来のパノラマ		
大学の財政と経営	丸山文裕	三二〇〇円
米国高等教育の拡大する個人寄付	福井文威	四七〇〇円
私立大学マネジメント	㈳私立大学連盟 編	三六〇〇円
私立大学の経営と拡大・再編——一九八〇年代後半以降の動態	両角亜希子	四二〇〇円
学長奮闘記——学長変われば大学変えられる	岩田年浩	二〇〇〇円
大学の発想転換——体験的イノベーション論二五年	坂本和一	二〇〇〇円
大学のカリキュラムマネジメント	中留武昭	三二〇〇円
イギリス大学経営人材の養成	高野篤子	二六〇〇円
アメリカ大学管理運営職の養成	高野篤子	三三〇〇円
[新版] 大学事務職員のための高等教育システム論——より良い大学経営専門職となるために	山本眞一	二八〇〇円

〒113-0023 東京都文京区向丘1-20-6
TEL 03-3818-5521 FAX 03-3818-5514 振替 00110-6-37828
Email tk203444@fsinet.or.jp URL:http://www.toshindo-pub.com/

※定価：表示価格（本体）＋税